U0518689

本书是2023年教育部人文社会科学研究规划基金项目"《易经》中的刑狱文化研究"的研究成果（项目批准号23YJA820002）

《易经》中的证据法文化

曹艳琼◎著

知识产权出版社

全国百佳图书出版单位

—北京—

图书在版编目（CIP）数据

《易经》中的证据法文化／曹艳琼著. -- 北京：知识产权出版社，2025.5.
ISBN 978 - 7 - 5130 - 9723 - 9

Ⅰ. B221.5；D909.22

中国国家版本馆 CIP 数据核字第 2025QH6816 号

责任编辑：刘　雪　　　　　　　　责任校对：谷　洋
封面设计：杰意飞扬·张悦　　　　责任印制：刘译文

《易经》 中的证据法文化

曹艳琼　著

出版发行：	知识产权出版社 有限责任公司	网　　址：	http://www.ipph.cn
社　　址：	北京市海淀区气象路 50 号院	邮　　编：	100081
责编电话：	010 - 82000860 转 8112	责编邮箱：	jsql2009@163.com
发行电话：	010 - 82000860 转 8101/8102	发行传真：	010 - 82000893/82005070/82000270
印　　刷：	北京九州迅驰传媒文化有限公司	经　　销：	新华书店、各大网上书店及相关专业书店
开　　本：	720mm × 1000mm　1/16	印　　张：	16.5
版　　次：	2025 年 5 月第 1 版	印　　次：	2025 年 5 月第 1 次印刷
字　　数：	262 千字	定　　价：	68.00 元

ISBN 978 - 7 - 5130 - 9723 - 9

出版权专有　侵权必究

如有印装质量问题，本社负责调换。

他　序

　　古代证据法，是证据法研究的重要组成部分，是法律文化传承的重要表现形式之一。古代证据法，特别是先秦史阶段的证据法文化，囿于史料的匮乏，研究者寥寥。目前现有的先秦史法律文化研究也多聚焦于《尚书》《周礼》等传世文献的剖析解读，以至于学界认为我国古代就没有证据法文化。秉承文化自信理念，作者将研究领域聚焦于中国古代证据法，不急躁，不虚无，不畏艰难，不急功近利，进一步将史料拓展至法学界鲜少有人问津的《易经》，探索挖掘隐藏于其背后的证据法文化。这种敢于挑战未有，不叠床架屋、拾人牙慧的治学精神值得鼓励和嘉奖，是学界后辈应有的状态！

　　《易》之为书也，广大悉备，深奥难懂，以至于寒腹短识、寸指测渊者颇多，谬解根深且广。《易》作为人之作品，必然反映作者所处时代之实情，无论是器物层面还是制度、思想、文化层面。故《易》中有史有实，今人之读《易》，如不察彼时之实，则难免今昔之惑。然就《易》探赜索隐，钩深致远，何其难也！本书作者不畏乱云，苦读数载，终成一家之说，后生可畏。从其成文来看，图文并茂，表格清晰，结构完整，史料翔实，论证充分。可见作者下了非常大的苦功夫，也反映出作者具备了较为扎实的古文字功底。我认为，单纯对一个空白的学术领域进行梳理，已有一定的学术意义。更为难得的是，作者不但对《易经》中有关证据法文化的卦象进行了梳理，还提出了很多具有建设性、创新性的见解，实属难得。如"束矢钧金"不是指诉讼费，而是指"证据"；"灋"的"水"部件非许慎所言之"平之如水"，而是《坎》卦的意指；西周时期并无刑讯等。这些观点向传统学术界的通识观点提出了质疑，并且既有传世文献的论证，又有出土文献的印证，同时还结合了法史界少有涉及的《易经》的佐证。我不敢断定这些新论断一定是正确的，但是这些新提法是值得思考的。同时，在言必谈英美的中国证据法学界，是不是可以提醒我们也关注一下我国传统文化？文化自信不是一句口号，它需要新一代学者们去勇敢尝试，努力挖掘，而作者所进行的析疑匡谬，恰恰是对文化自信的努力践行。

作者在中国政法大学攻读博士期间有志有识有恒，读书生疑，稽疑送难，有疑无疑，不轻光阴；其刻苦之状，恰如柳宗元所云："幽沉谢世事，俯默窥唐虞""缥帙各舒散，前后互相逾"。无论是从选题的新颖性和难度性来讲，还是从成文的扎实性和创见性来讲，本书都堪称佳作。我作为导师，与有荣焉。

是为序。

王进喜

自　序

　　《易》之为书也，广大悉备。《易经》中的诸多卦爻辞明确记载了西周时期的法律现象。从这些法律之象中钩沉索隐，我们只能拾得当时证据现象的浮光掠影，不可能窥其全貌。但以卦爻辞反映的文化思想与其他有关史料相互印证，让我们较为清晰地领略到我们伟大的民族数千年前证据法文化的先进水准。

　　本书采用二重证据法、文献研究法、训诂法、象数法、高频词统计法等方法，以《钦定四库全书》中经部易类为主要参照，同时结合《尚书》《周礼》等传世文献以及《五祀卫鼎》《𫲻匜》《卫盉》《曶鼎》《琱生簋》《鬲攸从鼎》《散氏盘》等出土文献①来综合辨别、研判、考证西周时期的证据法文化。

　　本书一共分为五章。第一章奠定理论基石，第二章、第三章、第四章分别从证据语词、证据形式、证明方式以及证明标准进行了阐述，第五章进一步研析证据法文化萌生的根源。概述如下。

　　第一章，《易经》之证据法文化研究的理论基石。在对卦、爻、十翼、当位、得中、变卦、覆卦、互卦、乘承比应等易学的基本常识介绍之后，总结了易学研究的基本规律，以更好地理解相关卦象的精髓和主旨。其中，特别提炼总结了有关法律现象的卦爻规律，如含《坎》卦者多呈盗罚之象，含《离》卦

---

① 　出土文献是指从地下或考古发掘中发现的带有文字的古代文物，主要包括甲骨文、金文、简牍、帛书、青铜器等。以下不再一一说明。

者多呈刑狱之象,含《震》卦者多呈改过之象。

第二章,《易经》中的"证据"语词。通过释读《易经》发现,《易经》中载有诸多法律现象。基于此,采用训诂法、二重证据法等方法钩沉索隐,我们可以进一步剥离出意蕴"证据"的语词表达,即《明夷》《噬嗑》《讼》《革》《夬》《丰》《小畜》《坎》《井》《中孚》中的"夷""金矢""黄金""孚"皆内蕴"证据"之义。在关涉法律之象的卦中,将对应的字词释读为"证据"更为精准,也更符合全卦的旨意。

第三章,《易经》中的证据形式。通过研究《易经》中的卦爻辞及卦象,并与《尚书》《周礼》等传世文献以及《五祀卫鼎》等出土文献印证得出,西周时期,我国已经出现了口供、证人证言、物证、书证、盟誓等证据形式,形式已较为丰富。同时,在西周明德慎罚思想的指导下,法官裁断案件已不再主要仰仗神明的旨意,而是会依据人证、物证、口供来定罪量刑,以达到使人民信服的诉讼效果。

虽然对于神明裁判的依赖大幅度减少,但由于历史文化的惯性,人们对于神明的敬畏依然存在,所以"盟誓"这一特殊的证据形式在周时依然扮演着重要的角色。随着神灵地位的动摇,人们不再盲目相信神灵,转而更加关注人类本身,"盟誓"现象也逐渐走向终结。

第四章,《易经》中体现的证明方式与证明标准。《易经》中所体现的证明方式主要为神明裁判和证据裁判。《易经》中的《大壮》《履》以及"灋"字中的"廌"都体现了西周时期通过神兽来裁定案件事实的现象。《易经》中含有"证据"之义的"夷""金矢""黄金""孚"等语词,《易经》中所体现的口供、物证、书证、盟誓等证据形式,《易经》中折射的审查判断证据的方法,以及"灋"字"去"和"水"部件喻示的依证据认定事实,都契合了证据裁判文化的精神内核。

在明确西周时期存在两种证明方式之后,本章还凭借"灋"字的字形演变以及《尚书》《周礼》等传世文献勾勒了神明裁判和证据裁判的发展变化轨迹。

除了证明方式之外,《易经》及其他传世文献中还隐含了诉讼中的证明标准。由《噬嗑》卦中"金矢""黄金"的区别应用,说明案件的审级越高，证明标准越高。由《尚书》说明，刑事诉讼的证明标准是令人信服。由《周礼》说明，西周时期民事诉讼和刑事诉讼证明标准不同，并且刑事诉讼的证明标准要高于民事诉讼。

第五章，《易经》之证据法文化萌生的根源追问。本章旨在深入剖析西周时期得以萌生"证据法文化"的根源，从经济、政治、司法、意识这四个方面进行了关联解析，分别是私有经济的需求激发，开明政治的实施保障、司法程序的制度保障、"天人合一"的价值导引。

综上可知，我们并不缺先进的证据法文化，我们缺的只是对中国传统经典文化的解读及传承。所以，我们必须坚定文化自信，回归中华传统法文化，挖掘中华传统法文化，促进社会主义法治建设。

曹艳琼

目录

CONTENTS

图目录

表目录

绪　论

《诗》《书》《礼》《易》《春秋》是儒学的五部经典著作。《淮南子》《老子指归》《周易参同契》这些道家的著作都与《易经》有关。《老子》《庄子》《易经》是魏晋玄学的三部经典著作。诸子百家学说中多有《易经》的影响存在，这些学说确立了我们民族的价值体系和文化基因，是中国文化的基石。因此，《易经》被称为"群经之首，大道之源"。

《系辞下传》有云："《易》之为书也，广大悉备。有天道焉，有人道焉，有地道焉。"《易经》中所涉猎的内容广大悉备，深刻揭示了天、地、人三道的变化规律。《易经》通过卦爻象的变化来模拟宇宙万物，来揭示"为道屡迁""变动不居"的规律。"夫易者，象也。爻者，效也。圣人有以仰观俯察，象天地而育群品；云行雨施，效四时以生万物。若用之以顺，则两仪序而百物和；若行之以逆，则六位倾而五行乱。故王者动必则天地之道，不使一物失其性；行必协阴阳之宜，不使一物受其害。故能弥纶宇宙，酬酢神明。"① 可见，易道甚大，百物不废。易能彰往察来，并显微阐幽。因此，参研、活用《易经》，小到静心修为，大到治国济世皆具有不可比拟的重要意义。

---

① （魏）王弼、（晋）韩康伯注，（唐）孔颖达疏：《周易正义》，中国致公出版社2009年版，第1页。

初唐宰相虞世南说："不学易不可为将相。"① 科学家钱学森把《易经》称为"科学的经典"。冯友兰说："《易经》是宇宙代数学。"②《易经》不仅在国内源远流长，在国外也备受推崇。在日本明治维新时期，倘若不懂《易经》是不能入阁从政的。在德国，哲学家黑格尔承认其正反合辩证逻辑定律来自《易经》的启发。德国的心理学家荣格评价《易经》道："易经中包含着中国文化的精神和心灵；几千年中国伟大智者的共同倾注，历久而弥新，仍然对理解它的人，展现着无穷的意义和无限的启迪。"③ 甚至，荣格认为，《易经》的预见性足以动摇西方心理学的基础。

诸多先贤对《易经》推崇备至，甚至很多学者终其一生去研究，由《钦定四库全书》可见一斑。然而，现在却仍有很多人以为《易经》仅仅是一本占卜算命的书。所幸的是，传统文化的发展又将《易经》拉回大众的视野。《易经》以其思辨的思维方式，以其广大悉备的内容涵盖，以其原始要终的预测模式，以其彰往察来的演变轨迹，吸引了诸多仁人志士倾其一生来研习。这也是其流传千年不断的因由。法学界自然也应不甘落后。《易经》中的思想熠熠生辉，我们有必要将此文化瑰宝传承下去并推广至全世界。真正的文化自信来自内心深处的自豪、钦佩与赞叹！

一、研究对象

本书的研究对象为"《易经》中的证据法文化"。这一研究对象包含了两个核心概念、一个关键问题、六个具体节点。两个核心概念：一为《易经》，一为证据法文化。一个关键问题是《易经》所还原的时代场景中是否已经萌生证据法文化。六个具体节点是明确《易经》与证据法文化的内在逻辑时需要打通的六个具体环节。

---

① 南怀瑾：《易经杂说》，东方出版社 2014 年版，第 4 页。
② 冯友兰：《〈周易〉学术讨论会代祝词》，载唐明邦等编：《周易纵横录》，湖北人民出版社 1986 年版，第 7 页。
③ C. G. Jung, *The Collected works of C. G. Jung*, Princeton University Press, 1953. p. 141.

（一）两个核心概念

1.《易经》

关于《易经》的名称，学界内一直有争议。一种观点称为《周易》,[1] 认为《周易》包括《易经》和《易传》；另一种观点则称为《易经》,[2] 认为《易经》包括《周易》和《易传》。本书采用后一种观点。

这两种不同界定的关键点在于如何界定"周"。"周"如果是指朝代，那么《周易》就仅指文王、周公演的六十四卦，此时《易经》的外延更广；如果"周"是普遍的意思，那么《周易》的外延更广，《易经》就成了仅指文王、周公演的六十四卦。

众所周知，在《易》之前有《连山易》《归藏易》，相传分别是夏代易和殷商易。故而，诞生于周朝的《周易》的"周"更有可能是指周朝。事实上，无论怎样界定都不影响本书将要论证的内容，我们只要在一定的概念范式内研究即可。因此，本书将要采用的概念界定为《易经》，包括《周易》和《易传》。《周易》仅指文王、周公演的六十四卦。

《周易》之易包含三层含义，分别是简易、变易、不易。简易：《系辞上传》曰："乾以易知，坤以简能，易则易知，简则易从。"变易：《系辞下传》曰："易之为书也，不可远，为道也屡迁，变动不居，周流六虚、上下无常，刚柔相易，不可为典要，唯变所适。"不易：一说指宇宙、社会万事万物运动变化的规范性、必然性、规律性不变，如"天尊地卑，乾坤定矣"；另一说指周易永远不变的是"变"。

《易传》则指十翼，为七种十篇，其分别是指《系辞传》（上下）、《彖传》（上下）、《象传》（上下）、《文言传》、《序卦传》、《说卦传》、《杂卦传》。《系辞传》（上下）、《序卦传》、《说卦传》、《杂卦传》此四种五篇是对《经》总体的高度阐发及总论，一般排在全书最后部分。《彖传》（上下）是对卦辞的注释。与六十四卦相对应，共有六十四条。《象传》（上下）分《大象传》《小象传》，分别注释卦象和爻象，共四百五十条。解释卦名、卦义、

---

① 余敦康：《〈周易〉余敦康解读》，国家图书馆出版社 2017 年版，第 2 页。
② 傅佩荣：《傅佩荣解读〈易经〉》，线装书局 2006 年版，第 2 页。

卦象的又称为"大象",解释爻辞、爻象含义的又称为"小象"。《文言传》只解说《乾》《坤》两卦的卦、爻辞含义,是对《乾》《坤》两卦卦爻辞意蕴的进一步阐发。此三种五篇散在六十四卦中的卦爻辞之后。《系辞传》是对经文的通论。《说卦传》主要记述了八卦的卦象,并对原始的卦象加以引申。《序卦传》是解说六十四卦的顺序。《杂卦传》不按六十四卦经文的原顺序,错杂地解释六十四卦的卦义。这七方面的内容,合起来算作《周易》的第二部分,称为《易传》。因《彖》《象》《系辞》都与经文对应分为上下两篇,故《易传》共合为十篇。这十篇均为阐述经文含义之作,起到经文的羽翼作用,所以被称为"十翼"。

后世对《周易》和《易传》(十翼)的注释全部纳入"易学"当中。本书以《易经》为体,以后世注疏的"易学"为用,综合参阅考究。

2. 证据法文化

学界关于"证据法文化"的界定,不像《易经》《周易》的界定一样争论不休,但是需要特别注意的是何为"文化"。据《辞海》的解释,文化"广义指人类在社会实践过程中所获得的物质、精神的生产能力和创造的物质、精神财富的总和。狭义指精神生产能力和精神产品,包括自然科学、技术科学、社会意识形态。有时又专指教育、科学、文学、艺术、卫生、体育等方面的知识与设施"。[①] 那么,证据法文化就是人类在诉讼证明活动中所获得的证明能力和创造的与证明、证据有关的物质、精神财富的总和。

什么是证据法?按照现在的界定,证据法是指诉讼中证明活动的法律规范。《易经》的主体部分成书于西周时期,那么西周时期有系统的成文法典吗?当然没有。[②] 但是,西周时期有法律文化吗?当然有。"明德慎罚"就是非常典型的法律文化。所以,证据法文化是一个非常宽泛的概念,它不局限于成文法,只要在诉讼中出现了证明现象,包括不同证据形式的出现、证据在诉讼中的应用、不同证明方式的呈现、证明标准的确立等,就可以理解为证据法文化的萌发。

---

① 夏征农:《辞海》(缩印本),上海辞书出版社 1999 年版,第 2218 页。
② 关于《吕刑》是否为成文法的问题,学术界一直有争议,通说认为,成文法始于春秋时期。

（二）一个关键问题下的六个具体节点

本书的研究并不是以《易经》为体，对其重新进行全面的注解，也不是专门系统地研究证据法文化，本书要解决的关键问题是《易经》对证据法文化的起源研究有何贡献。换言之，在两者的关系上，本书侧重于以《易经》为用、以证据法文化为体来进行相对应的勾连。在论证时会参阅《尚书》《周礼》等传世文献予以对照，但重点仍是《易经》，不会全面铺陈，其他西周时期的文献仅起辅助论证作用。故而论题确定为"《易经》中的证据法文化"。

而理解这一问题，又需要明悉六个小节点：第一，《易经》中是否有证据的影子？第二，《易经》中的哪些卦爻辞反映了证据法文化的踪迹？第三，《易经》中反映的这些踪迹说明了什么？第四，为什么当时会形成证据法文化？第五，《易经》中折射的证据法文化对我国古代证据理论和制度的源起有何意义？第六，《易经》中证据法文化的解读对于我们理解《易经》的相关卦爻辞有何意义？

打通这六个节点，可以帮助我们更好地理解《易经》对于"证据法文化"源起研究的重要意义。这便是本书在研究的过程中需要重点探讨的内容和一一解答的问题。

二、文献综述

（一）国内易学研究综述

1. 古代易学研究

古代易学研究，自孔子韦编三绝，作"十翼"之后，历代学人都对《易经》推崇备至，著述颇丰。汉代，易学研究分为象数派和义理派。西汉易学以孟喜、京房为代表的"阴阳派"影响最大。东汉易学，以郑玄、马融、虞翻等为代表，其中又以郑玄的《易纬注》影响最大。至三国时期，王弼引玄入《易》，重倡义理。晋代韩康伯又传承王弼思想，使义理派逐渐占据正统地位。南北朝时期，由于玄学、佛学盛行，且战乱频繁，易学研究呈现衰退之势。至唐代，经学大师孔颖达依据王弼、韩康伯注，著有《周易正义》①，将王弼的义理学说进行扬弃、修正，并兼容了其他流派的一些思想，对易学研究进行了一次总结。唐代的另一位易学名家李鼎祚著《周易集解》②，广采汉代以来象数派三十多家的注释以及义理派的一些注解，对易学研究做了一次较为全面的梳理。但李鼎祚述而不作，其后世影响略逊于孔疏。唐代的这两部著作能够兼容象数和义理两派的观点，体现了唐代集大成的易学研究新气象。步入宋明时期，易学研究流派众多，名家辈出。其主要流派有象学派、理学派、数学派、心学派、气学派以及功利派。这些派别的代表人物既有王守仁、王安石、邵雍、朱熹、周敦颐等著名的哲学家和思想家，又有欧阳修、司马光、杨万里等著名的史学家和文学家。至清代，宋明道学的传统依然受到官方的支持和保护，李光地和傅恒等奉康熙、乾隆之命，继承宋明理学，编纂了《周易折中》③ 和《周易述义》④ 两书。此外，清代学者试图恢复汉易学，如惠栋的《汉易学》⑤、焦循的《易学三书》等。虽然清代解经著作众多，但成就有限，正如高亨在《周易古经今注》⑥ 里所说："清儒尚朴，经学大明，惟于此书，仍多菩菩。"

概言之，古代易学研究的发展脉络，孔子疏易为端始，汉易是发展，晋唐是传承，宋明是高潮，清代则是尾声。⑦

2. 近现代易学研究

近现代研究《易经》，除继续沿用传统方法考释外，又从古文字学、社会史、文化学等角度开辟了诸多新领域。尤其是随着出土文献的增多，学者们对《易经》卦爻的起源、流变以及释义等诸多问题重新进行了考证。此外，还有近代兴起的"科学易"，通过将自然科学引入易学来论证《易经》，但目前还仅局限于以现代科学服务《易经》的单向论证。随着对《易经》地

---

① （魏）王弼、（晋）韩康伯注，（唐）孔颖达疏：《周易正义》，中国致公出版社 2009 年版。
② （唐）李鼎祚：《周易集解》，王丰先点校，中华书局 2016 年版。
③ （清）李光地：《康熙御纂周易折中》，刘大钧整理，巴蜀书社 2013 年版。
④ （清）傅恒：《周易口义》，载《钦定四库全书》。
⑤ （清）惠栋：《汉易学》，载《钦定四库全书》。
⑥ 高亨：《周易古经今注》，中华书局 1984 年版。
⑦ 程建功：《历代〈周易〉研究概况述评》，载《社科纵横》2005 年第 2 期。

位的普遍认可和研究的深入，"科学易"还将迎来以《易经》之彰往察来、显微阐幽等特性来推进科学研究的多项互动。

具体而言，近现代以来，我国的易学发展经历了三次高潮。

第一次是 20 世纪 20 年代末 30 年代初，由古史辨派发动的关于《易经》作者和成书年代等问题的讨论。① 以李镜池、郭沫若、钱穆、顾颉刚等学者为代表，通过大量考证，否定了一些传统观点。受古史辨派的影响，一些易学家专门致力于《易经》卦爻辞的考释，如闻一多《周易义证类纂》② 等。从哲学角度研究的有朱谦之的《周易哲学》③、金景芳的《易通》④。从史学角度研究的有胡朴安《周易古史观》⑤。从科学角度研究的有薛学潜《易与物质波量子力学》⑥、丁超五《科学的易》⑦ 等。仍按照传统方法研易且作出较大成绩的有尚秉和的焦氏易学研究等。

第二次高潮是 20 世纪 60 年代。这次高潮又分为两个时期：1960—1962年侧重于研究《周易》的哲学思想，1963 年则侧重于探讨《周易》的研究方法。这时期的主要代表作有高亨的《周易杂论》⑧、李景春的《周易哲学及其辩证法因素》⑨。

第三次高潮始于 20 世纪 80 年代初。曾因历史原因中断的《易经》研究复苏，研易方法或为古史辨派考据法，如高亨的《周易大传今注》⑩，或采用马列主义观点去剖析其中的哲学、伦理、史学等思想，如张立文的《周易思想研究》⑪、宋祚胤的《周易新论》⑫。这时期，考古的重大发现给易学研究带来了新气象。张政烺提出的"周原卜骨中的奇异数字是易卦符号的论断"引

① 林忠军：《近十年大陆易学研究述评》，载《文史哲》1995 年第 5 期。
② 闻一多：《周易义证类纂》，载《清华学报》1941 年第 2 期。
③ 朱谦之：《周易哲学》，上海启智书局 1934 年版。
④ 金景芳：《易通》，商务印书馆 1945 年版。
⑤ 胡朴安：《周易古史观》，上海古籍出版社 1986 年版。
⑥ 薛学潜：《易与物质波量子力学》，中国科学公司 1937 年版。
⑦ 丁超五：《科学的易》，中华书局 1941 年版。
⑧ 高亨：《周易杂论》，齐鲁书社 1979 年版。
⑨ 李景春：《周易哲学及其辩证法因素》，山东人民出版社 1961 年版。
⑩ 高亨：《周易大传今注》，齐鲁书社 1979 年版。
⑪ 张立文：《周易思想研究》，湖北人民出版社 1980 年版。
⑫ 宋祚胤：《周易新论》，湖南教育出版社 1982 年版。

起了考古界、易学界极大的震动。数字卦的发现及有关问题的相继研究，对于《易经》成书、《易经》筮法等问题的释疑具有很大的启示和帮助作用。①

除了研究领域上的突破，研究方法上学者们也突破了以传解经的研究方法，不再受经传混合编排的束缚，而是把《周易》经传还原到各自的年代进行实证研究。总体来看，这一时期的学者对易学的研究方法更为关注。

21 世纪以来，易学研究步入跨越式发展阶段，研究成果越来越丰富，涉及的学科领域越来越多，研究的内容越来越细致深入（参见图 1），易学界呈现了多学科、多角度、全方位研究的特点。

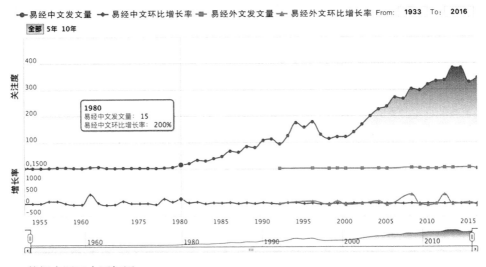

* 数据来源于中国知网

图 1　《易经》研究的学术关注度

（二）海外易学研究综述

自宋朝开始，《易经》被传播到朝鲜、日本以及越南等地。直至 16 世纪，《易经》被利玛窦引介到西方，②《易经》在西方的推广和研究主要有两个阶段。第一阶段为 17 世纪末至 19 世纪 30 年代，《易经》研究以学习介绍为主，主要人员为利玛窦、白晋等曾经来华传教的西方人士。第二阶段为 19

---

① 林忠军：《近十年大陆易学研究述评》，载《文史哲》1995 年第 5 期。
② 张的妮、廖志勤：《国内〈易经〉英译研究综述（1985—2014）》，载《周易研究》2015 年第 2 期。

世纪 70 年代至 20 世纪 50 年代，《易经》在西方的传播进入鼎盛时期，出现了多语种译本，部分还吸收了当代学者的研究成果。

20 世纪初，在德、法、英、美等主要西方国家，研究《易经》已形成一定规模。研究《易经》的学者主要是具有传教士身份和从事外交事务的汉学家。如英国具有传教士身份的汉学家李约瑟等，从事外交事务的汉学家翟理思等。翟理思著有《来自中国的神奇传说》和《占卜概观》，在英语世界拥有许多读者，产生了一定影响。

真正确立《易经》在世界文化史上地位的是德国学者卫礼贤。他在介绍中十分强调《易经》的全球普适性，为促进《易经》的国际化研究作出了重要贡献，成为 20 世纪以来国际易学讨论和争议的起点和基础。

至 20 世纪下半叶，《易经》的世界传播已普及化，不同学科领域的专家学者逐渐开始尝试对《易经》进行诠释和发挥，一种新的易文化思潮正在形成。如德国著名的心理学家荣格的《易经与现代人》就是运用现代心理学的方法来为《易经》作注解。美国物理学家弗里乔夫·卡普拉（Fritjof Capra）的《物理学之道》中多有提及《易经》对于理解现代物理学中一些关键问题，甚至解决部分难题具有重要的启示意义。之后，《易经》很快引起全球的积极反应与关注研究，并不断有学者在不同领域进行更为广泛的交叉研究。

观其研究发展脉络可知，西方对《易经》的研究发展为先被动接受，后主动普及、升华，进而对中国本土产生积极的反向影响。其研究路径由单纯翻译到单一学术研究再到多学科演绎，现已呈现多样化的态势。① 从动态上看，西方乃至整个国际易学的进一步发展趋势是《易经》的多学科渗透和交互应用。很有可能在不远的将来，易学的国际化交叉研究将成为当代多元文化世界的一种富有创造性、预见性、科学性的主流思潮。

概言海内外易学研究现状，传统易学研究分为义理派和象数派，近代出现"考古易"，现代易学进一步细化，产生了"科学易""医学易""逻辑易"等，简称为"现代易学"，把易学研究推向了一个新的阶段。希望法学

---

① 杨宏声：《二十世纪西方〈易经〉研究的进展》，载《学术月刊》1994 年第 11 期。

界能有更多的仁人志士予以关注，以推动"法学易"的形成和发展。

（三）《易经》的法律研究综述

根据中国知网数据统计，以"易经"为主题词研究的学科分布前三名分别是哲学、贸易经济、中医学（见图2）。其中，根本没有法学这一学科的统计，可见，从法律文化视角解读《易经》的研究极少。因此，在20世纪初，易学与法学的交叉研究，一度不被认可，时至今日，这种跨界研究的学者也寥寥可数。不过，随着传统文化的发展，易学地位提升，这种情势正逐渐改观。

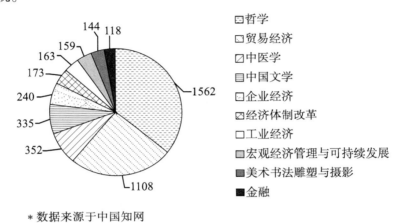

＊数据来源于中国知网

图2 《易经》研究的学科分布

20世纪80年代初，我国法学界已开始将《易经》列为商周时期法律制度和思想史的可靠史料，初步探索《易经》中的法律制度和法律思想，具有重要的开拓意义。如张晋藩的《中国法制史》① 引用了《周易》中《睽》《归妹》《渐》《坎》等卦辞作为夏商刑罚、监狱和婚姻制度的例证。再如胡留元、冯卓慧合著的《夏商西周法制史》②，采用二重证据法，对《易经》中的法制史料进行了充分挖掘考证。

进入20世纪90年代，《易经》的法律研究呈现新局面，开始出现对

---

① 张晋藩：《中国法制史》，群众出版社1991年版。
② 胡留元、冯卓慧：《夏商西周法制史》，商务印书馆2006年版。

《易经》法律文化进行专章研究的著作，如武树臣的《中国传统法律文化》①、江山的《中国法理念》② 等均有较大影响。从希斌的《易经中的法律现象》③ 更是从法学角度对《易经》进行了系统研究。

到了 21 世纪，对于《易经》的法律研究已越来越细化，越来越深入。

研究领域上，从之前宏观地研究法律思想到现在细化深入刑法学、法哲学、诉讼法学、民法学、犯罪学等领域（参见图 3）。

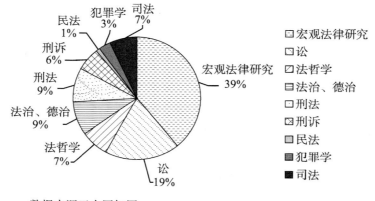

＊数据来源于中国知网

图 3　《易经》的法律研究

研究结构上，从单一《易经》本体论的研究发展到《易经》关系论的多维研究，既有描述历史承继关系的研究，如《试论易经与先秦法家思想的渊源关系》④，也有中西文化对比研究，如《试析易经与圣经的文化分野》⑤。

研究内容上，从之前只关注到《讼》卦的法律性，到现在已解读出越来越多的卦与法律密切相关，并总结出了以下三个规律：第一，由《坎》卦、《离》卦构成的别卦、互卦往往会有诉讼、审讯的意蕴。因为坎为水，意味着诸多风险；离为目、兵戈，意为明察、缉捕、刑讯。第二，由《离》卦、《震》卦构成的别卦、互卦往往会有判决、用刑、服刑的意蕴。因为震为雷、

①　武树臣：《中国传统法律文化》，北京大学出版社 2000 年版。

②　江山：《中国法理念》，中国政法大学出版社 2005 年版。

③　从希斌：《易经中的法律现象》，天津古籍出版社 1995 年版。

④　钱继磊：《试论易经与先秦法家思想的渊源关系》，载《华中科技大学学报（社会科学版）》2012 年第 6 期。

⑤　邓东：《试析易经与圣经的文化分野》，载《山东科技大学学报（社会科学版）》2007 年第 2 期。

鸣、威。第三，由《坎》卦、《震》卦、《离》卦构成的别卦，往往会有犯罪学的意蕴。

特别令人欣喜的是，除了期刊文献和专著之外，在法律类工具书中，也将《易经》收录，说明已将其视为法律文献的重要参考。如乔伟主编的《新编法学词典》① 收有"周易"词条，指出《易经》中涉及刑狱的卦有《讼》《噬嗑》《困》等。在《中国法制史资料选编》② 中，商周资料部分选编了《周易》的诸多卦爻辞。《法学文献检索与利用》③ 将《易经》列为考证先秦法制的重要史料。《法学文献情报检索基础》④ 则直接把《易经》视为经籍中的法学情报。

综观之，学界对《易经》之法律研究的态势体现为：从个别的引用到专题研究；从工具性的解释转变为主体性的研究；从法律思想史的单一视角拓宽到各法律学科、古今交错的丰富研究之中。

至此，《易经》的法学研究意义已明确，《易经》作为法律史料的地位已奠定。但令人遗憾的是，在目前搜集到的研究《易经》的法律文献中从证据法视角对其进行梳理的极为少见。只有武树臣和从希斌在其研究中略有涉及。武树臣在其《从"箕子明夷"到"听其有矢"——对〈周易〉"明夷"的法文化解读》⑤ 一文中，对《明夷》进行了新考，认为"夷"乃弓矢的合文，结合东夷文明和弓矢在古代社会的特殊作用，推演出弓矢在诉讼中的证据意义，并进一步明确《明夷》就是出示证据，但不是简单的证据制度，与"不富以其邻""迷逋复归"的精神是完全一致的。可见，武树臣虽未专门从证据法的视角切入研究，但其观点却是认可《易经》中的《明夷》《孚》是具有证据意义的，也折射出当时的先民是具有证据意识的。武树臣的观点并非一家之言，另外一位《易经》法律研究的大家从希斌也认为《易经》中含有证据制度，他认为《讼》卦正说明了周时法官在评定争讼者的是非曲直时是

---

① 乔伟：《新编法学词典》，山东人民出版社 1985 年版。
② 法学教材编辑部、编写组：《中国法制史资料选编》，群众出版社 1988 年版。
③ 郑治发：《法学文献检索与利用》，武汉大学出版社 1989 年版。
④ 陈光馨、傅明华、徐静：《法学文献情报检索基础》，重庆大学出版社 1993 年版。
⑤ 武树臣：《从"箕子明夷"到"听其有矢"——对〈周易〉"明夷"的法文化解读》，载《周易研究》2011 年第 5 期。

以证据的信实与否作为依据的，同时《周礼》亦有诉讼时必须出示证据的相关记载。《周礼》和《易经》的相互印证，说明周时诉讼中证据意识的萌芽和在司法实践中的作用。① 两位先生关于证据的解读对于证据法学界具有非常重要的启迪作用。

同时，在证据法研究领域中，古代证据尚属于有待深入挖掘的领域，虽有一些学者已经开始关注古代证据，如郭成伟的《中国证据制度的传统与近代化》② 对整个古代证据的历史脉络做了全面梳理，为笔者宏观理解证据制度的发展脉络提供了便利，但其在先秦时期的证据制度部分没有《易经》史料的梳理，本书恰恰是这一部分的充实与完善。还有蒋铁初也是一位古代证据研究的开拓者，其专著《中国传统证据制度的价值基础研究》③ 为深入理解中国古代证据的特点奠定了理论基石。关于古代证据，前辈专家和时贤学者的已有研究，卓见迭出，令人叹服，但是，目前法学界对于西周时期的证据法文化尚缺乏深入系统挖掘。此外，必须说明的是，关于古代证据的研究者多为拥有法制史背景的学者，笔者以证据法知识体系为背景，与法史学者在表达、剖析证据法概念时会存在一些分歧。

本书正是将《易经》与"证据法"这两个领域相互融合、交叉，深入论证，互相弥补彼此领域的空缺。这将突破证据法学界和易学界的一些固有认知，提供一种新思路、新观点，以求引玉之效。

三、研究意义

在我国优秀的传统文化中，《易经》是地位极其显要的一部典籍，堪称我国传统经典文化的源头，对中国几千年来的各个领域都产生了深刻而又广泛的影响。因此，诸多学者纷纷从各自的学科对《易经》进行多视角的解读。但是，在现代易学里，与其他学科相比，法律视角的解读相对薄弱，细化到证据法视野的系统梳理则更为稀缺。所以，研究《易经》中的证据法文化具有填补空白、丰富相关理论、突破传统认知的重要意义。

---

① 从希斌：《易经中的法律现象》，天津古籍出版社 1995 年版。
② 郭成伟：《中国证据制度的传统与近代化》，中国检察出版社 2013 年版。
③ 蒋铁初：《中国传统证据制度的价值基础研究》，法律出版社 2014 年版。

（一）学术意义

从学术的角度看，从《易经》中挖掘证据法文化的效用应该不仅限于为现实制度提供一个时间序列上的背景描述，以明其发源演进。更为重要的是，追溯源头上的证据现象有助于对证据法传统理念和制度进行更深入的理解和阐发，甚至有助于对当代证据法的反思和纠正。如果能揭示其内在学理逻辑价值，则对现代理论的完善更具有精进意义。

1. 修正部分证据法观点

通过解读《易经》的卦爻辞以及西周金文可知，西周时期，我国已有证据裁判思想、自由心证思想的萌芽。这一结论修正了长期以来我国认为证据思想起源于西方的观点。

2. 丰富《易经》法律文化的研究

目前，《易经》法律文化的研究仅限于法制史、诉讼法、刑法、民商法、犯罪学、法哲学等学科，尚无证据法视角的专门梳理，本书将有助于《易经》法律文化的进一步丰富和深入，也为易学研究注入了新的血液。

3. 重申国学法律研究的价值

国学文化是我国的传统经典文化，学界研究视角多为哲学、文学、史学领域，鲜有法律视角的触及。事实上，国学文化中含有大量法律现象的记载，本书欲抛砖引玉，引起法学界关注，吸引更多的法学界仁人志士加入国学文化的法律研究之中。

（二）现实意义

《易经》引导我们从理性思维进至感通思维，为中国传统文化的生生不息提供了取之不尽、用之不竭的智慧源泉和动力源泉。

1. 有利于坚定文化自信

《易经》是我国文化的源头之一，从《易经》中挖掘证据法文化会发现，很多先进的思想、理论在我国古代就有，并非源于西方。因此，从我国传统经典文化中挖掘其精髓并传承和解读有利于坚定我们的文化自信，推动文化发展。

2. 有助于证据法制度的完善

通过历史的方法，揭示证据法的内部机理以及证据法的外部动力。从社会法学的理路研究历史上的法律现象，不局限于其制度架设的表象，而是着眼于制度运作的内在机理，以及与外部条件相互关系，从而揭示其可循环往复的规律性。此种规律性不会仅因时空改变而发生变化，因而可以助力当今证据法制度的完善。

3. 有益于为司法体制改革提供灵感动力和智力支持

《易经》中有很多涉及审讯的卦象，其中所折射的宝贵经验和蕴含的哲理以及"天人合一"的基本精神和价值选择，对于当今证据制度在司法实践中适用的难题破解，乃至庭审实质化改革、监察体制改革等具有重要的启示借鉴意义。虽然本书并没有直接阐发其现代意义，但是本书对这段历史的梳理或将对其他当代证据法研究的学者提供一些思考。只有精确地定位历史，才能更为准确地理解当下。这是由历史的延续性和重复性的特点所决定的。

四、研究方法

（一）二重证据法

二重证据法是指将出土文献与传世文献相互印证以考证古史的方法。《易经》的卦爻辞晦涩难懂，往往一句多义。为了准确理解，采用二重证据法，结合《尚书》《周礼》等传世文献以及《五祀卫鼎》《曶匜》《卫盉》《曶鼎》《珊生簋》《鬲攸从鼎》《散氏盘》等出土文献来辨别、考证。

本书对史料的处理所遵循的原则是系统整理，精心考辨，立足金文，印证传世文献，大胆使用信史。

《诗经》中的《周颂》《商颂》《大雅》《小雅》及《国风》中的一些诗篇，是可以信赖的作品。对一些争议较大的古籍，力争使其和金文相互印证，凡彼此符合或内容精神一致的亦以信史对待。

争议较大的古籍《周礼》，其中有关法律方面的规定与金文完全吻合，所以，可以信史对待。

《周礼》的成书年代肯定在西周之后，不少内容含有后人的附会，然而

《周礼》中有关契约方面的规定，和金文中的记载并无二致。在行政管理方面，《周礼》六官除宗伯外，其他五官，如冢宰、司徒、司马、司寇、司空，金文中已全部发现。六官下辖官吏，如山虞、林衡、士师、司誓及各类史官，金文中均亦见到。

（二）文献研究法

文献研究法的采用主要是针对《钦定四库全书》中各《易经》注疏版本的综合解读以及出土文献的考辨释读。《钦定四库全书》中重点解读王弼、孔颖达、程颐、朱熹、王夫之、李鼎祚、李光地、尚秉和等人的著作，特别是对诸位先贤于同卦同爻不同义的解读综合参详。《五祀卫鼎》《倗匜》《卫盉》《曶鼎》《琱生簋》《鬲攸从鼎》《散氏盘》等出土文献中个别字、词的释读往往存在争议，亦需要采取文献研究法专门予以考证。

（三）训诂法

训诂法是根据古文字的形体与声音，解释文字意义。本文借助《字源》《汉字源流字典》《说文解字注》《康熙字典》《汉语大字典》《汉语大词典》《殷周金文集成》等工具书以及国学大师对古文字进行的释读，以准确理解《易经》的卦爻辞。

（四）象数法

《易经》的解读应该是象数义理结合，单从义理角度予以解读是失之偏颇的。目前研易界在学院派多倚重义理研究的进路，并对象数研究不够重视；江湖派多倚重术数研究，义理研究有所缺失。本书虽然是侧重于义理的易学研究，但基于本人对术数的浓厚兴趣，故结合象数法一起研究。可以说，象数是义理的应用与实践，通过象数反过来理解义理，可以有更深的领悟和发现。

（五）高频词统计法

通过统计《易经》全文中出现次数较多的词汇，来发现《易经》中所揭示的一些规律；或者从词频的角度去论证已有的一些结论，如《易经》中最高频的词汇是"天"和"君子"，据此可以直观判断"天人合一"在《易经》中的重要性。

五、研究思路

　　"《易经》与证据法文化"这一主题的核心词是《易经》、证据法文化。所以，本书首先需要明确什么是《易经》以及什么是证据法文化。基于本书是一篇跨学科研究，所以对核心概念都有注解，同时在文末增加了一些有助于理解的索引、附录，以方便各学科背景的读者参阅。在明确核心概念之后，本书先对易学的基础理论予以介绍，随之对《易经》中记载法律现象的卦爻辞进行重点解析论证，初步揭示隐藏在《易经》中的"证据"暗语。其后发现，《易经》中不仅有一些表述暗含"证据"之意，而且也呈现了不同种类的证据形式。由于证据只有经过审查判断之后才能作为定案的依据，所以又对证据的审查判断进行了一番探索。明确了《易经》中存在的证据语词，证据形式以及审查判断证据的原则、方法之后，总结出这些表征可以归结为西周时期已存在证据裁判法。同时，由于历史惯性，从商代流传下来的神明裁判依然发挥着补充作用。最后，刨根问底，追问西周时期能够萌生出证据法文化的缘由，并将证据法文化置于社会结构的因果关系中予以分析。

　　第一，为了使没有易学研究基础的人能够更好地理解本书，本书对易学的基本常识和基本概念予以介绍。在此基础上，进一步总结了易学研究的基本规律，以更好地理解相关卦象的精髓和主旨。其中，特别提炼总结了有关法律现象的卦爻规律。

　　第二，从《易经》的相关解读可以看出，《易经》中含有司法活动的重要记载，从中我们可以进一步剥离出意蕴"证据"的语词表达。本书经过初步的钩沉，采用训诂法、二重证据法考证，从《易经》诸卦中揭示出内蕴"证据"之义的语词，阐释在关涉法律之象的卦中，将对应的字词释读为"证据"更为精准，也更符合全卦的旨意。

　　第三，通过研究《易经》中的卦爻辞及卦象，并与《尚书》《周礼》等传世文献，以及《五祀卫鼎》等出土文献印证得出，西周时期，我国已经出现了口供等诸多证据形式，证据形式已较为丰富；同时，在西周明德慎罚思想的指导下，法官裁断案件已不再主要仰仗于神明旨意，而是会依据人证、物证、口供来定罪量刑。但由于历史文化的惯性，"盟誓"这一特殊的证据形式在西周时依然扮演着重要的角色。

第四，《易经》中所体现的证明方式主要为神明裁判和证据裁判。《易经》中的《大壮》《履》以及"灋"字中的"廌"都体现了西周时期通过神兽来裁定案件事实的现象。《易经》中的证据语词和证据形式，以及《易经》中折射的审查判断证据的方法，都契合了证据裁判思想的精神内核。除了证明方式之外，《易经》及其他传世文献中还隐含了诉讼中的证明标准，如《尚书》《周礼》中，皆有对刑事诉讼证明标准的阐述。

第五，本书最后进一步剖析西周时期得以萌生"证据法文化"的根源，从经济、政治、司法、意识这四个方面进行了关联解析：私有经济的需求激发、开明政治的实施保障、司法程序的制度保障、"天人合一"的价值导引。

六、创新之处

（一）观点的创新

第一，将证据裁判思想的萌芽推进为西周时期，并与神明裁判存在部分重合时期，而非依次更替。

第二，将自由心证思想确定为起源于我国西周时期，而非古罗马时期，也非移植而来。

第三，明确神明裁判的消逝时间为战国时代。

第四，重新解读"灋"字的"水"部件为坎卦，代表规则性，"去"部件为弓矢相离，指代证据。

第五，束矢钧金不是诉讼费，而是指代证据。

第六，西周时期的证据形式有口供、证人证言、物证、书证、盟誓等。

第七，西周时期有证明标准的初步区分。

第八，西周时期没有刑讯。

（二）视角的创新

对《易经》专门进行证据法视角的梳理，尚属空白。《易经》的研究视角多为哲学，法律视角的研究尚为少数，多为期刊文章的发表，目前有代表性的有从希斌的《易经中的法律现象》① 和关梅的博士论文《〈易传〉法哲学思想研究》。②

（三）方法的创新

第一，以字形演变轨迹来辅助推测神明裁判的消逝轨迹。

第二，以高频词统计的方法来论证《易经》之"天人合一"的主导精神。

---

① 从希斌：《易经中的法律现象》，天津古籍出版社 1995 年版。
② 关梅：《〈易传〉法哲学思想研究》，山东大学 2013 年博士学位论文。

第一章

《易经》之证据法文化研究的理论基石

第一节 《易经》之本体论

一、《易经》的术语释义

《周易》由六十四卦组成，六十四卦由八卦两两相重而成。卦由卦名、卦象、卦辞、爻辞、爻题而组成。卦有本卦、变卦、错卦、综卦。每个卦由六个爻组成。爻分为阳爻（——）和阴爻（——）。每个爻所在的位置被称为爻位。从下往上分别是初九或初六、九二或六二、九三或六三、九四或六四、九五或六五、上九或上六；九指阳爻，六指阴爻。

（一）阴阳

《周易》一共六十四卦，每卦由六个爻组成，共有三百八十四爻。阳爻用"——"表示，喻示一切"刚"的、阳性的物象；阴爻用"——"表示，喻示一切"柔"的、阴性的物象。通过阴阳爻的交错组合，来体现事物运动变化的发展规律。

《系辞上传》有云："一阴一阳之谓道。"《庄子·天下篇》曰："《易》以道阴阳。"意为万事万物皆有阴阳，皆在阴阳之中。宋代朱熹有言："天地之间，无往而非阴阳；一动一静，一语一默，皆是阴阳之理。至如摇扇便属阳，住扇便数阴，莫不有阴阳之理。'继之者善'是阳；'成之者性'是阴。阴阳只是此阴阳，但言之不同。如二气选运，此两相为用，不能相无者也。"① 阴阳构成了《周易》六十四卦，六十四卦模拟了世间一切情状，说明阴阳之道渗透到了世间一切事物的发展变化之中。

（二）卦时

《周易》六十四卦，每个卦都代表了特定情状之下的时态。其通过爻的变化和彼此关系以及卦爻辞指示人们休咎吉凶。此特定时态下展现的卦象可以推演到小至人生、大至宇宙的情态。此特定时态下展现的卦象就被称为"卦时"。六十四卦孕育出六十四"时"，即模拟出六十四种特定情景来喻示事理。如《屯》卦意蕴"初创"之时的事理，《蛊》卦意蕴"混乱"之时的事理，《革》卦意蕴"变革"之时的事理，等等。每个卦的变化时态，皆能展现出事物发展到特定阶段的轨迹。因此，研习六十四卦，须得关注"卦时"这一概念。

（三）卦象

《系辞上传》曰："书不尽言，言不尽意。"又曰："圣人立象以尽意，设卦以尽情伪，系辞焉以尽其言，变而通之以尽利，鼓之舞之以尽神。"语言文字在表意时容易受局限，故而六十四卦有两套表意系统：一为卦爻辞，表达意思明确具体，但不周全；二为卦象，表达意思含糊，但是广大悉备。这恰如法律规则和法律原则的关系一样，互相补充，互为依存。六十四卦的卦爻辞相当于法律规则，其卦象相当于法律原则。既有明确的卦爻辞如法律规则一样指导人们的行为，又有卦象如法律原则一样包罗万象，以适应日益变化的复杂关系。卦爻辞可以帮助人们理解卦象，而卦象又是对卦爻辞的灵活注解。各卦、各爻间错综复杂的变化关系又进一步揭示了事物发展的规律性。

（四）爻

爻是爻辞，爻辞是说明一爻之象的。一卦六爻从初到上是变化不定的。

① （宋）黎靖德编：《朱子语类》，王星贤点校，中华书局 1986 年版，第 1604 页。

一卦反映一个时代，一爻反映一个时代中的一个发展阶段。《系辞上传》曰："爻者，言乎变者也。"王弼注云："爻，各言其变也。"[①] 一卦六爻，爻象多变，不易把握。爻所处阶段，主要由爻所处的位来表达。爻的位即是爻的象。每一爻的象位都不是孤立的，它与其他爻有着各种关系。爻的吉凶，主要由爻所处的位及其与其他爻的相互关系决定。

（五）爻位

六十四卦每卦各有六爻，从下到上分处不同的位置，称为"爻位"。不同爻位代表高低不同的等级、身份，寓意事物发展过程中的不同阶段等。爻由下至上依次名曰：初爻、二爻、三爻、四爻、五爻、上爻。当爻位喻指不同的等级、身份时，初爻指代"士民"；二爻指代"卿大夫"；三爻指代"三公"；四爻指代"诸侯"；五爻指代"天子"；上爻指代"宗庙"。当爻位喻指事物的发展阶段时，初爻意指事物的初创阶段，宜潜藏；二爻意指事物的发展阶段，宜进取；三爻意指事物的小成阶段，宜谨行；四爻意指事物的高升阶段，宜警惕、谨慎；五爻意指事物的圆满阶段，宜戒盈；上爻意指事物的终尽阶段，防盛极。

（六）二体

六十四卦由八卦两两相重而成，凡居下者为"下卦"，又称"内卦"；凡居上者为"上卦"，又称"外卦"。上下卦合称"二体"。上下卦可象征事物所处地位的高低，或所居地域的内外、远近以及事物发展的"大成""小成"阶段。

（七）三才

《系辞下传》有云："六者非他也，三才之道也。"《说卦传》亦谓："兼三才而两之，故《易》六画而成卦。"八卦由三条阴阳爻组成。爻位居下的象征"地"，爻位居中的象征"人"，爻位居上的象征"天"，"天""地""人"相合，称为"三才"。由八卦重组成的六十四卦，各有六爻，把六爻两

---

① （魏）王弼、（晋）韩康伯注，（唐）孔颖达疏：《周易正义》，中国致公出版社 2009 年版，第 256 页。

两合并，初、二两爻象征"地"，三、四两爻象征"人"，五、上两爻象征"天"，三者亦合称"三才"。这三个层次可以象征事情发展的三个阶段，亦可以代表组织结构中的下、中、上三个层级。天地人"三才"各分阴阳，阴阳之道的变动就用爻来表现，从初爻到上爻的变动过程，既体现了空间位置的变化，也体现了时间顺序的变化，如图 4 所示。

图 4 三才图

（八）当位、不当位

在六爻位次中，初、三、五为奇位，亦称"阳"位；二、四、上为偶位，亦称"阴位"。六十四卦三百八十四爻，凡阳爻居阳位，阴爻居阴位，均称为"当位"（亦称"得正""得位"）；凡阳爻居阴位，阴爻居阳位，均称"不当位"（亦称"失正""失位"）。

"当位"之爻，喻指事物发展符合规律，合乎正道；"不当位"之爻，喻示事物发展违背规律，脱离"正道"。但当位、不当位并非衡量爻位吉凶的绝对标准，在复杂条件影响之下，当位之爻和不当位之爻都有转向的可能。所以，爻辞中常常有警醒"当位"者守正防凶之例，以及诫勉"不当位"者趋正求吉之例。在卦中，如果所有阴爻阳爻均各得其正，无越位无缺位，是理想的有序状态。

（九）得中、不得中

在六爻中，二爻和五爻分居下卦和上卦的中位，称之为"得中"。此寓意事物应守持中道、不偏不倚。

若阳爻居于中位，喻指"刚中"之德；若阴爻居于中位，喻指"柔中"之德。若二爻为阴爻，五爻为阳爻，则是阴爻居阴位，阳爻居阳位，符合当位；再加上得中，便为得中当位，或称得中得位。当位或得位被称为"得正"。二爻为阴爻或五爻为阳爻便是既"中"且"正",称为"中正",这是最为吉祥的爻象。如《讼·九五·象》曰:"讼,元吉,以中正也。"《井·九五·象》曰:"寒泉之食,中正也。"

（十）承、乘、比、应

承、乘、比、应反映了《易》卦六爻的相互关系中。

承:下对上叫作"承",就是指下边的爻承接上边的爻,若下是阴爻,上是阳爻,阴承阳,为顺。反之,为逆。一般来说,顺则吉,逆则凶。

乘:上对下叫作"乘",就是指上边的爻凌乘下边的爻,若上是阳爻,下是阴爻,阳乘阴,为顺。反之,为逆。正常情况下,有顺无逆是良好的关系或状态。

比:相邻两爻的关系叫作"比",就是上下相邻的爻可以形成比的关系,如果是一阴一阳,叫作"相比",如果是两阳或两阴,则不能比。从卦位上来说,初爻与二爻,二爻与三爻,若各为阴阳,则相比。三爻与四爻,处于上下两卦的转换交接处,不成比。四爻与五爻,五爻与上爻,若各为阴阳,则相比。有比则有依靠,无比则无援助。

应:卦中上下两卦相同的位置有应的关系,初与四、二与五、三与上彼此对应,如果对应的爻分别为一阴一阳,则称"有应"或"相应";如果为两阳爻或两阴爻,则称"无应"或"敌应"。应的含义指上下的关系,是否彼此照应、上下同欲,以此来测断吉凶。通常来讲,有应则代表吉,无应则代表凶,此与同性相斥,异性相吸的物理法则不谋而合。

（十一）互卦、错卦、综卦、交卦

互卦:重卦六爻除去初爻和上爻之外,中间四爻相连交互组成新的卦,称为"互卦"。其中二、三、四爻组成一个三画卦,称为"下互卦";三、四、五爻组成一个三画卦,称"上互卦"。"上互卦"与"下互卦"相组合,又构成另一个六画卦。以《屯》卦䷂为例,二、三、四爻构成《坤》卦☷,称为下互卦;三、四、五爻构成《艮》卦☶,称为上互卦。上下互组合,构成一个新卦——《剥》卦▤。①

错卦：两卦同位爻相错的关系（阴爻变阳爻，阳爻变阴爻），称为"错卦"。六十四卦中有四对卦是互为错卦，即《乾》卦▤和《坤》卦▤、《颐》卦▤和《大过》卦▤、《坎》卦▤和《离》卦▤、《中孚》卦▤和《小过》卦▤。这种关系体现了事物阴阳平衡与变通互补的规律。

综卦：也称为覆卦，就是将本卦的爻位由下到上倒置得出的那个卦。一共有二十八对，五十六个卦。如《屯》卦▤与《蒙》卦▤、《需》卦▤与《讼》卦▤等。这种关系体现了事物变化日新、物极必反的规律。

交卦：又叫上下对易卦，与覆卦很容易混淆。是指将内、外卦之间位置互换，如天地《否》卦▤与地天《泰》卦▤、地山《谦》卦▤与山地《剥》卦▤、天泽《履》卦▤与泽天《夬》卦▤、水火《既济》卦▤与火水《未济》卦▤。交卦的实质是体用相易，反客为主，视角有别，换位思考。如地山《谦》为君子之象，反过来看是山地《剥》，或为善于伪装的伪君子，日久剥蚀，始见真容。

（十二）往来

卦中各爻可以上下往来，从上到下为来，由下向上为往，以说明事物的动态发展所形成的态势，因而有吉有凶。

上面所释义的术语，是易学研究必不可少的基本概念，本书主要面向证据法学界，故而需要将易学基础概念予以介绍，以方便后续论证的理解。

二、《易经》的史料价值

《易经》这部神秘的典籍，伴随着中华民族悠久的文明史流传至今。《易经》的经文部分是由卦爻辞汇编而成的一部占筮工具书。先贤为了形象地指示吉凶休咎，选用人们熟知的、已客观存在的社会现实，用以增强理解力和说服力。人们所熟知的事实，一部分是已经发生的事实，另一部分是日常生活中经常遇到的社会现象。这些事实的结果被老百姓熟知，可以更好地说明圣人想要表达的主旨。一些历史人物和事实就这样被记录下来。因此，《易

① 肖满省：《〈古周易订诂〉研究》，载《周易研究》2013年第3期。

经》其实可以被视为一部历史书，它是对当时现实的客观记载，不但描绘出当时的社会生活画面，还通过圣人对一些事物、行为的吉凶指示，折射出当时的主流价值观念。

经考证，《易经》中援引的史实有"王亥丧牛羊于易""高宗伐鬼方""帝乙归妹""文王被囚获释""箕子隐退"等。这些均为历史验证过的事实，吉凶已早有定论。

（一）殷先王王亥丧牛羊于易

《大壮·六五》和《旅·上九》两条爻辞，分别记有"丧羊于易"和"丧牛于易"之事。王国维和顾颉刚，依据殷卜辞和古籍史料考证，"易"即"狄"或"有易"，乃国名。"丧牛羊"事，是指殷先王王亥在"有易"国被杀而牛羊被夺的故事。王亥是成汤之前的殷先王。王亥的名字在殷墟卜辞中曾多见，王亥曾在有易国畜养、放牧牛羊，后被杀而牛羊被夺。《山海经》《古本竹书纪年》《世本》《楚辞》《吕氏春秋》均有记载，以《山海经·大荒东经》记得较为清楚具体："王亥托于有易河伯仆牛，有易杀王亥，取仆牛。"从筮辞指示的休咎看，羊群被夺大约在先，故示其"无悔"，还算不得大的困厄；等到牛群被夺，王亥已罹杀身之祸，当然要示其"凶"。

（二）殷王武丁伐鬼方

《既济·九三》和《未济·九四》两条爻辞，记有"高宗伐鬼方，三年克之"，"震用伐鬼方，三年有赏于大国"，记载了商王高宗出征鬼方国的史实。《古本竹书纪年》有云："武丁三十二年伐鬼方，次于荆。三十四年，王师克鬼方，氐羌来宾。"两条爻辞所记的史实与此相符。高宗是殷王武丁，据记载，他是帝小乙之子，盘庚之侄。《周易集解》引虞翻说："高宗，殷王武丁。"又引干宝的话："高宗，殷中兴之君。"即佐证。据王国维考证，鬼方是当时位于西北的一个方国。鬼方当时已很有实力，不然殷商何须兴师动众，又联合周人征伐了三年才克敌制胜。

（三）箕子退隐

《明夷·六五》："箕子之明夷。利贞。"《周易集解》引马融曰："箕子，纣之诸父。"《史记·宋微子世家》记云："纣为淫泆，箕子谏不听，人或曰可以去矣，箕子曰：'为人臣谏不听而去，是彰君之恶而自说于民，吾不忍为也。'乃被发佯狂而为奴，隐而鼓琴以自悲，故传之曰箕子操。"《明夷》在此爻中是指光明磊落之人受到伤害。《明夷》卦的组成，上为"坤"，象征地；下为"离"，象征太阳，总的卦象有光明受到遮蔽之义。纣王当政昏庸，箕子谏而不听，甘心退隐受辱以明心志。《明夷·六五》爻辞记载的正是商末的这件史实。作易圣人对箕子的操守是持肯定态度的，故示为"利贞"。

（四）帝乙归妹

《归妹·六五》："帝乙归妹，其君之袂不如其娣之袂良。月几望，吉。"

《泰·六五》："帝乙归妹，以祉元吉。"

据《左传·哀公九年》所记，"微子启，帝乙之元子也"。帝乙是微子启的父亲，而微子启是商纣的兄长，由此推之，帝乙是商纣之父。"归妹"即嫁女。《诗经·大明》就记有商王嫁少女于周文王的史实。[1] 诗文云："文王初载，天作之合；在洽之阳，在渭之涘。文王嘉止，大邦有子。大邦有子，伣天之妹。文定厥详，亲迎于渭。造舟为梁，不显其光。有命自天，命此文王。于周于京，缵女维莘。长子维行，笃生武王，保右命尔，燮伐大商。"[2] 殷商政权为了缓和与"小邦周"的矛盾，安抚、笼络的最佳方式是联姻。《易经》与《诗经》所记的是同一史实。

（五）汤立三面网

《比·九五》："王用三驱，失前禽；邑人不诫，吉。"记载的是商汤打猎之事。

《史记·卷三·殷本纪》："汤出，见野张网四面，祝曰：'自天下四方皆入吾网。'汤曰：'嘻，尽之矣！'乃去其三面，祝曰：'欲左，左。欲右，右。不用命，乃入吾网。'诸侯闻之，曰：'汤德至矣，及禽兽。'"

《礼记正义》曰："《王制》云'天子不合围，诸侯不掩群'……《史

---

[1] 也有学者认为"帝乙归妹"里所嫁之人并非文王，但无论是不是文王，帝乙嫁女这一史实是客观存在的。参见晁福林：《夏商西周史丛考》，商务印书馆2018年版，第394—396页。

[2] 《诗经·大明》，阮元校刻：《十三经注疏·毛诗正义》（卷十六），中华书局1980年版，第507—508页。

记》云'汤立三面网，而天下归仁'，亦是'不合围'也。"

《吕氏春秋·孟冬纪·异用篇》："汤见祝网者置四面，其祝曰：'从天堕者，从地出者，从四方来者，皆离（罹）吾网。'汤曰：'嘻！尽之矣。非桀其孰为此也？'汤收其三面，置其一面，更教祝曰：'昔蛛蝥作网罟，今之人学纾。欲左者左，欲右者右，欲高者高，欲下者下，吾取其犯命者。'汉南之国闻之曰：'汤之德及禽兽矣！'四十国归之。人置四面未必得鸟，汤去其三面，置其一面以网其四十国，非徒网鸟也。"

帛书《缪和》："汤出巡守东北，有火，曰：'彼何火也？'有司对曰：'渔者也。'汤遂口＊＊①子之祝曰：'古者蛛蝥作网，今之人缘序。左者、右者，上者、下者，率突乎土者，皆来乎吾网。'汤曰：'不可。我教子祝之曰：古者蛛蝥作网，今之人缘序。左者使左，右者使右，上者使上，下者使下，（吾取其犯命者）。'诸侯闻之曰：'汤之德及禽兽鱼矣！'故供皮币以进者四十有余国。《易》卦其义曰：'显比，王用三驱，失前禽，邑（人）不戒，吉。'此之谓也。"②

这段史实记载的大意是说，商君成汤有一次巡狩东北方，看见有火光，就问："那个地方为什么有火？"有司回答说："是为了打鱼而生的火。"并说："古往蛛蝥织网，现在我学着做。上下左右来的鱼都要进入我的网中。"汤说："这样不可。我来教你祝祷之辞：古时候蛛蝥制成网，现在我学着做。左边的向左边张网，右边的向右边张网，上边的向上面张网，下边的向下边张网，我只捕捞自己撞到网上来的鱼。"诸侯听说后都说："成汤的德义都施及禽兽和鱼鳖了。"结果有四十多个国家拿着皮币来觐见成汤。

《吕氏春秋》《史记》《礼记正义》都记载了一个商汤外出渔猎的历史故事。帛书《缪和》认为，比卦九五的爻辞就是对这一史实的记载和反映，借以成汤宽大仁厚的为人，对鸟兽动物都能一视同仁的史实来说明宽大仁厚的人能对犯错的人从宽处置才是吉祥的。《周易》比卦说："君王使用三驱之礼，放走往前跑的禽兽，国人对君王没有戒畏，吉祥。"就是这个意思啊！

---

① 本书所引古文献中的"＊"代表无法识别或模糊、残缺、尚未考释的字符，以下不再一一说明。
② 李守力：《周易诠释》（卷一），兰州大学出版社2016年版，第126页。

这就是"网开三面"的历史典故，后世又将其浓缩成为"网开一面"。

（六）康叔俘马献于成王

《晋》："晋，康侯用锡马蕃庶，昼日三接。"

康侯即康叔封。《左传·定公四年》记："武王之母弟八人。周公为太宰，康叔为司寇，聃季为司空，五叔无官。"又见《世本·居篇》："康叔居康，从康徙卫。"康叔封被称为康侯，有《康侯鼎铭》文"康侯丰作宝尊"为佐证。古"丰"与"封"通，康侯丰即康叔封，是武王的弟弟。《晋》卦的卦辞所记的史实是：康叔封奉命攻伐敌国，一天之内三次告捷，并俘获大量马匹献给成王。

《易经》中提到的高宗、箕子、帝乙、康侯，都是有史可稽的商周时代的王侯，并直书其名，当毋庸置疑。另外，有的筮辞虽属论事，然隐其人名。尽管如此，细察事的原委，也能辨明其所指。

如《随·上六》："拘系之，乃从维之，王用享于西山。"

《升·六四》："飞王用享于岐山，吉，无咎。"

《随·上六》爻辞显然是讲文王被商纣囚禁，后又得以放归的事。"西山"即指"岐山"，是周人的发祥地。文王得以放归，自然要祭天祭祖于岐山。《升·六四》爻辞中的"王"，因"用享于岐山"，也肯定指的是周的各代君主，或古公亶父，或文王、武王等。

再如《师·上六》："大君有命，开国承家。"

《屯》："勿用，有攸往，利建侯。"

这两条筮辞很明显讲的是西周灭殷商以后的事。武王伐纣胜利以后才大封宗族、功臣，宗法制和分封制成为周代的重要政治制度。"大君"当指武王或武王以后的周代君主。

又如《既济》："东邻杀牛，不如西邻之礼祭，实受其福。"

周初，周人习惯称原来的势力范围为"西土"，而称殷商为"东土"，这在《尚书》中屡见不鲜，如《牧誓》中的"逖矣，西土之人"（辛苦了，来自周地的战士），"弗迓克奔，以役西土"（不要杀掉殷商军队中前来投降的人，留着他们供我们役使）；《周书·大诰》中的"有大艰于西土，西土人亦不静"（我们将有灾难，我们的人民将不会得到安宁）；《康诰》中的"以修我西土"（治理好我们的本土），"肆汝小子封在兹东土"（因此，你这年幼的封才被封在殷商的旧地）；《洛诰》中的"予乃胤保大相东土"（我要在太保召公之后去视察洛邑）。当时杀牛是重祭，而礼则属于薄祭，在作易圣人看来，商不修德，重祭也得不到神灵护佑；周则崇德，薄祭也能获得神灵的赐福。

《周易》的经文部分，除了记有商周时代的历史人物及具体事件之外，零散的筮辞中还客观地记录了当时社会的发展状况，如祭祀、征伐、刑讼、农牧、商旅、婚姻、灾病等。郭沫若将其划分为三大类："一是生活的基础，包括渔猎、牲畜、商旅（交通）、耕种、工艺（器用）。二是社会的结构，包括家族关系、政治组织、行政事项、阶级。三是精神的生产，包括宗教、艺术、思想等。"[1] 从经济基础到上层建筑，它几乎包罗了社会生活的各个方面。

政治上，宗法制、分封制作为国家政治制度的支柱已经稳固地确立。"君子""大人"泛指奴隶主阶级，"臣仆""小人"作为"奴隶""平民"的代称，社会上阶级的对立和殊死斗争明显存在。筮辞中诸如"畜臣妾""得妾以其子""得童仆"等，正是出土的西周金文中记载的，奴隶用来赏赐、买卖、交换的情况。从《易经》记载的社会现实和社会观念看，当时的奴隶制度已相当发达。经济上，黍麦、瓜果、蚕桑的种植，牛、马、羊、鸡、猪等家禽家畜的饲养，鼎、缶、簋、瓶、瓮等盛器的使用，贝、朋、资斧等货币的流通，这一切和商周遗址的地下发掘及其他古籍记载所反映的商周生产力水平是相吻合的。[2] 这些为我们了解西周的历史提供了可靠的原始材料。正如郭沫若所说："这些文句除强半是极抽象、极简单的观念文字，大抵是一些现实社会的生活。这些生活在当时一定是现存着的。所以如果把这些表示现实生活的文句分门别类地划分出它们的主从出来，我们可以得到当时的一个社会生活的状况和一切精神生产的模型。"[3] 《易经》正是这样把商周的一些珍贵史料留给了后世。

胡朴安则将《易经》的史料价值发挥到了极致。他把整部《易经》都看

---

① 郭沫若：《中国古代社会研究》，商务印书馆 2011 年版，第 35—66 页。
② 从希斌：《易经中的法律现象》，天津古籍出版社 1995 年版，第 7—11 页。
③ 郭沫若：《中国古代社会研究》，商务印书馆 2011 年版，第 35 页。

作是一部历史学著作。其将《乾》《坤》两卦视为绪论，自《屯》至《小过》六十卦是全书的主体部分，为记事之史，而末尾的《既济》《未济》两卦视为余论，言社会已定，当思患预防，以未济之道处既济，相当于全书记事以外的总结与论赞。

胡氏以古史说《易》，根据是《序卦传》。胡氏则将六十四卦之卦辞、爻辞、《彖传》、《象传》连贯一起，字解而句说之，所反映之史实与《序卦传》吻合。上经自《屯》卦至《离》卦，为草昧时代至殷末之史。下经自《咸》卦至《小过》卦，为周初文王、武王、成王时代之史。一卦反映一时代之大事，卦卦前后相连，绝无凌越颠倒，大体井然成序。① 六十卦之六十件划时代的大事依次连接成一个完整的远古历史系统。②

---

① 朱彦民：《史学视野下的易学》，华南理工大学出版社 2017 年版，第 114—116 页。

② 胡朴安：《周易古史观》，上海古籍出版社 2005 年版，第 3—4 页。六十卦反映的六十件大事是：《屯》卦，是草昧时代建立酋长之事。《蒙》卦，是酋长领导民众而教诲之事。《需》卦，是教导民众耕种之事。《讼》卦，是民众争夺饮食而讼之事。《师》卦，是行师解决两团体互相械斗之事。《比》卦，是开国之初建万国亲诸侯之事。《小畜》卦，是建国以后会猎之事。《履》卦，是以履虎尾决定履帝位之事。《泰》卦，是履帝位以后巡狩朝觐之事。《否》卦，是天子失德，诸侯不朝之事。《同人》卦，是民众聚会，谋覆共主之事。《大有》卦，是推一人为之长，组织民众之事。《谦》卦，是会合民众，教以稼穑之事。《豫》卦，是建侯行师，检阅军队之事。《随》卦，是大有之民众，随豫之侯以行征伐之事。《蛊》卦，是征伐归来，教民以孝之事。《临》卦，是君主登位临民之事。《观》卦，是以神道设教之事。《噬嗑》卦，是用狱治民之事。《贲》卦，是男女会聚，结为夫妇之事。《剥》卦，是洪水为灾，庐舍剥毁之事。《复》卦，是因水灾迁徙，复其故业之事。《无妄》卦，是新居始定，未甚安宁之事。《大畜》卦，是以田猎济耕种之事。《颐》卦，是以耕种自养之事。《大过》卦，是改土穴为房屋，建筑房屋之事。《坎》卦，是因建筑房屋掘土所成之坎，蓄水设险以守之事。《离》卦，是坎上置篱，以巩固防御之事。《咸》卦，是男女正式婚姻之事。《恒》卦，是夫妇正居之事。《遁》卦，是择邻迁徙之事。《大壮》卦，是努力生活之事。《晋》卦，是扩充国力之事。《明夷》卦，是文王蒙难之事。《家人》卦，是组织家庭之事。《睽》卦，是一夫多妻之家庭乖睽之事。《蹇》卦，是诸侯皆来决平之事。《解》卦，是文王决平诸侯讼狱之事。《损》卦，是文王节俭自损之事。《益》卦，是损己益人，文王得民心之事。《夬》卦，是文王分决一切之事。《姤》卦，是婚媾往来之事。《萃》卦，是会聚众家建立祖庙之事。《升》卦，是萃功告成，民众上升为国尽力之事。《困》卦，是南征受困之事。《井》卦，是推行井田之事。《革》卦，是周革殷命之事。《鼎》卦，是周革殷命以后，正位之事。《艮》卦，是迁徙殷顽，使之各安其土之事。《震》卦，是正位以后，自治以治民之事。《渐》卦，是殷顽迁徙之后，教以组织家庭之事。《归妹》卦，是殷贵族之女，归于男家之事。《丰》卦，是扩大殷顽组织家族之事。《旅》卦，是殷顽不安其居，散而羁旅于外之事。《巽》卦，是羁旅于外之殷顽，顺时而入之事。《兑》卦，是殷顽来归，说以劝之事。《涣》卦，是教殷顽立祖庙之事。《节》卦，是立祖庙以后，教以礼文有节制之事。《中孚》卦，是会聚殷顽田猎示信之事。《小过》卦，是顽民自猎之事。

胡氏将《易经》直接定性为历史书籍似乎值得推敲，但是不容否认的是《易经》中的一些卦爻辞的确是对商周时期社会生活的客观记载，可以作为历史研究的史料。同理，《易经》中的确有一些卦爻辞反映了当时的法律现象，可以作为法律现象、法律文化研究的史料，但是我们同样不能因此而认定《易经》就是一部法律书籍。

《易经》除了记载商周时代的社会生活，还在指示吉凶的筮辞中，通过对历史事件和各种社会现象是非曲直的评判，阐发当时的社会观念，为我们了解商周时代人们的思想观念和价值判断，提供了可靠的原始材料。

《易经》不是史书，并非出自史官之手，它所提供的史料虽难成系统，然而相对体现统治阶级意志的"正史"而言，它对商周社会生活的揭示会更贴近史实。因此，可以将《易经》当作西周时期的史料来予以探究分析。《易经》中有不少关于刑狱的卦象，自然就是对当时法律现象的记载。所以，从《易经》入手挖掘其涉及法律现象的卦爻辞，并结合西周铭文等考古证据及其他传世文献，自然会发现一些审判时采用客观事物来证明案件事实的史实记载，这便是本书将要梳理的内容。

第二节　《易经》之规律论

一、《易经》的基本规律

（一）卦的规律

1. 六十四卦的排列规律

六十四个卦的排列顺序是有规律性的。从整体排列上看，从《乾》卦到《未济》卦，体现了事物在阴阳的配合和制约下产生、发展、成长、完成、衰落、萌生等变化，显示了变化的整体性和阶段性、卦与卦之间彼此相关联。如《序卦传》中所言："饮食必有讼，故受之于讼。"为何《讼》卦要排在《需》卦之后呢？因为需是讼之因。因为人类有各种各样的贪欲，所以导致了纷争讼事，而且讼就好像"天与水违行"一样，是不可避免的。理解了六十四卦的排列规律，可以更好地把握每一卦的精神主旨和深刻内涵。

六十四卦卦名次序歌

乾坤屯蒙需讼师，比小畜兮履泰否，

同人大有谦豫随，蛊临观兮噬嗑贲，

剥复无妄大畜颐，大过坎离三十备。

咸恒遁兮及大壮，晋与明夷家人睽，

蹇解损益夬姤萃，升困井革鼎震继，

艮渐归妹丰旅巽，兑涣节兮中孚至，

小过既济兼未济，是为下经三十四。

2. 卦象之律

《系辞上传》云："圣人有以见天下之赜，而拟诸其形容，象其物宜，是故谓之象。"所谓卦象，是圣人看到天地万物高深玄奥，于是模拟它的形态容貌，恰当地象征它们，这就是卦象的发明。圣人看到了天下各种各样的变动，于是考察它们的融会贯通，总结出了各种事物恒常的规则，附上文字说明，用以判断它们的吉凶，这就是爻辞的发明。穷尽天下事物之玄奥归结于卦象，囊括天下事物之变化归结于爻辞。变化规律的裁断用变卦表示，事物内部的推进运行法则用互体交通、爻象应比表示。使《周易》之道理能神妙而高明者，在于人之善于运用；默默无闻而能成功运用《易经》，不宣传就能取信于人，这是由于其人德行深厚。具体而言，卦象规律如下：第一，强调万物相交，体现融合规律。若上下两卦相交相融，则指示为吉，如《既济》卦、《泰》卦；若上下两卦相悖相离，则指示为凶，如《未济》卦、《否》卦、《睽》卦、《讼》卦。第二，强调辩证认知，体现矛盾规律。整个六十四卦中除了《谦》卦之外，其他卦象都是吉中有凶，凶中有吉。第三，强调相互转化，体现变化规律。如《既济》转为《未济》，《未济》转为《既济》。《系辞下传》有云："《易》之为书也不可远，为道也屡迁。变动不居，周流六虚，上下无常，刚柔相易，不可为典要，唯变所适。"

（二）爻的规律

六爻关系是《周易》区别于《连山》《归藏》而特有的体例。六爻关系可以代表一切自然关系和社会关系。

首先，六爻可以喻示事物发展变化的规律。每一爻均反映了事物特定发展阶段的规律。《系辞下传》云：“其初难知，其上易知，本末也。”“二多誉，四多惧，近也……三多凶，五多功，贵贱之等也。”初爻的爻辞，多有开始之义，万事开头难，故其初难知。二爻的爻辞，多数是赞美、赞誉。因为其居于下卦的中间，安全稳定，事物发展越过了最初的艰难，开始步入正轨，故多誉。三爻的爻辞多数是多凶、多难，因为其居于下卦的边界，与上卦相邻，风险、摩擦增加，寓示事物发展到了中间阶段，面临的困难、风险开始增多，故而多凶。四爻的爻辞多为犹豫不决、疑惑，因为四爻一来处于上卦的边界，与下卦相邻；二来靠近至尊之位——五爻，喻示事物发展到了黎明前的黑暗阶段，快要成功，但更为艰险，所以四多惧。五爻的爻辞多为成功、尊贵，因为五为至尊之位，象征一个事物发展的巅峰阶段，故而五多功。六爻的爻辞，多有穷尽之义，进入六爻，象征事物盛极而衰，开始没落。

据黄沛荣统计，《周易》卦爻辞“吉”字121处，“利”字51处，“咎”字92处，“悔”字33处，“凶”字53处。而吉、凶、悔、咎等所置诸爻之比例为：二、五吉辞最多，合计占47.06%，几达总数之半；其凶辞最少，合计仅占13.94%。三爻凶辞最多，上爻次之，三、上合计占62.3%；三爻吉辞最少，仅占6.5%；初、四爻凶中求吉类最多，占44.54%。此进一步证明卦中各爻所处的位置均有特定寓意，非随意为之，与事物发展变化规律相吻合。[①]

六爻中，由于三爻、四爻是事物发展的关键阶段，且多凶险，故三爻四爻之辞，多有思虑不定之语。如称“或”者有：《乾·九四》：“或跃在渊。”《坤·六三》：“或从王事。”《讼·六三》：“或从王事。”《无妄·六三》：“或系之牛。”《恒·九三》：“或承之羞。”《渐·九四》：“或得其桷。”《中孚·六三》：“或鼓或罢，或泣或歌。”《小过·九三》“从或戕之。”又多用“进

---

① 转引自李守力：《周易诠释》（卷一），兰州大学出版社2016年版，第8页。

退""往""来"之辞，如《观·六三》："观我生进退。"《坎·六三》："来之坎坎。"《蹇·九三》："往蹇来反。"《蹇·六四》："往蹇来连。"① 由三爻、四爻之辞多"或"又多"进退""往""来"之类，警示我们在此阶段，要更为审慎，不可冒进。

由于三爻、上爻分别居下卦之终、上卦之终，故爻辞常系以"终"字。如《乾·九三》："君子终日乾乾。"《坤·六三》："无成有终。"《讼·六三》："贞厉，终吉。"《谦·九三》："君子有终，吉。"《家人·九三》："妇子嘻嘻，终吝。"《睽·六三》："无初有终。"《鼎·九三》："终吉。"《需·上六》："入于穴，有不速之客三人来，敬之，终吉。"《讼·上九》："或锡之鞶带，终朝三褫之。"《复·上六》："终有大败。"《家人·上九》："有孚威如，终吉。"《夬·上六》："终有凶。"

其次，六爻可以喻示人与人之间的社会空间关系。《系辞上传》有云："列贵贱者存乎位。"二、三、四、五在上位者为贵，在下位者为贱，二与四同功而异位，同有佐理之功，却有尊卑之分，四贵而二贱；三与五同功而异位，同有治理之功，却有君臣之别，五贵而三贱。

初爻为士民，即庶民百姓。初爻往往代表未出道者，即未出社会无经验者或者居于底层的百姓，属于无位之爻。如《乾·初九》："潜龙勿用。"喻示未出世之君子，宜潜藏。

二爻为卿大夫。九二得中，君德已具，故多有赞誉。如《乾·九二》："见龙在田，利见大人。"

三爻为三公。三爻，下卦之极，位居尊位，却上不在天，下不在田，故需时时警惕，不敢自懈也。如《乾·九三》："君子终日乾乾，夕惕若厉，无咎。"

四爻为诸侯。四爻虽已进入上卦，却又居于上卦之下。上不在天，下不在田，中不在人，所处之位艰难疑惧，所以需要审时度势，待机奋进。如《乾·九四》："或跃在渊。"

五爻为天子。五爻居上卦之中，得位得中，德备天下，为万物所瞻睹。

故为至尊。屈万里有言:"按爻位以五为最尊,故经于天、帝、君、王等辞,多于五爻发之。"如《乾·九五》:"飞龙在天。"《姤·九五》:"有陨自天。"此以"天"言。《泰·六五》《归妹·六五》:"帝乙归妹。"此以"帝"言。《临·六五》:"大君之宜,吉。"《归妹·六五》:"其君之袂,不如其弟之袂良。"此以"君"言。《比·九五》:"王用三驱。"《家人·九五》:"王假有家。"《涣·九五》:"涣王居,无咎。"此以"王"言。①

上爻为宗庙。与初爻一样亦是无位之爻。喻示太过与不及均不佳,皆不合中道。如《乾·上九》:"亢龙有悔。"上九处于有名无实的高位,贵而无位,高而无民,故一旦轻举妄动就会有悔。

除了通过爻位体现人的贵贱等级之外,还可以通过爻际关系来体现人际关系。所谓爻际关系就是指阴爻、阳爻居于不同的爻位而形成的彼此关系。爻际关系有乘刚、顺承、亲比、相应、敌应等类别。乘刚,如上六乘刚九五,阴谋作乱。顺承,如六四顺承九五,言听计从。亲比,如六四与九五,相敬如宾。相应,如六二与九五,志同道合、异性相吸,故多吉。敌应,如九二与九五,分道扬镳、同性相斥,故多凶。

《系辞下传》:"八卦以象告,爻彖以情言,刚柔杂居,而吉凶可见矣。变动以利言,吉凶以情迁。是故爱恶相攻而吉凶生,远近相取而悔吝生,情伪相感而利害生。凡《易》之情,近而不相得则凶,或害之,悔且吝。""远近相取而悔吝生"近,指相邻之爻;远,指应爻。"近而不相得",乘刚也,阴爻乘阳爻,阴爻在阳爻之上,多凶;近而相得,亲比、顺承也,阴爻在阳爻之下,多吉。

二、《易经》的法象规律

《易经》中的法象规律是指在六十四卦中,所有与法律现象有关的卦象、爻辞所呈现的基本规律。经过研究分析发现,在这些有关法律的卦中,含坎卦者多呈盗罚之象;含离卦者多呈刑狱之象;含震卦者多呈改过之象。

---

① 李守力:《周易诠释》(卷一),兰州大学出版社 2016 年版,第 9 页。

（一）含坎卦者多呈盗罚之象

《说卦传》："坎，陷也……坎为水，为沟渎，为隐伏，为矫輮，为弓轮……为月，为盗。"为何坎为盗？坎为陷，诸多风险之象；坎为隐伏，阳在阴中被遮掩之象。孔颖达曰："为盗，取水行潜窃如盗贼也。"① 来知德曰："盗能伏而害人，刚强伏匿于阴中，故为盗。"② 尚秉和曰："坎隐伏，故为盗。"③ 因此，六十四卦中凡与坎卦有重合组成的卦象，多数体现盗伐乃至刑罚之象。上下卦之一为坎卦的水雷《屯》、山水《蒙》、水天《需》、水水《坎》、雷水《解》、泽水《困》、水火《既济》都有盗失，或刑罚之象。

《屯·六二》："屯如邅如。乘马班如，匪寇，婚媾；女子贞不字，十年乃字。"匪，通非。寇，《说文》："暴也。"《屯》卦上卦为坎，坎为盗，故有寇。坎的反象为离，《屯》之初、二、三、四、五组成大离之象，故曰非寇。

《蒙·初六》："发蒙，利用刑人。用脱桎梏，以往吝。"《蒙·上九》："击蒙，不利为寇，利御寇。"《蒙》卦下卦为坎，刑人、桎梏、寇，皆与坎相关。上九与六三相应，下卦为坎，坎为寇盗之象，上卦为艮，艮为止，故曰"不利为寇，利御寇"。

《需·九三》："需于泥，致寇至。"《需》卦上卦为坎，坎为险陷，故在此坎为寇。九三在上卦坎的边上，故曰"致寇至"，导致贼寇来临。

《坎·上六》："系用徽纆，置于丛棘，三岁不得，凶。"徽、纆，均为绳索。刘表曰："三股曰'徽'，两股曰'纆'，皆索名。"丛棘，《周易集解》引虞翻曰："狱外种九棘，故称'丛棘'。"可见，丛棘指牢狱。坎为陷，上六以柔居险，所陷至深，犹如被捆缚囚置于"丛棘"中的牢狱，三年不得解脱。《程传》："以阴柔而自居险之极，其陷之深者也。以其陷之深，取牢狱为喻，如系缚以徽纆，囚置于丛棘之中；阴柔而陷之深，

① （魏）王弼、（晋）韩康伯注，（唐）孔颖达疏，（唐）陆德明音义：《周易注疏》，中央编译出版社 2013 年版，第 417 页。

② 徐芹庭：《来氏易经象数集注》，中国书店 2010 年版，第 354 页。

③ 尚秉和：《周易尚氏学》，张善文点校，中华书局 2016 年版，第 332 页。

其不能出矣，故云至于三岁之久，不得免也，其凶可知。"此卦上下皆坎，重险也，故上六直言"置于丛棘"，且"三岁不得"，即牢狱之灾有三年之久。此乃坎为陷、罚之象。

《解·六三》："负且乘，致寇至。"《系辞上传》曰："作《易》者，其知盗乎？《易》曰'负且乘，致寇至。'负也者，小人之事也。乘也者，君子之器也。小人而乘君子之器，盗思夺之矣。上慢下暴，盗思伐之矣。慢藏诲盗，冶容诲淫。《易》曰：'负且乘，致寇至。'盗之招也。"此段大意为作《易》的人大概知道盗贼的心思吧。《易》曰："背着东西又坐着车，招引来盗贼。"负物，是小人做的事；乘车，是君子的器物。小人占据了君子的器物，于是激发了他人的盗窃之心；在上位的懈怠，在下位的暴戾，敌国才谋划征伐我国。疏于收藏招引盗贼，打扮妖艳招引奸淫。《易》说："背着东西又坐着车，招引来盗贼。"这是讲盗贼之所以被招来的原因。《解》卦下卦为坎，坎为盗，《系辞传》也将寇解为盗，再次证明坎象与盗寇的紧密关联。

《困·六三》："困于石，据于蒺藜。"蒺藜喻圜土。据，言乘刚九二，九二体坎，坎为蒺藜。习坎卦上六"置于丛棘"，先儒以为圜土。圜土即监狱。《诗·小雅·楚茨》："楚楚者茨，言抽其棘。"郑玄注："茨，蒺藜。"蒺藜与丛棘相类，皆取象坎卦，坎为牢。《韩非子·难言》云："尹子阱于棘。"意为尹子因于狱中。丛棘，后世诸家注疏也多视其与刑狱有关。[①] 此亦为取坎为陷、罚之象。

《既济·六二》："妇丧其茀。"茀，古代贵族妇女所乘车辆上的蔽饰。孔颖达疏："茀，车蔽也，妇人乘车不露见，车之前后设障以自隐蔽，谓之茀。"丧茀，说明茀被盗失，与坎卦之象相符。虞翻曰："坎为盗，故'妇丧其茀'。"[②]

由上可见，含坎卦的别卦多呈盗、陷之象。除此之外，互卦中有坎卦的别卦，也多与刑罚、犯罪有关联。这些卦有：《噬嗑》《明夷》《贲》《谦》

① 李守力：《周易诠释》（卷二），兰州大学出版社 2016 年版，第 575 页。
② （唐）李鼎祚：《周易集解》（卷十二），王丰先点校，中华书局 2016 年版，第 380 页。

《豫》《晋》《家人》《睽》《震》《艮》《渐》《归妹》。

《噬嗑》之三、四、五爻，上互卦为坎。《噬嗑》："噬嗑，亨，利用狱。"噬嗑上互卦为坎，坎为陷，引申为刑罚、牢狱。故曰"利用狱"。同时，坎为盗，引申盗寇为社会不良之梗。噬嗑就是去除社会之梗。正如李舜臣曰："噬嗑以去颐中之梗，雷电以去天地之梗，刑狱以去天下之梗。"①

《明夷》之二、三、四爻，下互卦为坎。《象》曰："明入地中，明夷。内文明而外柔顺，以蒙大难，文王以之。"虞翻注曰："以，用也。三喻文王，大难谓坤，坤为弑父，迷乱荒淫若纣，杀比干。三幽坎中，象文王之拘羑里。震为诸侯，喻从文王者。纣惧出之，故'以蒙大难'，得身全矣。"② 坎为陷，引申为牢狱，此有刑罚之义。

《贲》之二、三、四爻，下互卦为坎。《贲》："山下有火，贲；君子以明庶政，无敢折狱。"《贲·六四》："匪寇，婚媾。"下互卦为坎，坎为盗之象，故曰"匪寇"。同时，坎亦为法律。故而此卦与折狱有关。

《谦》之二、三、四爻，下互卦为坎。《谦·六五》："不富以其邻，利用侵伐，无不利。"《周易集说》："易以阴虚为不富。"阴爻，故曰"不富"。此处喻虚怀谦逊之义。《广雅·释诂三》："以，与也。"故此处"以"意为"与"。邻，指四爻和上爻。六五柔中居尊，既能广泛施谦于下，又能协同居上者共伐骄逆，使天下尽归"谦"道。此句意为虚怀不有富实，与近邻一起都利于出征讨伐，无所不利。此处的"侵伐"便是坎之象。

《豫》之三、四、五爻，上互卦为坎。《系辞下传》："重门击柝，以待暴客，盖取诸《豫》。"柝，古代打更用的梆子。上互卦为坎，为外卦，为贼寇，即暴客。下互卦为艮，为内卦，艮为止，为门阙，内卦坤为阖户，即关门止暴客于门外。外卦震为打更，以惊暴客也。重门击柝

---

① （清）李光地：《康熙御纂周易折中》，刘大钧整理，巴蜀书社2013年版，第116页。
② （唐）李鼎祚：《周易集解》（卷七），王丰先点校，中华书局2016年版，第223页。

的历史一直延续到近代，如今已被警察、巡警所代替。《豫》卦有四个要素：内卦坤表示民众晚上关门（坤为民众、为阖户，即关门）；外卦震古代表示打更，现代表示警察、巡警；互体下艮为门阙为止，仍然是关门；上坎为贼寇，坎为月，引申为夜晚。自古迄今卦象属性始终如一。①

《豫》与《谦》为综卦。综卦也称为覆卦，就是将本卦的爻位由下到上倒置得出的那个卦。前人将综卦（覆象）解为反（对）卦，不明其物理本质也。杭辛斋曰："覆卦者，一卦覆之而又别成一卦者也。如屯之覆为蒙，需之覆为讼，师之覆为比。六十四卦，除乾坤坎离等八卦，余五十六卦皆有覆卦也。汉人亦曰反卦，来知德谓之综卦。（来氏谓综者如织布扣经之综，一上一下者也，故名反覆之卦为综。然覆实上下相倒置，非一上一下之谓，综之名殊未确合，故非议者甚多。）如震反为艮，巽反为兑。而震之与巽，艮之与兑，又为对卦也。余卦类推。若泰否既未随蛊渐归妹等卦，对而兼覆，所谓反覆不衰者也。"② 综卦对而不反，综则概全，与现代物理镜像同义。因此，综卦的意义就是通过"知彼"来深化"知己"，两相对照、综合分析，以期获得全面认识。

与覆卦很容易混淆的叫交卦。交卦是将内、外卦之间位置互换，又叫上下对易卦。如《否》卦与《泰》卦、《既济》卦与《未济》卦。杭辛斋曰："交卦者，本卦内外两象，交相易位。内卦出外，外卦入内。虞氏谓之两象易，亦有谓上下易者，向无定称。今以其内外交易，故名之曰交卦，取便演讲时之辨识，非敢云确当也。（来氏谓交者一上下，以名此卦，或尚相近。惜数百年来称名久混，不能用也。）交卦之义，互见于经传甚多。略举如左：如天泽履与泽天夬，内外两象，交相易位者也。故履上九曰：'夬履，贞厉。'又如雷风恒与风雷益，内外两象，交相易位者也。故《恒》曰：'立不易方。'《益》曰：'为益无方。'各卦以此类推，《彖》《象》之相互见义者，厥例正多，不胜缕指也。"③ 交卦的实质是体用相易，反客为主，视角有别，换位思考。如地山《谦》为君子之象，反过来看是山地《剥》——或为善于

---

① 李守力：《周易诠释》（卷三），兰州大学出版社 2016 年版，第 883 页。
② （清）杭辛斋：《杭氏易学七种》，九州出版社 2005 年版，第 82 页。
③ （清）杭辛斋：《杭氏易学七种》，九州出版社 2005 年版，第 83 页。

伪装的伪君子，日久剥蚀，始见真容。

《晋》之三、四、五爻，上互卦为坎。《晋》："康侯用锡马蕃庶，昼日三接。"康，《释文》："美之名也。"在此意为尊贵。锡，通赐。蕃庶，众多。三接，多次接见。晋卦是讲尊贵的公侯蒙受天子赏赐众多车马，一天之内荣获三次接见。晋卦之三、四、五爻是上互卦，为坎水。坎为盗之象，故六五："悔亡，失得勿恤。往，吉。无不利。"因上互卦有坎，盗之象，故六五曰"失得"，意即天子赏赐公侯的车马被盗。六五，阴居阳位，不当位，故有"悔"。恤，忧虑。前已述及，二爻、五爻多吉，此五爻虽不当位，但因为居处尊高，禀受"离"明之德（上卦为离，代表光明），故其"悔"遂"亡"，且虽有"失"，但勿"恤"。六五的意思是虽然天子赏赐的车马被盗，但是不要忧虑得失，不必懊恼悔恨在所失之中，要往前看，继续前行，方可无往不利。

《睽》之三、四、五爻，上互卦为坎。睽，象征乖背睽违。《序卦传》："睽，乖也。"《说文》谓"目不相听"，指两目相背，即"乖违"之意。[1] 初九："悔亡；丧马，勿逐自复；见恶人，无咎。"悔恨消亡；丢失马匹，不用追逐，静候其自行归来；以逊来对待恶人，不致咎害。因互卦有坎，有盗之象，故马匹丢失。《大易绪说》："失马逐之，则愈逐愈远；恶人激之，则愈激愈睽；故勿逐而听其自复，见之而可以免咎也。处睽之初，其道当如此；不然，'睽'终于睽矣。"[2] 上九，"睽孤，见豕负涂，载鬼一车，先张之弧，后说之弧；匪寇，婚媾；往遇雨则吉"。意为：上九，睽违至极，孤独狐疑，看见一车载有背负污泥的猪和如同鬼怪的匪寇，欲张弓射之，后下起了雨，洗刷了污泥和贵人身上的图腾才发现，不是匪寇而是前来娶亲的队伍，故又放下弓矢。因上互卦有坎，故上六有匪寇之象，但是因为上卦为离，有光明之象，故对于匪寇的猜疑消失。

《震》之三、四、五爻，上互卦为坎。《震·六二》："震来，厉；亿丧贝，跻于九陵，勿逐，七日得。"震来，厉，此言六二当

---

① 黄寿祺、张善文：《周易译注》，上海古籍出版社 2016 年版，第 388 页。
② 黄寿祺、张善文：《周易译注》，上海古籍出版社 2016 年版，第 391 页。

"震"之时，以柔乘刚，故"震来"将有"危"。《周易本义》曰："六二乘初九之刚，故当震之来而危厉也。"① 亿，《释文》引郑玄曰"十万曰亿"，犹言"大"，作副词。贝，古代货币。跻，登也。九，阳极之数，喻高，九陵，峻高之陵。二爻以柔乘刚，故曰"厉"，但由前可知，二爻得中，多稳定、吉利之象，虽厉却能守中无咎，故曰"勿逐，七日得"。此"亿丧贝"亦可说明坎卦出现往往伴随盗失之象。

《渐》之二、三、四爻，下互卦为坎。《渐·九三》："鸿渐于陆，夫征不复，妇孕不育，凶；利御寇。"鸿，水鸟名，即大雁。陆，较平的山顶，《尔雅·释地》"高平曰陆"，《释文》："陆，高之顶也，马云'山上高平曰陆'。"下互卦为坎，故九三"寇"出现。"利御寇"是诫勉九三之辞，谓其若能慎用刚强，不为淫邪，则利于以刚御寇，可避"夫征不复，妇孕不育"之凶。《周易折中》引程敬承曰："三以过刚之资，当渐进之时，惧其进而犯难也，故有戒辞焉。'征''孕'皆'凶'，言不可进也；利在御寇，言可止也。"②

在这些互卦为坎的别卦中，有些是卦爻辞明示涉及犯罪的，如《噬嗑》《晋》《睽》《渐》。《噬嗑》："亨，利用狱。"《晋·六五》："失得勿恤。"《睽·六三》："其人天且劓。"《渐·九三》："利御寇。"有些是卦、爻辞虽然没有明示，但《易传》认为涉及犯罪的，如《豫》《明夷》《贲》等。《系辞下传》曰："重门击柝，以待暴客，盖取诸《豫》。"《序卦传》曰："进必有所伤，故受之以《明夷》。夷者，伤也。"《杂卦传》曰："《明夷》诛也。"《大象传》曰："山下有火，贲；君子以明庶政，无敢折狱。"无论是上下卦之一为坎，还是互卦为坎，都说明含坎卦者多呈盗罚之象。

（二）含离卦者多呈刑狱之象

《周易·大象传》言刑狱有五卦（参见图5），分别是火雷《噬嗑》、山火《贲》、雷火《丰》、火山《旅》、风泽《中孚》。《噬嗑》《贲》《丰》《旅》这四卦皆含有离卦，刘沅曰："易凡言刑狱事，无不取诸离。动而明，

① （宋）朱熹：《周易本义》，廖名春点校，中华书局2009年版，第184页。
② 黄寿祺、张善文：《周易译注》，上海古籍出版社2016年版，第551页。

噬嗑，明罚敕法。明以动，丰，折狱致刑。明以止，贲，无敢折狱。止而明，旅，明慎用刑。"① 薛瑄曰："《噬嗑》《贲》《丰》《旅》四卦论用刑，皆离火之用，以是见用法贵乎明。《噬嗑》《丰》以火雷雷火交互为体，用法贵乎威明并济，《贲》《旅》以山火火山交互为体，用法贵乎明慎并用。"② 《中孚》为风泽卦组合而成，可以看作是一个大离象。"凡卦有火雷之象者，皆可言狱。"③ 这五个卦均含有离卦，且均与刑狱之象紧密相关。

图5　刑狱五卦

从义而言，离（離）的本义为用网捕鸟。离的甲骨文 ![字] ＝ ![字]（鸟）＋ ![字]（禽，捕鸟用的网），表示用网捕鸟。离，帛书《易》作"罗"④（離、羅均从隹），《说文解字》云："罗，以丝罟鸟也。从网从维。"故离通罗。《系辞下传》云："作结绳而为网罟，以佃以渔，盖取诸离。"可见，"离"的本义含有用网捕获之义。进一步延伸，则有刑狱之义，后世有关刑狱的描绘常见

① 李守力：《周易诠释》（卷二），兰州大学出版社 2016 年版，第 717 页。
② （清）李光地：《康熙御纂周易折中》，刘大钧整理，巴蜀书社 2013 年版，第 410 页。
③ 徐芹庭：《来氏易经象数集注》，中国书店 2010 年版，第 298 页。
④ 于豪亮：《马王堆帛书〈周易〉释文校注》，上海古籍出版社 2013 年版，第 36 页。

"天网恢恢""自投罗网""天罗地网"等词,皆因此而设。

依象而论,离卦的主象为"明"。《说卦传》:"离也者,明也,万物皆相见,南方之卦也。圣人南面而听天下,向明而治,盖取诸此也。"但是,要达到治之"光明",离不开刑狱之治,需要依托刑狱的手段祛除"黑暗"之象。因此,离卦主象为明,与刑狱之象紧密关联。所以,《周易》中有离卦出现的,多有治狱之象。

1. 火雷《噬嗑》

　　《噬嗑》:"亨,利用狱。"《噬嗑·象》曰:"雷电,噬嗑;先王以明罚敕法。"《噬嗑》上离下震,离为火,代表光明,震为动,代表执法,故曰"明罚敕法"。

《噬嗑》是唯一在卦辞中明确刑狱的卦,其余《贲》卦、《丰》卦、《旅》卦、《中孚》卦在《周易》卦爻辞都没有刑狱的内容,只是在《大象传》中言明。李守力认为这是因为《大象传》属于《连山易》遗存,与《周易》的卦爻辞、《彖传》、《小象传》不属同一体系。《归藏》对《连山》有损益,《周易》对《归藏》有损益,故《周易》也继承了《连山》的某些内容。①

《大象传》称电雷《噬嗑》,称电雷,更显刑狱特征。《大象传》的重卦方式是先上卦后下卦,帛书《易》卦序与《连山》有传承关系,其重卦也是如此。《周易》卦爻辞是从下而上的传统,故《周易》以下卦为贞,上卦为悔,而《大象传》则是以上卦为主。火雷《噬嗑》,离卦为主,离的主象为明,次象为刑(罗),震为动,为执法。明在先,执法在后,故曰"明罚敕法"。

《说文·雨部》雷字注曰:"䨻,阴阳薄动,靁雨生物者也。从雨晶,象回转形。"籀文作"䨞有回,回,雷声也。"又电字注曰:"阴阳激耀也。"是雷为声,电为光,声以壮其威,"震来虩虩"是也;电以其显明,"烨烨震电"是也。②《稽览图》曰:"雷有声,名曰雷;有光,名曰电。"今世已知阴阳相击生雷电,必有声光,特光速于声,以为二物,实则一事。本卦下震

① 李守力:《周易密钥》(卷二),兰州大学出版社2016年版,第671页。
② 《诗·小雅·十月之交》:"烨烨震电,不宁不令。"

上离，明威并用；又互坎为法、为刑，用之于决断讼狱，使人望而生畏，愚者知避，悍者戒惧，不敢妄行。①《尚书·吕刑》："德威维畏，德明维明。"古人又以为雷电有驱邪作用，令阴邪不存，阴阳亨通，先王体察此《噬嗑》之象，于是明白用罚要明晰，行使赏罚之先，先行整饬（敕）法制。

宋衷曰："雷动而威，电动而明，二者合而其道彰也。用刑之道，威明相兼，若威而不明，恐致淫滥；明而无威，不能伏物，故须雷电并合，而噬嗑备。"②

李舜臣曰："《噬嗑》震下离上，天地生物，有为造物之梗者，必用雷电击搏之。圣人治天下，有为民之梗者，必用刑狱断制之。"③ 程颐曰："天下之事所以不得亨者，以有间也，噬而嗑之，则亨通矣。利用狱：噬而嗑之之道，宜用刑狱也。天下之间，非刑狱何以去之？不云利用刑，而云利用狱者，卦有明照之象，利于察狱也。狱者所以究察情伪，得其情则知为间之道，然后可以设防与致刑也。"④ 李舜臣将离卦解为"电"，程颐将离卦解为"光明"，但无论是哪种解读，离都是有利于刑狱之治的。雷电可以打击犯罪，光明则使罪犯无所遁形。因此，《噬嗑》卦中"离"卦与"刑狱"密切相关。

2. 雷火《丰》

▤▤ 《丰·象》曰："雷电皆至，丰。君子以折狱致刑。"雷火丰，震卦为主，执法在先，故曰"折狱致刑"。

《周易正义》曰："雷者，天之威动；电者，天之光耀。雷电俱至，则威明备足，以为'丰'也。'君子以折狱致刑'者，君子法象天威而用刑罚，亦当文明以动，折狱断决也。断决狱讼须得虚实之情，致用刑罚必得轻重之中；若动而不明，则淫滥斯及。故君子象于此卦，而折狱致刑。"⑤ 幼儿最怕

---

① 《汉书·艺文志》："法家者流，盖出于理官。信赏必罚，以辅礼制。《易》曰：'先王以明罚敕法'，此其所长也。及刻者为之，则无教化，去仁爱，专任刑法而欲以致治，至于残害至亲，伤恩薄厚。"《魏志·王朗传》："朗上疏曰：《易》称敕法，《书》著祥刑，一人有庆，兆民赖之，慎法狱之谓也。"

② （唐）李鼎祚：《周易集解》（卷五），王丰先点校，中华书局2016年版，第145页。

③ （清）李光地：《康熙御纂周易折中》，刘大钧整理，巴蜀书社2013年版，第116页。

④ （宋）程颐：《周易程氏传》，王孝鱼点校，中华书局2016年版，第91页。

⑤ （魏）王弼、（晋）韩康伯注，（唐）孔颖达疏：《周易正义》，中国致公出版社2009年版，第219页。

打雷，上古先民对大自然的认知与幼儿相仿，故古人对雷电的恐惧犹如对刑狱的恐惧，这也是上古宗教的普遍观念。

《大象传》源自《连山易》，重卦自上而下，以上卦为主。《丰》卦上震下离，以上卦震雷为主，故云"折狱致刑"；《噬嗑》卦上离下震，以上卦离明为主，故云"明罚敕法"。两卦之象颠倒，称为交卦。交卦的实质是体用相易，反客为主，视角有别，换位思考。对于二者的差异，朱子释曰："《噬嗑》卦明在上，动在下，是明得事理，先立这法在此，未有犯底人，留待异时而用，故云'明罚敕法'；《丰》卦威在上，明在下，是用这法时，须是明见下情曲折方得，不然，威动于上，必有过错也，故云'折狱致刑'。"①

3. 山火《贲》

　　《贲·象》曰："山下有火，贲；君子以明庶政，无敢折狱。"山火《贲》，离为罗网，艮为止。艮为主，是限制刑狱之象，故曰"明庶政，无敢折狱"。

《贲》卦上艮下离，艮为山，离为火，《贲》卦乃山下有火之象。先祖选择住址时会选在依山傍水的地方，因为这里气候适宜，资源丰富，最适合人类居住。古代人烟稀少，如果看到山下有火，往往说明有人居住于此，此即人烟。这便是山下有火之象。那么，为何此象被命名为"贲"呢？贲，纹饰、装饰之意。考古学家曾在山顶洞遗址发现一根骨针，上端有针眼，针尖被磨得圆且锐，显然是用来缝制衣服的。艮代表山石或者山顶洞，离代表骨针（骨骼都是中虚之象，故而离可代表骨针）；在山石上磨制骨针，或者在山顶洞内使用骨针缝制衣物，都是为了装饰、文饰之用，所以此卦叫作《贲》。②

《贲》卦下为离，离本身就有文明之象。《贲》卦上卦为艮，艮为止，故曰"无敢折狱"。为何《贲》卦文饰之象出现，就无敢折狱了呢？"折狱"乃追求事实真相，剥离是非黑白，即剖开表象看本质。"文饰"则是通过装饰、迷惑、遮掩了事物的本质，与"折狱"宗旨背道而驰。故而，有《贲》

---

① 黄寿祺、张善文：《周易译注》，上海古籍出版社2016年版，第567页。
② 李守力：《周易密钥》（卷一），兰州大学出版社2016年版，第283页。

卦之象，意即事实真相被掩盖时，无敢折狱。当事实扑朔迷离时，强调"无敢折狱"，而不是"宁罚勿纵"，这恰恰体现了慎罚的指导思想。

4. 火山《旅》

《旅·象》曰："山上有火，旅；君子以明慎用刑而不留狱。"艮为山为止，离为火为明，所以要静止明察，审慎用刑。火山《旅》，离为主，艮为辅，故曰"明慎用刑而不留狱"，慎用刑狱，只是高度谨慎而已。明，取象离，无敢、不留，取象艮。

《周易正义》曰："火在山上，逐草而行，势不久留，故为旅象。又上下二体，艮止离明，故君子象此，以静止明察，审慎用刑，而不稽留狱讼。"① 此意为：火势会顺着草快速蹿过，不会久留，正如旅行一样，居无定所，不会长久停留。所以，山上有火之象被称为"旅"。

《周易程氏传》曰："火之在高，明无不照，君子观明照之象，则以'明慎用刑'。明不可恃，故戒于'慎'；明而止，亦慎象。观火行不处之象，则不留狱。"② 程氏认为，山上有火之象意为火在高处，没有其照不到的地方，可以带来更多的光明。这意味着要明罚；艮为止，意味着要慎刑；因为谨慎用刑，所以相应地就体现为不留狱。此处的"留狱"意指监狱。所以，因为谨慎地定罪量刑，需要收监留狱的自然就会减少。

俞琰曰："不留有罪者于狱，盖旅与狱皆非久处之地也。"这很好地回答了为何"旅"就意味着"明慎用刑而不留狱"。因为"旅"与"狱"有共同的特性，都是非长久停留之处。

《王制》云："刑者侀也（有刑则判罪量刑），侀者成也（一定则必成），一成而不可变（难于翻移），故君子尽心焉。夫用刑之道不明则冤，固唯明者能用之；然过于明，则又伤于察（察察为明），是必谨慎而后可；然过于谨慎，则又恐优柔不决而失之滞，故又戒之曰'不留狱'。……明慎而不敢留者，惧淹禁之瘝也。"此意为要把握好尺度，无论哪一方面皆不可过。首

① （魏）王弼、（晋）韩康伯注，（唐）孔颖达疏：《周易正义》，中国致公出版社 2009 年版，第 223 页。
② （宋）程颐：《周易程氏传》，王孝鱼点校，中华书局 2016 年版，第 251 页。

先为避免冤屈要明，但过于明会伤于察，所以要谨慎，但过于谨慎又会失之滞，所以要不留狱，该果断结案的还是要果断结案。此处将"不留狱"理解为不留下未决案件。

无论历代先贤如何解读，"离"都代表"明"，无论是明照，明慎还是光明之道，皆与"刑狱"密切相关。"刑狱"需要明察、明慎，最后照亮光明，实现向明而治。

5. 风泽《中孚》

《中孚·象》曰："泽上有风，中孚；君子以议狱缓死。"《中孚》卦全体似离，离为罗网，上巽为进退，故为缓，下兑为说，故为议，故曰"议狱缓死"。又，上巽为施命，下兑为恩泽，故中孚大象为先王以施命恩泽百姓。《周易集解》引崔觐曰："流风令于上，布泽惠于下，中孚之象也。"① 《周易》先有象，后系辞，上巽、下兑均无"刑狱"之象，何以言"议狱"？盖因《中孚》卦全体似大离之象。

"中孚，君子以议狱缓死"的传统肇始于夏代赎刑，即中刑（《礼记》作《甫刑》）。《尚书·吕刑》曰："吕命穆王训夏赎刑，作《吕刑》……苗民弗用灵（《礼记》：苗民匪用命），制以刑，惟作五虐之刑曰法。杀戮无辜……民兴胥渐，泯泯棼棼，罔中于信……非佞折狱，惟良折狱，罔非在中……哀敬折狱，明启刑书胥占，咸庶中正。其刑其罚，其审克之。狱成而孚，输而孚。"吕侯（甫侯）劝告周穆王申述夏代的《赎刑》，制定《吕刑》……上古时九黎之君不遵守天命，滥用五种残酷的刑法，无辜的人被杀戮，导致民众互相欺诈，纷纷乱乱，丧失中信（中孚）……不用巧辩的人审理案件，而用善良的人审理案件，就没有不合乎中道的……应当怀着哀怜的心情判决诉讼案件，明白地检查刑书，互相斟酌，都要以中正为标准。当刑当罚，要详细查实啊！要做到案件判定了，人们信服；改变判决，人们也信服。

《尚书·吕刑》序说"吕侯以穆王命作书，训畅夏禹赎刑之法"，说明《吕刑》所述是夏禹的刑法。故《中孚·象》曰："泽上有风，中孚；君子以议狱缓死。"实与《夏礼》有关（而与殷商尊鬼神无关）。

---

① （唐）李鼎祚：《周易集解》（卷十二），王丰先点校，中华书局 2016 年版，第 369 页。

因刑狱五卦是最为直接的体现司法活动的卦象，故摘录历代先儒对刑狱五卦的解读，以备参考。

（1）宋代徐几

象言刑狱五卦：《噬嗑》《丰》以其有离之明、震之威也。《贲》次《噬嗑》，《旅》次《丰》，离明不易，震皆反为艮矣，盖明贵无时不然，威则有时当止。至于中孚，则全体似离，互体有震艮，而又兑以议之，巽以缓之，圣人即象垂教，其忠厚恻怛之义，见于谨刑如此。①

（2）宋代程颐

雷电皆至，明震并行也，二体相合，故云“皆至”。明动相资，成《丰》之象。离，明也，照察之象。震，动也，威断之象。折狱者必照其情实，唯明克允，致刑者以威于奸恶，唯断乃成。故君子观雷电明动之象，以折狱致刑也。《噬嗑》言先王“敕法”，《丰》言君子“折狱”，以明在上而丽于威震，王者之事，故为制刑立法，以明在下而丽于威震，君子之用，故为“折狱致刑”，《旅》明在上而云君子者，《旅》取慎用刑与不留狱，君子皆当然也。②

（3）宋代苏轼

《传》曰："为刑罚威狱，以类天之震曜，故《易》至于雷电相遇，则必及刑狱，取其明以动也。至于离与艮相遇，曰'无折狱'，无留狱，取其明以止也。"③

（4）宋代朱熹

问雷电《噬嗑》与雷电《丰》亦同。曰："《噬嗑》明在上，是明得事理，先立这法在此，未有犯威人，留待异时之用，故云'明罚敕法'；《丰》威在上，明在下，是用这法时，须是明见下情曲折方得，不然，威动于上，必有过错也，故云'折狱致刑'。"④

（5）明代丘濬

卦象言刑狱者五卦：《噬嗑》《贲》《丰》《旅》《中孚》也。《噬嗑》

---

① （清）李光地：《康熙御纂周易折中》，刘大钧整理，巴蜀书社2013年版，第477页。

② （宋）程颐：《周易程氏传》，王孝鱼点校，中华书局2016年版，第246—247页。

③ （清）李光地：《康熙御纂周易折中》，刘大钧整理，巴蜀书社2013年版，第466页。

④ （清）李光地：《康熙御纂周易折中》，刘大钧整理，巴蜀书社2013年版，第467页。

《贲》《丰》《旅》皆有离象，而《噬嗑》《丰》则兼取震，《贲》《旅》则兼取艮。盖狱以明照为主，必先得其情实，则刑不滥然。非震以动之，则无有威断；非艮以止之，则轻于用刑。惟《中孚》一卦，则有取于巽兑，先儒谓中孚，体全似离，互体有震艮，盖用狱必明以照之，使人无隐情；震以威之，使人无拒意。而又当行而行，当止而止，不过于用其明而恣其威也。夫然后兑以议之，巽以缓之，原情定罪，至再至三。详之以十议，原之以三宥；王听之，司寇听之，三公听之；旬而职听，三旬而职听，三月而上之；议而又议，缓而又缓，求其出而不可得，然后入之；求其生而不可得，然后死之。本乎至诚孚信之心，存乎至仁恻怛之意，在我者有诚心，则在人者无遗憾矣。圣人作经垂世立教，惓惓于刑狱之事，不一而足焉。如此其知天下后世之忧患，而为之虑也深且远。

（6）明代薛瑄

《噬嗑》《贲》《丰》《旅》四卦论用刑，皆离火之用，以是见用法贵乎明。《噬嗑》《丰》以火雷雷火交互为体，用法贵乎威明并济，《贲》《旅》以山火火山交互为体，用法贵乎明慎并用。[①]

（7）清代刘沅

易凡言刑狱事，无不取诸离。动而明，噬嗑，明罚敕法。明以动，丰，折狱致刑。明以止，贲，无敢折狱。止而明，旅，明慎用刑。[②]

（三）含震卦者多呈改过之象

含震卦者多呈改过之象。《说卦传》曰："帝出乎震……万物出乎震，震东方也……震，动也。"古代印度称中国为震旦，震为日出，离开黑暗迎接光明，有去故从新之义。《系辞上传》曰："无咎者，善补过也……震无咎者存乎悔。"似乎是继承《大象传》震卦改过的传统。[③] 汪价《赦罪论》云："尝读易大象。言刑狱者凡六。旅则慎而不留。贲则明而不折。丰则致之以刑。噬嗑则敕之以法。其用之而不敢遽用。与不忍终用者。唯见之中孚与解。

---

① （清）李光地：《康熙御纂周易折中》，刘大钧整理，巴蜀书社 2013 年版，第 410 页。
② 李守力：《周易诠释》（卷二），兰州大学出版社 2016 年版，第 717 页。
③ 李守力：《周易密钥》（卷二），兰州大学出版社 2016 年版，第 670 页。

中孚辞曰：'议狱缓死。'解之辞曰：'赦过宥罪。'大约刑狱以离明为主。而震以动威。艮以止暴。兑以议之。巽以缓之。雷雨以赦宥之。此中孚与解所为作也。"①

1. 雷水《解》

▤ 《解·象》曰："雷雨作，解；君子以赦过宥罪。"宥，宽宥。从字面意思看来，这句意为雷雨兴起，这是解卦之象；君子应该赦免过失和宽宥罪恶。但若深入理解这句话，则需要明确三个问题：第一，为何雷雨作，被称为"解"？第二，为何雷雨作时，君子要"赦过宥罪"？第三，解卦何以"赦过宥罪"？

（1）雷雨作何以称为"解"

《解·象》曰："《解》，险以动，动而免乎险，《解》……天地解，而雷雨作；雷雨作，而百果草木皆甲坼。"《解》，上震下坎，上卦震动，下卦坎险。有危险就要行动，一行动就脱离了危险。故曰"动而免乎险"。这就是《解》。

（2）雷雨作时何以"赦过宥罪"

震从辰，为卯辰月，为草本植物萌芽之时，故"为苍筤竹，为萑苇……其于稼也，为反生……为蕃鲜"。《屯》卦上坎下震，雷刚从地上出，云在空中，此时雷云不能交接成雨，故《象传》云："雷雨之动满盈，天造草昧。"《解》卦坎下震上，雷云交会而成雨，故《象传》云："天地解而雷雨作，雷雨作而百果草木皆甲坼。"

据刘大钧研究，今本卦序与卦气具有紧密的联系，并将卦与节气列表予以对应。《解》卦对应的节气是春分，农历二月，属于仲春之月。②《礼记·月令》载："仲春之月，日在奎，昏弧中，旦建星中。其日甲乙，其帝大皞，其神句芒……命有司省囹圄，去桎梏，毋肆掠，止狱讼。"

"省囹圄，去桎梏，毋肆掠，止狱讼"与"赦过宥罪"一样，都是倡导

---

① （清）贺长龄：《皇朝经世文编》（卷九十），文海出版社 1972 年版，第 3241 页。
② 刘大钧：《今帛本卦序与先天方图及"卦气"说的再探索》，载刘大钧主编：《象数易学研究》（第二辑），齐鲁书社 1997 年版，第 81—88 页。

宽宥止讼，因为"当春乃发生"，万物始生，狱讼也要遵循这一大自然的规律，对人、对过错、对犯罪行为要给予改过自新与重生的机会。这充分体现了天人合一的治世规律。

除了从节气的角度理解之外，赵汝楳的解读亦可作为参照。赵汝楳曰："雷者天之威，雨者天之泽，威中有泽，犹刑狱之有赦宥。"① 赵氏认为，雷象征威严，正如刑狱之威；雨水象征上天对万物的恩泽，正如宽宥赦免刑罚一样，是对犯人的恩泽。所以雷雨作时，就要赦过宥罪。此乃以天象喻人事。

（3）《解》卦何以"赦过宥罪"

为何《解》卦对应"赦过宥罪"呢？笔者以为《周易正义》的解读正好可以回答这一问题。《周易正义》曰："赦谓放免，过谓误失，宥谓宽宥，罪谓故犯，过轻则赦，罪重则宥，皆解缓之义也。"②

2. 风雷《益》

《益·象》曰："风雷，益；君子以见善则迁，有过则改。"益卦上巽下震，巽为风，震为雷，上风下雷，这是益卦的卦象；君子由此领悟看到善行就跟着去做，有过错就立即改正。

为何风雷为益？又为何"风雷益"就要"迁善改过"呢？

《周易正义》曰："'风雷，益。君子以见善则迁，有过则改'者，《子夏传》云'雷以动之，风以散之，万物皆盈。'孟僖亦与此同其意。言必须雷动于前，风散于后，然后万物皆益。如二月启蛰之后，风以长物，八月收声之后，风以残物。风之为益，其在雷后，故曰'风雷，益'也。迁谓迁徙慕尚，改谓改更惩止，迁善改过，益莫大焉，故君子求益，以'见善则迁，有过则改'也。"六子之中，并有益物，犹取雷风者，何晏云"取其最长可久之义也"。③

程颐对于风雷益的解读与上略有不同，其认为风和雷是相得益彰，互相

---

① （清）李光地：《康熙御纂周易折中》，刘大钧整理，巴蜀书社 2013 年版，第 442 页。
② （魏）王弼、（晋）韩康伯注，（唐）孔颖达疏：《周易正义》，中国致公出版社 2009 年版，第 167 页。
③ （魏）王弼、（晋）韩康伯注，（唐）孔颖达疏：《周易正义》，中国致公出版社 2009 年版，第 175 页。

增益，"风烈则雷迅，雷激则风怒，二物相益者也"，朱熹、胡炳文、蒋悌生的观点皆与此类似。① 君子观此象也会求益于己，"君子观风雷相益之象，而求益于己：为益之道，无若见善则迁，有过则改也"。为何为益之道就是见善则迁，有过则改呢？因为"见善能迁，则可以尽天下之善；有过能改，则无过矣。益于人者，无大于是"。君子见人有善则迁从，使善益增；有过则速改，使过益少，一如风雷之交的互相帮助。

李光地则提供了第三种解读："雷者动阳气者也，故人心奋发而勇于善者如之；风者散阴气者也，故人心荡涤以消其恶者如之。"②《说卦传》有云："雷以动之，风以散之。"所以李氏是根据风、雷的特性来对应迁善和改过。但是为何雷动的就一定是阳气？风散的就一定是阴气？笔者以为值得商榷。雷动亦有威严，使人不敢犯错或者有错必改；风散亦可以使善迁。

无论是根据风雷的特性来对应迁善和改过，还是根据风雷相得益彰的关系来对应迁善改过，都是基于震有改过之象而阐发的。

3. 《震》为雷

▤▤ 《震·象》曰："洊雷，震；君子以恐惧修省。"上震下震，震为雷，洊，相重、相续，故曰"洊雷"。雷声相续而至，这是震卦的象。程颐云："雷重仍则威益盛，君子观洊雷威震之象，以恐惧自修饬循省也。君子畏天之威，则修正其身，思省其过咎而改之，不唯雷震，凡遇惊惧之事，皆当如是。"③ 君子战战兢兢，不敢懈惰，今见天之怒，而修身省察己过。可见，震为改过之象。

4. 雷泽《归妹》

▤▤ 《归妹·象》曰："泽上有雷，归妹；君子以永终知敝。""君子以永终知敝。"永，用如动词，犹言"永久保持"。这是说明君子观《归妹》之象，既明夫妇之道宜于"永终"，又知当防止淫佚，不可敝坏此道。《重定费氏学》引丁晏曰："永者，夫妇长久之道，'永'，则可以有

---

① （清）李光地：《康熙御纂周易折中》，刘大钧整理，巴蜀书社 2013 年版，第 445 页。
② （清）李光地：《康熙御纂周易折中》，刘大钧整理，巴蜀书社 2013 年版，第 445 页。
③ （宋）程颐：《周易程氏传》，王孝鱼点校，中华书局 2016 年版，第 229 页。

'终'；敝者，男女淫佚之行，'敝'则必不能'永'，自然之理也。思其永而防其敝，君子有戒心焉。"①《大象传》说：大泽上响着震雷（欣悦而动），象征"嫁出少女"；君子因此长久至终地保持夫妇之道并悟知不可淫佚而敝坏此道。"知敝"，寓意戒义，有谨慎防过之义。正如《周易程氏传》所言："知敝谓物有敝坏，而为相继之道也。女归则有生息，故有永终之义。又夫妇之道，当常永有终，必知其有敝坏之理而戒慎之。敝坏谓离隙。归妹，说以动者也，异乎恒之巽而动，渐之止而巽也。少女之说，情之感动，动则失正，非夫妇正而可常之道，久必敝坏。知其必敝，则当思其永终也。天下之反目者，皆不能永终者也。不独夫妇之道，天下之事，莫不有终有敝，莫不有可继可久之道。观归妹，则当思永终之戒也。"② 因为知道有敝坏，无论是指物的敝坏，还是指行为的敝坏，关系的敝坏，重点在于警戒、慎行，防止敝坏结果的发生，所以为了长久之道，要及时改过。这便是《震》卦所蕴含的改过之义。

5. 雷山《小过》

《小过·象》曰："山上有雷，小过；君子以行过乎恭，丧过乎哀，用过乎俭。"山上有雷，是小过的象；君子由此领悟，行止稍过恭敬，丧事稍过悲哀，费用稍过节俭。《周易正义》曰："雷之所出，本出于地。今出山上，过其本所，故曰'小过'。小人过差，失在慢易奢侈，故君子矫之，以行过乎恭，丧过乎哀，用过乎俭也。"③ 雷本来应该出于地，结果现在却出自山上，脱离了本位，所以称为小过。以此借喻人的行为，警示人们行为有过则应诫勉之。正如《周易程氏传》所言："君子观小过之象，事之宜过者则勉之，行过乎恭，丧过乎哀，用过乎俭是也。当过而过，乃其宜也，不当过而过，则过矣。"④ 此震卦亦有改过之象。

---

① 黄寿祺、张善文：《周易译注》，上海古籍出版社 2016 年版，第 558 页。
② （宋）程颐：《周易程氏传》，王孝鱼点校，中华书局 2016 年版，第 272 页。
③ （魏）王弼、（晋）韩康伯注，（唐）孔颖达疏：《周易正义》，中国致公出版社 2009 年版，第 240 页。
④ （宋）程颐：《周易程氏传》，王孝鱼点校，中华书局 2016 年版，第 242—243 页。

6. 雷天《大壮》

《大壮·象》曰："雷在天上，大壮。君子以非礼弗履。"履，践行。震雷为诸侯之象，居于山顶已是小过。今位居天位，雷乘于天，则为大壮。震侯乘天子之位，篡逆之象。故《大象传》曰"君子以非礼弗履"。正如《周易正义》所言："'君子以非礼弗履'者，盛极之时，好生骄溢，故于'大壮'诫以非礼勿履也。"① 壮而违礼则凶，凶则失壮也，故警戒君子要壮而顺礼，不要违礼。警戒之义是为了避免过错，亦有教导改过之象。

7. 雷地《豫》

《豫·上六》："冥豫成，有渝无咎。"豫上震下坤，震为渝，渝，变也。此为改过。冥豫，犹言昏冥纵乐。《周易正义》曰："'处动豫之极，极豫尽乐'乃至于冥昧之豫而成就也。如俾昼作夜，不能休已，灭亡在近……若能自思改变，不为'冥豫'，乃得'无咎'也。"② 此为上六爻，处于极端变化之位，故曰"处动豫之极"，此时应当及时改变，不继续沉浸在昏冥纵乐之中，方可无所咎害。《周易本义》有言："以阴柔居豫极，为昏冥于豫之象。以其动作，故又为其事虽成，而能有渝之象。戒占者如是，则能补过而无咎，所以广迁善之门也。"③ 此"补过而无咎"体现了震有改过之义。《周易程氏传》："上六阴柔，非有中正之德，以阴居上，不正也。而当豫极之时，以君子居斯时，亦当戒惧，况阴柔乎？乃耽肆于豫，昏迷不知反者也。在豫之终，故为昏冥已成也。若能有渝变，则可以无咎矣。在豫之终，有变之义。人之失，苟能自变，皆可以无咎，故冥豫虽已成，能变则善也。圣人发此义，所以劝迁善也，故更不言冥之凶，专言渝之无咎。"④ 程颐认为，上六处于《豫》之终，故为昏冥已成。但若能改变，则可以无咎，并

---

① （魏）王弼、（晋）韩康伯注，（唐）孔颖达疏：《周易正义》，中国致公出版社 2009 年版，第149 页。
② （魏）王弼、（晋）韩康伯注，（唐）孔颖达疏：《周易正义》，中国致公出版社 2009 年版，第91 页。
③ （清）李光地：《康熙御纂周易折中》，刘大钧整理，巴蜀书社 2013 年版，第 99 页。
④ （宋）程颐：《周易程氏传》，王孝鱼点校，中华书局 2016 年版，第 74—75 页。

且表明上六的重点不在于言明昏冥纵乐的凶险，而是为了强调人若能改变、改过则没有咎害的旨意。这便是震卦所蕴含的改过、改变之义。

8. 泽雷《随》

《随·初九》："官有渝，贞吉。"随卦上兑下震，震为渝，为改过。王弼注云："居随之始，上无其应，无所偏系，动能随时，意无所主者也。随不以欲，以欲随宜者也。故官有渝变，随不失正也。"初九爻位于随卦之始，与九四同为阳爻，无应，故曰"上无其应"。"官有渝"者，《周易正义》曰："官谓执掌之职。人心执掌，与官同称，故人心所主，谓之'官渝变'也。此初九既无其应，无所偏系，可随则随，是所执之志有能渝变也。唯正是从，故'贞吉'也。"①《周易译注》将"官"解为"思想观念"，意为思想观念随时改善，守持正固可获吉祥。②此震卦亦有改过之象。

第三节　《易经》涉法之科学论

一、《易经》本体的科学性

"为何要用一门玄学来解释一门科学？"想必这也是很多未涉此领域的读者初闻此选题时的第一感觉。这一评价涉及两个问题：《易经》是玄学吗？什么是科学？

首先，《易经》是玄学吗？从《易经》的史料价值分析来看，可以明确地得出，《易经》虽在创设之初为卜筮之书，但依现在看来，却可以视为非常重要的史料。至少单从这个角度而言，《易经》并非玄学。

其次，什么是科学？古代文明中会有科学吗？我们该如何理解古代社会呢？理解、研究古代社会和古代经典又有何用呢？

---

① （魏）王弼、（晋）韩康伯注，（唐）孔颖达疏：《周易正义》，中国致公出版社2009年版，第92页。

② 黄寿祺、张善文：《周易译注》，上海古籍出版社2016年版，第190页。

没有一种古代语言拥有一个能与"科学"精确对应的术语，尽管这些古代语言通常拥有丰富的词汇来谈论知识、智慧和学问。因此人们可能会设想，我们的术语对于研究各种古代问题来说都是不适宜的。

科学几乎不可能从其结果的正确性来界定。因为这些结果总是处于被修改的境地。比如，关于"地心说"和"日心说"的争论只有在事后才变得容易裁定。因为在当时，双方的论证似乎都很充分，实力相当。

根据结果来界定科学的做法其实可以看成是要达到这样一个目标，即理解客观的非社会性的现象——自然世界的现象。在大多数古代文明中，人类社会的微观世界与人体微观世界和宇宙宏观世界形成一个天衣无缝的整体。这三者被认为是单一天道的三个组成部分，实际上它们展示了同样的基本结构，或例证了同样的法则。所以，我们要从科学要达到的目标或目的来描绘科学。这些目标或目的理所当然包括理解、解释和预言（现如今许多人通过开发用于人类目的的知识，又加上了"控制"这一条）。

在科学与伪科学之间我们是否需要一些标准来划清界限？譬如天文学与占星术。天文学是对这些天象本身的预测；占星术是以天象为基础来预测地球上的事件，即如果某种天象发生会导致好运或厄运的预测。在大众的认知里，从天到天的预测就是天文学，从天到人的预测就是玄学，就是伪科学。由此推演，似乎是在领域内预测就可以被视为科学，而跨界预测因为神乎其神就会被视为玄学。事实上，天地是相交的，之所以能够跨界预测，即推天事以明人道，是因为天、地、人在同一磁场内，同声相应、同气相求，同一类运动规律的事物会产生共振，即同时性原理。古希腊、美索不达米亚、古代中国三个古代文明都对天象进行了坚持不懈的研究，并且都相信所研究的天象与人类事务相关。在所有这三个案例中，详尽的经验研究与天体具有神性的信仰是协调一致的。在各个古代文明中也许没有我们今天所理解的科学，但却一定有类似的探索活动——对各种现象的理解、解释和预测。《易经》便是对古人打通天、地、人各界，将宇宙视为一个整体来研究其运行规律、并根据运行规律来解释、预测这样一种探索活动的记载。

《易经》的科学性曾遭到国内疑古派的质疑，但却也受到国外知名学者的认可。荣格是心理学的鼻祖，他在回答不列颠人类学会的会长关于"为何中国没有发展出科学"这一问题时说："这肯定是一个错觉。因为中国的确有一种'科学'，其标准著作就是《易经》，只不过这种科学的原理就如许许多多的中国其他东西一样，与我们的科学原理完全不同。"① 荣格不仅将《易经》认定为科学，甚至认为在谈到人类智慧宝典时应当首推《易经》，因为《易经》比那些定律传承更久，且亘古常新。也许很多国人对此仍不能认同，但是至少可以肯定的是它是对当时人类探索活动的记载，将其作为研究古代社会人类思想的重要历史文本是具有科学性的。这对于我们梳理各学科历史源头，完善整个各学科历史，摸索发展变化规律，乃至预测未来具有重要的意义。

二、易、法交叉研究的科学性

对于古代研究，既要阐明它们的性质，又要阐明它们的多样性。在任何一种古人的调查研究中，我们必须评估各种变化因素，譬如我们感兴趣的资料，它们是怎么被收集、整理成的？它们得到了怎样的解释？解释体系的基础是什么？结论的本质是什么？它们又与什么相关。

"易之为书也，广大悉备。"《易经》恰好满足了古代研究所需要的文献要求，不仅具有经典性、权威性、客观性，还具有多样性。曾有丹麦物理学家尼尔斯·玻尔（Niels Bohr）将太极图的对立原理与量子力学的互补原理相对照，说太极图的对立原理即量子力学的互补原理。亦有 16 世纪德国数学家、二进制的发现者莱布尼兹（Leibniz）将伏羲六爻与二进制相对照，说中国的伏羲大帝已经发现了二进制。《周易》卦爻辞虽仅有四百五十条，共计不到五千字，但却涉及世间百态，大到战争、祭祀等国家要事，小到生活琐事，可谓包罗万象。因此，《易经》可以成为各个学科古代研究的重要典籍。

此外，周易卦爻辞的语言简洁晦涩，且多用借喻、谐隐的修辞手法，同一个字词，在不同的语言环境中必有不同的含义。如充满哲理的名句"无平不陂，无往不复"在哲学家眼里看到的是矛盾双方的相互转化；在经济学

---

① （英）G. E. R. 劳埃德：《古代世界的现代思考——透视希腊、中国的科学与文化》，钮卫星译，上海科技教育出版社 2015 年版，第 15—27 页。

家、法学家眼里则看到的是买卖交易的公平原则。所以，对某些卦爻辞的理解，不应局限于字面含义和单一认识。

《易经》的特性使得"法学"与"易学"的交叉研究极有必要。首先，易经的集大成属性决定了其可以成为法律文化研究的重要文献。《易经》是通过观察宇宙，观察人的生存环境而进行总结归纳的结果，其中不乏人与人之间关系的记载。由于资源的匮乏、利益的争夺等原因，人与人之间难免产生矛盾纠纷，就好像天与水违行一样，《易经》便记载了古人是如何解决这样的纠纷讼事的，这其实就是对法律现象的记载。虽然《易经》未曾直接作为裁判的依据，但是从《易经》里大量法律现象的记载中亦可窥探出我国古人的法律精神和法律思想内核。其次，《易经》的时代属性决定了其成为法律思想起源的潜在可能性。在远古时期，圣人伏羲画出了"先天八卦"，殷商末年，周文王被囚禁时又根据伏羲的"先天八卦"进一步推演出了六十四卦。《易经》是自有国家以来所形成的最早的且保存最完整的经典著作，基于国家与法的密切关系，《易经》也就成为最早记载法律现象的典籍之一。最后，《易经》的经典属性决定了其成为研究法律思想起源的首选。在中国古典文献中，《易经》的地位极为重要，少有典籍能与之相比。

基于易学法律研究的必要性，《易经》的法律研究于20世纪80年代末已开始，从胡留元、冯卓慧合著的《夏商西周法制史》的略有涉及，到后来有学者设有专门篇章来解读《易经》之法律现象，如武树臣的《中国传统法律文化》，江山的《中国法理念》等，甚至还有一部专门研究易经中法律现象的专著，即1995年从希斌的《易经中的法律现象》，这是目前少有的从法学角度研究《易经》的专著。这些前辈的成果对之后的研究有很大的启迪，为易学和法学的交叉研究开辟了道路，奠定了基石。无论是对易学研究理论的丰富，还是对法律文化起源理论的精进，都具有重要的开创意义。

综上，《易经》不是玄学，它可以作为史料，研究法律文化的起源，而且已经有法学界前辈进行了尝试，并取得了成就。因此，易、法交叉研究具有科学性。目前对《易经》的相关解读多为宏观解析法文化，尚未精确细化到证据法的系统梳理归纳。本书将尝试置于西周的历史时空，进入《易经》的"历史想象"，同时结合传世文献和出土文献，去探索《易经》中的证据

法文化及根源，为先秦证据法文化的研究提供思路和论据。通过设法联结
《易经》中证据法文化的过去、现在与未来，探寻其中奥妙之所在。

由于本书是一篇横跨法学、易学、考古学、训诂学的论文，为了打破学
科壁垒，方便各学科背景的读者，特梳理制作了各学科专业术语释义的索引，
参见文后附录。

本章小结

本章在介绍了卦、爻、十翼、当位、得中、变卦、覆卦、互卦、乘承比
应等基本常识之后，总结了易学研究的基本规律，以更好地理解相关卦象的
精髓和主旨。其中，特别提炼总结了有关法律现象的卦爻规律，如含《坎》
卦者多呈盗罚之象，含《离》卦者多呈刑狱之象，含《震》卦者多呈改过之
象。需要注意的是，这里体现的是"法律现象"，而非"成文法"。法律现象
是指具有法律意义的社会现象，是人类社会发展过程中所产生的一种特殊的
社会现象，主要是包括法律规范、法律意识、法律职业、法律行为、法律关
系等。它比成文法的范畴更为广泛。只要是具有法律意义的，无论是行为还
是意识都为法律现象。

证据是纠纷解决的关键，矛盾纠纷的产生及解决无疑是一种法律现象，
证据意识也无疑是一种法律现象。因而，探寻《易经》中的证据法文化，便
要在具有法律之象的卦中进一步掘隐。

第二章

《易经》中的"证据"语词

　　《易经》的卦爻辞中记载了诸多的法律现象。如《讼》卦无论是卦名还是整个卦爻辞，都在围绕讼事阐释。有些卦是在《大象传》中言明此卦涉法，如《噬嗑》卦的"明罚敕法"，《贲》卦的"无敢折狱"，《解》卦的"赦过宥罪"，《丰》卦的"折狱致刑"，《旅》卦的"明慎用刑而不留狱"，《中孚》卦的"议狱缓死"。有些卦是个别爻辞明确关涉法律现象，如《坎·上六》的"系用徽纆，寘于丛棘"，《睽·六三》的"其人天且劓"，《困·初六》的"臀困于株木，入于幽谷，三岁不觌"。还有一些卦爻辞则非常隐晦，需要深入挖掘，谨慎考证，如《履》卦的"履虎尾，不咥人"，《大壮》卦的"羝羊触藩"，《明夷》卦的"箕子之明夷"，以及《井》卦、《革》卦、《夬》卦等虽然没有明确体现法律现象，但是却与法律现象、法律思想息息相关。

　　在这些卦象和卜辞中，有的记载了一些民事纷争的解决和预防，主要依靠的是证据；有的则描述了刑事审判和处罚的应然情状，并反映了依证据裁判的证据法文化。那么，究竟何为"证据"？

　　证，乃"證"之简化字。《说文·言部》："證，告也。从言，登声。"登，会意字。［图］（合集4646）甲骨文下边是双手捧豆（礼器），上边是两足向上，表示升阶进献神祇之意；有的则省去双手。金文承接甲骨文繁体，大同小异。① "證"之本义为告发并用可靠的凭据来表明或判定。② 其"登"部件之本义为升阶进献，说明此告发一定得向比自己级别高的人或场域进行，是自下而上的一种行为。如《明夷·上六》"初登于天，后入于地"中的"登"就是上升之义。

同时，登还有步入大堂之义。《礼记·月令》："孟夏之月，农乃登麦。"郑玄注："登，进也。"《淮南子·缪称训》："锦绣登庙，贵文也；圭璋在前，尚质也。"《吕氏春秋·仲夏》中有高诱注："登，犹入也。"依此"證"之"进、入"之义，证据之"证"的原始初义应含有"当庭性"之义。

据《增修互注礼部韵略》称，"證"与"徵"通（"徵"的简化字为"征"）。③ "證"与"徵"为同源字。④ "徵"，《说文·壬部》："徵，召也。从微省，壬为徵，行于微而文（闻）达者即徵之。"本义为迹象，会事物初起的苗头之意。依《汉字源流字典》解，徵亦可引申为"证验、证明"之义。⑤ "行于微"说明该事实隐微，不易被发现。"闻达者"则是指能够被人认知、被人把握的迹象。大意为一些事实虽然被藏匿且渺小，不易被发现，但是由于客观上已经存在，就必然会留下被人认知、被人把握的迹象。

据，乃"據"之简化字。"據"，形声字。从手，豦声。《说文·手部》："據，杖持也。"段玉裁注："谓倚仗而持之也。杖者人所据，则凡所据皆曰杖。"《广雅·释言》："據，杖也。"《广韵·御韵》："據，依也。"指依仗、依托。⑥ 杖持，杖者为所据，杖持即为人而持之，引申为凭借、依靠、凭证的意思，郭璞《尔雅序》："事有隐滞，援据征之。"⑦ 依此置于"證據"的语境中，"據"是指案件事实需要通过挖掘隐匿的客观存在、凭借相关事实来进行认知。

---

① 谷衍奎：《汉字源流字典》，语文出版社 2008 年版，第 1527 页。
② 谷衍奎：《汉字源流字典》，语文出版社 2008 年版，第 512 页。
③ 郑禄：《证据概念索说》，载《证据科学》2008 年第 5 期。
④ 王力：《古汉语字典》，中华书局 2000 年版，第 300 页。
⑤ 谷衍奎：《汉字源流字典》，语文出版社 2008 年版，第 1827 页。
⑥ 李学勤：《字源》，天津古籍出版社 2013 年版，第 1057 页。
⑦ 李学勤：《字源》，天津古籍出版社 2013 年版，第 1057 页。

由此，所谓证据，就是一种客观存在，无论多么隐蔽，无论多么微小，无论是一种事实，还是一种材料，抑或是一种信息，只要是能够证明案件事实的，并能为人所认知的就是证据。简言之，证据就是能够证明案件事实并能为人所认知的客观存在。

这一概念与传统证据概念区别的关键点在于"存在"一词，采用"存在"一词替代"材料""信息"等词的优势在于扩大了证据外延。"存在"一词相对于"材料""事实""信息"等词的内涵外延更加丰富宽广直白，能够囊括更多的证据形式，更加易于理解和运用。《系辞下传》有言："为道也屡迁，变动不居，周流六虚。上下无常，刚柔相易，不可为典要，唯变所适。"为了保障一个开放性的证据体系，随时适应社会的发展变化，证据概念应是一个开放性的灵活界定，以适应变动不居的社会。

本章即是在此"证据"之义的界定下，从《易经》卦爻辞中探赜索隐、显微阐幽，采用训诂法、二重证据法等方法深入研究，旨在揭示隐藏在易经中的"证据"暗语。经过初步探索发现，《易经》中隐含"证据"之义的语词有"夷""金矢""钧金""孚"等。

第一节　夷

"夷"主要出现在《周易》第三十六卦《明夷》（图6）中。

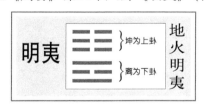

图6　《明夷》卦图

明夷：利艰贞。

彖曰：明入地中，明夷。内文明而外柔顺，以蒙大难，文王以之。利艰贞，晦其明也；内难而能正其志，箕子以之。

象曰：明入地中，明夷。君子以莅众用晦而明。

初九，明夷于飞，垂其翼。君子于行，三日不食。有攸往，主人有言。

象曰："君子于行"，义不食也。

六二，明夷夷于左股，用拯马壮，吉。

象曰：六二之吉，顺以则也。

九三，明夷于南狩，得其大首，不可疾贞。

象曰："南狩"之志，乃得大也。

六四，入于左腹，获明夷之心，于出门庭。

象曰："入于左腹"，获心意也。

六五，箕子之明夷，利贞。

象曰：箕子之贞，明不可息也。

上六，不明，晦，初登于天，后入于地。

象曰："初登于天"，照四国也。"后入天地"，失则也。

"夷"为会意字。《字源》解为：从大（为正立之人形），从弓，合起来表示人持弓。《说文·大部》又云："夷，东方之人也。"《礼记·王制》："东方曰夷，被发文身，有不火食者矣。"东方的部族称为夷，他们披头散发，身刺花纹，有些人不吃熟食，后泛指中原以外的各少数民族。①

表 1　"夷"字源演变

	甲骨文	金文	战国文字	篆文	隶书	楷书
矢	合集 23053	集成 2816	曾 56	说文	孔宙碑	楷书
弓	合集 685 正	集成 4968	包 2. 260	说文	韩勅碑	楷书
夷	合集 17027 反	集成 2805	睡·日甲 67	说文	曹全碑	楷书

观表 1 可以推测，"夷"字并非从大从弓，而是从矢从弓。甲骨文、金文字形都像箭置于弓上的样子。弓为射箭的武器，作为形符，表示义与弓箭

---

① 李学勤：《字源》，天津古籍出版社 2013 年版，第 909 页。

有关;矢为箭,也是武器之一,于此作为示义的声符,表示音读。箭在弦上发射,力求平正,才能射中。战国文字的"矢"字断笔变形,犹似"大"字。篆文的"矢"形讹为"大",隶书、楷书皆据篆文而定。在六书中属于形声兼会意。《字源》亦认为,西周、春秋时,"夷"字或加"十",盖为声符;或加"土",盖为形符,表地域。西周中期金文竞卣有"命戍南夷"句,意谓命令戍守南夷之地。或谓"夷"字所从为带绳的"矢"形,"矢"亦声。①

据武树臣考证,东夷最早发明了弓矢。《世本·作篇》曰:"蚩尤作五兵。""夷牟作矢、挥作弓。""逢蒙作射。"② 夷人"起源于河北燕山山脉一带,这里自古以来是燕、雁和各种鸟类集栖与候鸟迁移停留的好地方,故夷人以捕鸟为食,以鸟羽为衣,处处依赖鸟类作为主要生活来源,尤以长弓善射飞鸟而称作夷人"③。所以,"夷人"之所以被称为"夷"就是因为发明了弓矢并擅长使用弓矢,故将弓矢合二为一创设了"夷"字。

《说文》:"夷,平也。"《逸周书·明堂》:"是以周公相武王伐纣,夷定天下。"此指周公旦辅佐周武王讨伐商纣王,平定天下。为何平定天下用"夷"?《周礼·夏官·司弓矢》曰:"凡矢、枉矢、絜矢利火射,用诸守城、车战。杀矢、鍭矢用诸近射、田猎。矰矢、茀矢用诸弋射。恒矢、痹矢用诸散射。"郑玄注曰:"散射,谓礼射及习射也"。说明弓矢是非常重要的守城和作战武器。《尚书·费誓》鲁公曰:"徂兹,淮夷、徐戎并兴。善敹乃甲胄,敿乃干,无敢不吊!备乃弓矢,锻乃戈矛,砺乃锋刃,无敢不善……甲戌,我惟征徐戎。"《诗·鲁颂》的《泮水》《閟宫》记鲁僖公战淮夷、击北狄和西戎的情景时也说:"角弓其觩,束矢其搜。戎车孔博,徒御无斁。既克淮夷,孔淑不逆。""公车千乘,朱英绿縢,二矛重弓。"郑玄笺曰:"兵车之法,左人持弓,右人持矛,中人御。"④ 可见,弓矢在进攻、防守与车战中都是非常重要的兵器,古人主要靠弓矢平定了天下,夷代表弓矢,故称夷定

---

① 李学勤:《字源》,天津古籍出版社 2013 年版,第 910 页。
② 武树臣:《从"箕子明夷"到"听其有矢"——对〈周易〉"明夷"的法文化解读》,载《周易研究》2011 年第 5 期。
③ 何光岳:《东夷源流史·前言》,江西教育出版社 1990 年版,第 1—3 页。
④ (清)阮元校刻:《十三经注疏·毛诗正义》,中华书局 1980 年版,第 612 页、第 616 页。

天下。所以，"夷"并非"平"的意思，而是指靠着弓矢这一武器攻打天下。

《序卦传》："晋者，进也。进必有所伤，故受之以明夷。夷者，伤也。"为何"夷"会伤？因为夷是弓矢，如果将夷释为平则于此不通。《明夷》卦上坤下离，坤代表地，离代表光明，意味着光明在地下被遮掩了起来。

六十四卦中凡含有《离》卦的，皆有光明之义。《说卦传》："离也者，明也，万物皆相见。""圣人南面而听天下，向明而治。"因为离卦的方位在南方，故曰"南面而听天下""向明而治"。圣人治理的手段是什么？在中国古代主要靠刑狱之治。因此，六十四卦中含有《离》卦的，多有刑罚制裁之义。离的甲骨文 ✈ = ✈（鸟）+ ♈（禽，捕鸟用的网），表示用网捕鸟。离，帛书《易》作"罗"①（離、羅均从隹），《说文》："罗，以丝罟鸟也。从网从维。"故离通罗。《系辞下传》云："作结绳而为网罟，以佃以渔，盖取诸离。"故而，含有"离"的卦多与刑狱有关。

《明夷》卦辞："明夷：利艰贞。"《彖》曰："明入地中，明夷。内文明而外柔顺，以蒙大难，文王以之。利艰贞，晦其明也，内难而能正其志，箕子以之。"《周易折中》引李舜臣曰："《易》卦诸爻，噬嗑之九四、大畜之九三，曰'利艰贞'，未有一卦全体以'利艰贞'为义者。"② 由此可知，明夷卦之艰难。

《明夷·六二》："明夷，夷于左股，用拯马壮，吉。"拯，综合《甲骨文字典》《玉篇》《说文》的诠释以及王弼、孔颖达、陆德明等先儒的注解，拯有两个含义：其一，通"抍"，上举之义；其二，拯救、救助之义。壮，《汉字源流字典》中其中一个释义为"通戕，伤"。③ 股，大腿。《论语·宪问》孔颖达疏："膝上曰股，膝下曰胫。"④ 射伤了左大腿，"左"意味着伤势不重。程颐曰："手足之用，以右为便，唯嚗张用左，盖右立为本也。"⑤ 左大腿受伤，需要明确谁的箭头射伤，然后由其予以拯救、救治马伤。因为能够

---

① 于豪亮：《马王堆帛书〈周易〉释文校注》，上海古籍出版社 2013 年版，第 36 页。
② （清）李光地：《康熙御纂周易折中》，刘大钧整理，巴蜀书社 2013 年版，第 177 页。
③ 谷衍奎：《汉字源流字典》，语文出版社 2008 年版，第 319 页。
④ 李学勤：《字源》，天津古籍出版社 2013 年版，第 360 页。
⑤ （宋）程颐：《周易程氏传》，王孝鱼点校，中华书局 2016 年版，第 158 页。

明确侵权者，并予以救治，所以"明夷"是吉利的。

《明夷·九三》："明夷于南狩，得其大首，不可疾，贞。"狩，狩猎。本义为带着猎犬打猎。又引申为征伐之义。① 疾，《古汉语字典》认为，"疾"大致包含两种含义：一为病，一为急速。《孙子九地》："疾战则存，不急战则亡者，为死地。"《史记·殷本纪》："帝纣资辨捷疾，闻见甚敏。"②《说卦传》有云："动万物者，莫疾乎雷；桡万物者，莫疾乎风。"大意为鼓动万物，没有比雷更迅速的；吹散万物，没有比风更急速的。故而，此处之疾取急速之义。此句意为到南部村落狩猎，似乎是射中了最前面的猎物，不要急着去追、急着去确认是不是如此。《周易程氏传》有云："九三，离之上，明之极也，又处刚而进。上六，坤之上，暗之极也。至明居下而为下之上，至暗在上而处穷极之地，正相敌应，将以明去暗者也。斯义也，其汤、武之事乎！南，在前而明方也；狩，畋而去害之事也。南狩谓前进而除害也。当克获其大首，大首谓暗之魁首上六也。三与上正相应，为至明克至暗之象。不可疾贞，谓诛其元恶。旧染污俗未能遽革，必有其渐，革之遽，则骇惧而不安。故酒诰云：'惟殷之迪诸臣（惟）（百）工，乃湎于酒，勿庸杀之，姑惟教之。'至于既久，尚曰余风未殄，是渐渍之俗，不可以遽革也，故曰'不可疾贞'，正之不可急也。上六虽非君位，以其居上而暗之极，故为暗之主，谓之大首。"③ 结合程颐之解读，此爻意为现在处于黎明前的黑暗，虽然似乎射中了猎物，但不要急于确认结果如何，因为时机不对。明夷卦上坤下离，坤代表复杂，代表黑暗，离代表光明，明入地下，寓意事实真相被掩盖。九三位于离卦的上爻，所以谓"明之极也"，与上六有应，寓意"以明去暗"。寻找事实真相亦是如此，"得其大首"，获得主要证据尚不要急于揭发，时机还不成熟，证据还不足够，光明尚处于被压制阶段。需要继续潜心搜集更多、更有利、更直接的证据一举击中。

《明夷·六四》："入于左腹，获明夷之心，于出门庭。"射中了猎物的左腹，左腹为心脏的位置，寓意获得了核心证据。可以准备走出门庭，将证据

---

① 谷衍奎：《汉字源流字典》，语文出版社 2008 年版，第 902 页。
② 王力：《古汉语字典》，中华书局 2000 年版，第 754 页。
③ （宋）程颐：《周易程氏传》，王孝鱼点校，中华书局 2016 年版，第 158—159 页。

公示于天下，将真相大白于天下。

《明夷·六五》：“箕子之明夷。”明，举出、出示；夷，弓、矢相合。殷朝末年的箕子发明了以弓矢上面的标记来裁判案件的方法。《尚书·洪范》记载了周武王拜访箕子时，箕子阐述了治理国家的九项措施，其中第七项为“明用稽疑”。稽，《广雅·释言》：“稽，考也。”即考核、调查。查阅金文的“疑”字，（集成3504），清晰可见左侧就是弓矢，右侧是匕字。“匕”为何意？《玉篇》有云：“必以切。匙也、矢镞也。”[①]《汉字源流字典》中“匕”的第6个释义为“箭头”，[②]金文“疑”字由弓、矢、匕三部分构成，弓、矢、匕上面均有符号，表明当事实真相不明，出现疑问时，可以用弓矢和匕上面的符号来释明。“明用稽疑”就是“明夷”，明夷就是通过考核验证弓、矢、匕上面的标记来确定归属，从而认定事实，明确责任。[③]

《明夷·上六》：“不明，晦，初登于天，后入于地。”上六位于至高之地（爻位），所以“初登于天”，但是又处于至暗之极（坤上爻），所以又叫“后入于地”。不能出示所有的证据，事实真相晦暗不明。亦可喻指审断之人虽居高位，但却内心黑暗，德不配位，致使案件事实扑朔迷离，晦暗不明。

夷乃弓、矢相合之义。弓、矢是古代非常重要的武器和生产工具，也会被用来确认战利品的所有权及用作论功行赏的凭证。人们为了明确猎物的所有权，常常会在弓矢上做标记，刻上记号或族徽，如《国语·鲁语下》：“铭其括曰：肃慎氏之贡矢。”这样当发生纷争时，弓矢上面的标记便成了重要物证。

在这些纠纷解决中，弓矢在判别所有权时起了非常重要的作用，弓矢已经成为确定民事权利责任的重要依据，因此，弓矢相合的“夷”便具有了证据意义，“明夷”便成了明辨是非、依证据裁判的证据裁判法。箕子曾在纣王暴政时极力劝谏其“明夷”，即明确所有权的归属并保护所有权，却反遭其囚禁。这就是“箕子”与“明夷”相连的原因。[④]

---

① （清）张士俊：《玉篇》，中国书店泽存堂本1983年版，第511页。

② 谷衍奎：《汉字源流字典》，语文出版社2008年版，第11页。

③ 武树臣：《从“箕子明夷”到“听其有矢”——对〈周易〉“明夷”的法文化解读》，载《周易研究》2011年第5期。

④ 武树臣：《从“箕子明夷”到“听其有矢”——对〈周易〉“明夷”的法文化解读》，载《周易研究》2011年第5期。

第二节　金矢、黄金

金矢、黄金主要出现于《周易》第二十一卦《噬嗑》（图7）中。

图7　《噬嗑》卦图

噬嗑：亨，利用狱。

彖曰：颐中有物，曰噬嗑，噬嗑而亨。刚柔分，动而明，雷电合而章。柔得中而上行，虽不当位，利用狱也。

象曰：雷电，噬嗑；先王以明罚敕法。

初九：履校灭趾，无咎。

象曰：履校灭趾，不行也。

六二：噬肤灭鼻，无咎。

象曰：噬肤灭鼻，乘刚也。

六三：噬腊肉，遇毒；小吝，无咎。

象曰：遇毒，位不当也。

九四：噬干胏，得金矢，利艰贞，吉。

象曰：利艰贞吉，未光也。

六五：噬干肉，得黄金，贞厉，无咎。

象曰：贞厉无咎，得当也。

上九：何校灭耳，凶。

象曰：何校灭耳，聪不明也。

《噬嗑·九四》："噬干胏，得金矢，利艰贞吉。"《噬嗑·六五》："噬干肉，得黄金，贞厉，无咎。"此处的"金矢""黄金"应作何解？《噬嗑》彖传云："噬嗑而亨，刚柔分，动而明，雷电合而章。柔得中而上行，虽不当位，利用狱也。"象是对卦的解释，此言"利用狱也"，说明此卦就是应用于刑事审判的卦。再看卦象为下雷上火，震为雷，有威慑力而不敢不畏惧，离为火为明，能照光明则无所隐情。刚爻与柔爻相济，则为明辨之象。在《周易》中，有离卦出现的地方，大都有光明之治的意思，正所谓"离也者，明也，万物皆相见"（《说卦传》），意蕴隐藏的事实真相浮出水面。所以"圣人南面而听天下，向明而治"，盖是因为离卦的方位在南方。圣人治理的手段是什么，在中国古代主要为刑狱之治。故而，此卦就是适用于刑事审判的卦象。既然是在刑事审判中，那么"金矢""黄金"就如《周礼》中所言的"束矢钧金"一样。无论是古代的朱熹，还是近代的郭沫若，均认为此处的"金矢""黄金"就是"束矢钧金"。《周易本义》在解读《噬嗑·九四》时提到，《周礼》"狱讼入钧金束矢而后听之。九四以刚居柔，得用刑之道，故有此象"。注《噬嗑·六五》时，曰："黄，中色。金，亦谓钧金。六五柔顺而中，以居尊位，用刑于人，人无不服，故有此象。"① 郭沫若在其《中国古代社会研究》中分析到周易时代的社会生活时，以《噬嗑·九四》《噬嗑·六五》为例，认为："黄金当即金矢，此处所谓金即是铜。"② 也就是说，数位先贤认为此处的黄金、金矢就是《周礼》中的束矢钧金。

《周礼·秋官·大司寇》曰："以两造禁民讼，入束矢于朝，然后听之。以两剂禁民狱，入钧金，三日乃致于朝，然后听之。"此处的"束矢钧金"又该作何解？"束矢"，是指一束弓矢，古时一弓百矢。"钧金"，是指三十斤铜。郑玄《周礼注》："必入矢者，取其直也……古者一弓百矢，束矢，其百个与？"又："必入金者，取其坚也。三十斤曰钧。"元代的《文献通考》注："讼，谓以其财货相告者。造，至也。使讼者两至；既两至，使入束矢，乃治之也。不至不入束矢，则是自服不直者也。必入矢者，取其直也。《诗》曰：'其直如矢。'古者一弓百矢，束矢，其百个与？""狱，谓相告以罪名者。剂，今券书也。使狱者各赍券书；既两券书，使入钧金；又三日乃治之。重刑也。不券书，不入金，则是亦自服不直者也。必入金者，取其坚也。三

---

① （宋）朱熹：《周易本义》，廖名春点校，中华书局 2009 年版，第 102—103 页。
② 郭沫若：《中国古代社会研究》，商务印书馆 2011 年版，第 35—36 页。

十斤曰钧。"① 在这里"剂"是指"券书",类似于现代的"起诉书",但与现代由公诉方提出起诉书不同,古代要求原、被告双方都必须递交诉状,故称"两剂"。古代学者推测诉讼时入"束矢钧金"是取意"矢直""金坚"的特性。当代学者则普遍认为取意"直"和"坚"的特性牵强附会,其实为意指"诉讼费",无论是法制史教材还是各大法学词典均采此说,② 虽有个别学者提出还未见到弓矢被当作货币使用的实例,并指出将弓矢用作诉讼费的可能性不大,而以贝币作为诉讼费更顺乎情理,③ 但"束矢"究竟指什么因尚未找到其他佐证而未进一步言明。

倘若"束矢钧金"真为"诉讼费",那么在《周易》中便发现无法释通。由此,采用二重证据法,从考古证据和传世文献中重新论证推理,按照由表及里、由浅及深的逻辑理路来假设三个可能性命题进行分析论证。

一、束矢钧金为"一百支箭、三十斤铜"的辨伪

(一)束矢

我们运用"历史想象"的方法进行推演,在当时,弓矢并非流通物,民间是否可以大量持有?弓矢在当时承载着怎样的社会功能?这种功能性的发挥,普通百姓是否可以介入?西周盛行的射礼是否只是贵族阶级的特权?普通老百姓是否能够实际拥有一百支箭?并且愿意为了诉讼而缴纳这么多支箭?其难度究竟有多大?当时是否为了禁止诉讼而故意设置高门槛?这些系列问题一一解答,结论便自然揭晓。

1. 弓矢的社会功能

西周时期随着王朝政权的加强、社会秩序的稳定、经济文化的发展,大一统的太平盛世逐渐形成。当时,农业已比较发达,《周书》里面几乎篇篇都有关于农业的文字,④ 说明此时渔猎时代已经结束,而进入了农耕经济时代。因此,弓矢已不再承载生产生活的功能,而被用于军事训练或娱乐活动,

---

① (元)马端临:《文献通考》(卷一百六十二刑考一),清代浙江书局本,第2878页。
② 中国百科大词典、中国古代法学词典、中华文化制度词典、中国典故大辞典、汉语典故大辞典、中国法制史教材均取此义。
③ 胡留元、冯卓慧:《夏商西周法制史》,商务印书馆2006年版,第577页。
④ 郭沫若:《中国古代社会研究》,商务印书馆2011年版,第117页。

甚至作为赏赐铭功之物。

（1）军事训练

西周时期弓矢是最重要的武器之一，《周礼·夏官·司弓矢》曰："凡矢，枉矢、絜矢利火射，用诸守城、车战。杀矢、鍭矢用诸近射、田猎。矰矢、茀矢用诸弋射。恒矢、痹矢用诸散射。"郑玄注曰："散射，谓礼射及习射也。"①《尚书·费誓》鲁公曰："徂兹，淮夷、徐戎并兴。善敹乃甲胄，敿乃干，无敢不吊！备乃弓矢，锻乃戈矛，砺乃锋刃，无敢不善……甲戌，我惟征徐戎。"②《诗·鲁颂》的《泮水》《閟宫》记鲁僖公战淮夷、击北狄和西戎的情景时也说："角弓其觩，束矢其搜。戎车孔博，徒御无斁。既克淮夷，孔淑不逆。""公车千乘，朱英绿滕，二矛重弓。"郑玄笺曰："兵车之法，左人持弓，右人持矛，中人御。"③ 可见弓箭在进攻、防守与车战中都是不可或缺的兵器，弓箭手是古代车战的基本组合。尤其是兵车在古代是很有威力的作战工具，其数量的多少一直都是衡量一个诸侯国强盛与否的标志。《左传》襄公三十一年子产说："譬如田猎，射御贯，则能获禽。"④ 经常不断地举行田猎无疑是一种军事演习，而除田猎外，举行射礼也是一种军事训练。柞伯簋铭说柞伯在大射礼上的竞射结果是"十称弓，无废矢"。其矢射中之状态，单就本铭则无法知晓，但可从商代射礼模型作册般铜鼋推知。该模型所展示的矢射中的状态是四支箭皆贯入鼋体，仅露尾羽。显示出商王惊人的臂力和精湛的射技。鼋铭也有"亡废矢"之评语，因此柞伯簋的矢射状态，应该与铜鼋模型所展示的状态差不多。《诗·大雅·行苇》所记大射礼的情景是"敦弓既坚，四鍭既均：舍矢既均，序宾以贤。敦弓既句，既挟四鍭。四鍭如树，序宾以不悔"⑤。敦弓即雕弓，是周天子用的弓。据《司弓矢》所讲，"王弓、弧弓以授射甲革、椹质者"，即王弓、弧弓与甲革、椹质是一套组合的射器。王弓、弧弓是六弓中最强的两种弓。郑玄注曰："甲革，革甲

① （清）阮元校刻：《十三经注疏·周礼注疏》，中华书局1980年版，第856页。
② （清）阮元校刻：《十三经注疏·尚书正义》，中华书局1980年版，第255页。
③ （清）阮元校刻：《十三经注疏·毛诗正义》，中华书局1980年版，第612页、第616页。
④ （清）阮元校刻：《十三经注疏·春秋左传正义》，中华书局1980年版，第2016页。
⑤ （清）阮元校刻：《十三经注疏·毛诗正义》，中华书局1980年版，第534—535页。

也。"即以皮革为甲，用作射箭的靶子。椹质即砧板，是以砧板来作射箭的靶子。郑玄注曰："质，正也。树椹以为射正。"之所以用甲革和椹质做射箭的靶子，郑玄注说是"射甲与椹，试弓习武也"。[①] 镞矢，据《司弓矢》及郑玄注，知这一类矢镞的分量较重，重心在前，利于中深，"用诸近射"即"可以司候射敌之近者及禽兽"[②]。比射用镞矢是周初及周先王时之礼，以镞矢为射，当重在比武功。此与周公制礼后的射礼主于礼乐自然是不同的。"四镞如树"是指每次射出的四支箭都能竖立在靶子上。所显示的也是惊人的臂力和射艺。上举二例均为西周早期以前的大射礼，这种以宣扬射技武功为目的竞射比赛显然应是军事训练。[③]

（2）娱乐活动

除了用于军事训练之外，弓矢还被用于娱乐活动中来笼络诸侯邦君的情感。郭沫若提到："然猎者每言王公出马，而猎具又用良马之类，所猎多系禽鱼狐鹿，绝少猛兽，可知渔猎已成游乐化，而畜牧已久经发明。"[④] 随着社会的安定，生产的发展以及统治的需要，周天子与诸侯邦君的交往增多，诸侯之间、卿大夫、士之间以及族人之间的宴会也频繁起来。主人待宾，在行飨、食、燕礼之后，为了乐宾往往还要举行宾射礼和燕射礼，许多史料也充分论证了这一观点。《礼记·射义》："古者诸侯之射也，必先行燕礼。卿大夫、士之射也，必先行乡饮酒之礼。"[⑤] 由于宾射因飨宾而射以娱宾，燕射因燕而射以为乐，故这类射礼都带有很大的娱乐性。麦方尊铭所记宾射礼，王与邢侯等乘舟在辟雍大池里射大鸿。《宾之初筵》前二章所记燕射礼，王与族人燕饮、奏乐、起舞、竞射，都属于这类射礼，娱乐的性质非常明显。《仪礼·大射仪》的"复射"，实际上也是燕射，而且是在"众无不醉""敢不醉"的情况下，"射唯欲""无算爵""无算乐"的，[⑥] 其娱乐性质十分突出。宾射礼、燕射礼的娱乐性既笼络了人们，起到了一定的安抚人心的作用，

① （清）阮元校刻：《十三经注疏·周礼注疏》，中华书局1980年版，第855页。
② （清）阮元校刻：《十三经注疏·周礼注疏》，中华书局1980年版，第856页。
③ 袁俊杰：《两周射礼研究》，河南大学2010年博士学位论文。
④ 郭沫若：《中国古代社会研究》，商务印书馆2011年版，第37页。
⑤ （清）阮元校刻：《十三经注疏·礼记正义》，中华书局1980年版，第1686页。
⑥ （清）阮元校刻：《十三经注疏·仪礼注疏》，中华书局1980年版，第1043—1044页。

但过分追求其娱乐性，又使它成了燕射礼的破坏者。在酒精的作用和燕射礼本身的放纵宽容下，到西周晚期《宾之初筵》次二章所记燕射礼之时，参见燕礼者已是"三爵不识"，监、史形同虚设，失礼败德，几近疯狂。于是，燕射礼的娱乐性达到了顶峰，并逐渐走向燕射礼的反背，成为射礼自身的破坏者与分化者。而燕射礼的严肃性已经丧失殆尽，终于走到了尽头。春秋时期投壶礼的出现，应该就是燕射礼分化的结果。商人因酗酒而亡国，西周晚期周人过度燕饮，而使燕射礼受到极大的扭曲与破坏，自然也是不难理解的。①

（3）赏赐铭功

西周时期，周王往往把弓矢赏赐给有功人员，如西周早期器宜侯夨矢簋铭王赐宜"彤弓一、彤矢百、旅弓十、旅矢千"②，小盂鼎铭"王令赏盂，＊＊＊＊＊，弓一、矢百、画皋一、贝胄一、金丗（干）一、戴戈二、矢荜八"③，西周中期穆王时器静卣铭"王赐静弓"④，共王时器十五年趞曹鼎铭"赐弓矢"⑤，师汤父鼎铭"王乎宰膺赐盛弓、象弭、矢荜、彤欮"⑥，应侯见工钟铭王"赐（应侯见工）彤弓一、彤矢百、马四"⑦，西周中晚期器伯晨鼎铭"王命𡧆侯伯晨曰：'嗣乃祖考侯于𡧆，赐汝秬鬯一卣……彤弓、旅（旅）矢'"⑧，西周晚期器虢季子白盘铭"王赐乘马，是用佐王，赐用弓，彤矢其央，赐用钺，用征蛮方"⑨，不娶簋铭"赐汝弓一、矢束、臣五家、

① 袁俊杰：《两周射礼研究》，河南大学2010年博士学位论文。
② 中国社会科学院考古研究所：《殷周金文集成》（修订增补本），中华书局2007年版，编号04320。
③ 中国社会科学院考古研究所：《殷周金文集成》（修订增补本），中华书局2007年版，编号02839。
④ 中国社会科学院考古研究所：《殷周金文集成》（修订增补本），中华书局2007年版，编号05408。
⑤ 中国社会科学院考古研究所：《殷周金文集成》（修订增补本），中华书局2007年版，编号02784。
⑥ 中国社会科学院考古研究所：《殷周金文集成》（修订增补本），中华书局2007年版，编号02780。
⑦ 中国社会科学院考古研究所：《殷周金文集成》（修订增补本），中华书局2007年版，编号00107。
⑧ 中国社会科学院考古研究所：《殷周金文集成》（修订增补本），中华书局2007年版，编号02816。
⑨ 中国社会科学院考古研究所：《殷周金文集成》（修订增补本），中华书局2007年版，编号10173。

田五田"① 等。《尚书》中常有周王赏赐弓矢之事例，如《文侯之命》王曰："父义和，其归视尔师，宁尔邦。用赍尔秬鬯一卣，彤弓一，彤矢百，卢弓一，卢矢百，马四匹。"② 受赐者都把王赏赐弓箭以为自豪并铭功纪念。《诗·小雅·彤弓》曰："彤弓弨兮，受言藏之。载有嘉宾，中心贶之。""彤弓弨兮，受言载之。""彤弓弨兮，受言櫜之。"③ 这是周王举行宴会赏赐有功诸侯时君臣合唱的诗，王赐诸侯彤弓以表恩宠，而受赐诸侯则藏家中以示荣耀。赏赐弓矢也有奖励军功和获得征伐权的象征意义，如《史记·周本纪》曰："封赐之（西伯）弓矢斧钺，使西伯得征伐。"④《左传》定公四年所记周公赐伯禽以"繁弱"之弓，⑤ 则有授权诸侯镇靖边陲、藩屏宗周之意。这种做法一直到春秋时期仍颇流行，如《左传》僖公二十八年曰："王赐晋侯彤弓一，彤矢百，玈弓矢千。"⑥ 程俊英说："据《左传》记载，周王曾多次将弓矢等物赐有功诸侯，这可能是周代的一种制度。"⑦ 另外，周代还有陈列弓矢等宝器的制度，如《尚书·周书·顾命》记载在成王的丧礼上陈列的国家宝器中就有"兑之戈，和之弓，垂之竹矢在东房"。⑧ 实际上这些制度所体现的就是自原始社会以来弓矢崇拜观念的延续。⑨

综上可知，西周时期，弓矢所承载的社会功能已非只为了满足生产生活等基本需求，无论是用于军事训练、娱乐活动，还是用于赏赐铭功，按照马斯洛需求理论来划分，弓矢所满足的社会需求已从最基本的生理需求进阶到安全需求、社交需求乃至尊重需求和自我实现需求。将弓矢用于军事训练是为了满足安全需求；将弓矢用于娱乐活动是为了满足社交需求；将弓

① 中国社会科学院考古研究所：《殷周金文集成》（修订增补本），中华书局 2007 年版，编号 04328—04329。
② （清）阮元校刻：《十三经注疏·尚书正义》，中华书局 1980 年版，第 254 页。
③ （清）阮元校刻：《十三经注疏·毛诗正义》，中华书局 1980 年版，第 421—422 页。
④ （汉）司马迁撰，（宋）裴骃集解，（唐）司马贞索隐，张守节正义：《史记》，中华书局 1982 年版，第 116 页。
⑤ （清）阮元校刻：《十三经注疏·春秋左传正义》，中华书局 1980 年版，第 2134 页。
⑥ （清）阮元校刻：《十三经注疏·春秋左传正义》，中华书局 1980 年版，第 1825 页。
⑦ 程俊英：《诗经译注》，上海古籍出版社 2006 年版，第 262 页。
⑧ （清）阮元校刻：《十三经注疏·尚书正义》，中华书局 1980 年版，第 239 页。
⑨ 袁俊杰：《两周射礼研究》，河南大学 2010 年博士学位论文。

矢用于赏赐则既体现了对立功者的尊重，也是王权的自我尊重与实现，因为"赏赐"赋予了"弓矢"权力与荣誉的象征。这印证了弓矢对于西周人民的重要性，也进一步证实了由于其尊贵性的象征意义而非一般民众可大量持有。

2. 贵族阶级的专享之礼

西周时期，捕猎已成为贵族阶级的娱乐活动和礼的象征。所谓"礼不下庶人"。《礼记·射义》载："古者天子以射选诸侯、卿、大夫、士。"因为当时认为，射箭的动作、能否正中靶的，与人的意志和道德情操是相关联的，所谓"射者，可以观盛德也"。因此，按照《礼记·射义》中关于礼的规定，"诸侯岁献贡士于天子，天子试之于射宫。其容体比于礼，其节比于乐，而中多者，得与于祭；其容体不比于礼，其节不比于乐，而中少者，不得与于祭"。可见诸侯能否参与天子祭祀要看其射箭是否合于礼以及射术水平的高低。《周易》爻辞中亦有数条提到了射箭，如《解·上六》："公用射隼在于高墉之上，获之，无不利。""公"是指诸侯。在高墙之上习射，射中一只鹰，这是件有利的事。此外还有《旅·六五》《明夷·九三》《明夷·六四》《井·九二》等，足见当时对射术的重视。

那么，是否所有的射礼都只能是诸侯等贵族阶级参加呢？袁俊杰曾对西周的射礼做过一番考证，参见表2。

表2　西周射礼参加者及其身份一览表[1]

射礼种类	主持者	参射者	身份	资料出处
大射礼	周王主持 南宫、师西父率队	小子（王多士）、小臣	王子弟中得爵之士、王臣	柞伯簋
		周王、邦君、诸侯、正、有司、义	异邦国君、诸侯国君、正长、掌事官员	义盉盖
		周王、族人		行苇
射牲礼		周王、伯唐父	伯唐父兼小宗伯、舟牧	伯唐父鼎

---

① 袁俊杰：《两周射礼研究》，河南大学 2010 年博士学位论文。

续表

射礼种类	主持者	参射者	身份	资料出处
燕射礼		周王、有司、师氏、小子	掌事官员、负责王安全的军事长官、贵族子弟	令鼎
		周王、𤔲侯驭方	驭方为归服周朝的异邦国君	𤔲侯鼎
		周王、族人		宾之初筵
宾射礼		周王、邢侯、麦	麦为史宫作册	麦方尊
		穆工、邢伯、大祝、长由	大祝为周王属官,长由为陪射	长由盉
学射	上令伸司射学宫	小子、服、小臣、夷仆学射 周王、吴𣄰、吕𠟤、𢆶师、荁师、邦君卿射	贵族子弟、职官、执事人员、异邦国君 静为小臣	静簋
		周王、趞曹	趞曹为史官	趞曹鼎
习射		周王、师汤父	师汤父为陪射	师汤父鼎
		懿王、匡	匡为乐师	匡卣
射鱼礼		周王、井	井为侍从	井鼎
		穆王、遹	遹为侍从者	遹簋
	天君指使	子仲		公姞鬲

与后世礼书记载的射礼相比照,以上射礼大都有周王参加或主持,是为"主"。与其相对的"宾"多是邦君、诸侯和族人,如柞伯、邢侯、邢伯、吴𣄰、吕𠟤、𤔲侯等。参与陪射的多为周王的正长和有司,如大祝、师氏、史、作册、小子、小臣、服等。有时也由夷仆等匹偶比射。射礼一般由小臣作司射。① 可见能够参加射礼的人员,身份地位都比较高,上至周王、封国诸侯、归附邦国首领,下至贵族子弟、臣僚、执事人员。从参加射礼的人员成分看,

---

① 刘雨:《西周金文中的射礼》,载《考古》1986 年第 12 期。

虽然会有一些社会下层的贤能之人，被选拔出来作为贡士参加射礼，但就总体而言，其主体是贵族。这说明西周时期的射礼只是在贵族阶层，即以他们为代表的社会上层广为流行，并没有社会化。由于"礼不下庶人"，再加上生产生活又不需要弓矢，可想而知，庶人是很难持有弓矢的，至于为了诉讼要缴纳"束矢"则更是难上加难。恐怕缴纳的这一百支箭比争讼的财产还要贵重。

（二）钧金

缴纳"钧金"意味着百姓要筹备三十斤铜，在当时的物质生产条件下，对于普通老百姓而言是否可以实现？

"古者以铜为兵。春秋迄于战国，战国迄于秦时，攻争纷乱，兵革互兴，铜既不克给，故以铁足之。铸铜既难，求铁甚易，故铜兵转少，铁兵转多。二汉之世，既见其微。"① 春秋战国时期尚且"铸铜既难"，而且是打仗的时候都要以铁充铜，西周时期的平民百姓又何以持有三十斤铜。故而为诉讼而缴纳三十斤铜实属强人所难。

到此，也许有人依然会反驳，让普通百姓缴纳不出该物就是为了禁讼，因为《周易·讼》卦就体现了禁讼宗旨。其实不然。首先由《序卦传》"饮食必有讼"可知，古人认为"讼"是不可避免的，绝对无法完全禁止。其次，从讼卦的卦爻辞来看，卦辞中"中吉终凶""利见大人"；初六"终吉"；九二"无眚"；六三"终吉"；九四"安贞吉"；九五"讼，元吉"。一个卦总共六爻，象征事物的不同发展阶段，其中四个爻为吉，一个爻为无眚，只有最后一爻似乎凶险，但是也没有明确指示为"凶"。只有在整个卦辞中提到"中吉终凶"。很显然，《周易》讼卦的本意并非禁讼，从吉凶悔吝的指示来看，其意为可讼——"中吉"，但不宜久缠讼——"终凶"。另外，从卦辞的"利见大人"来看，"大人"是指官府的司法审判官，所以在一些情况下是利于见官的，也就是利于讼的，并不是通过抬高门槛，让人缴纳根本筹不到的束矢钧金来实现禁讼目的。最后，孔子说："听讼，吾犹人也，必也使无讼乎？"很多学者对此的解读是能让世上没有诉讼最好。但是读过《序卦传》，我们知道，孔子的逻辑是"饮食必有讼"，意思是人有需求，有欲

① （梁）江淹：《铜剑赞》，齐鲁书社 1995 年版，第 2 页。

望，就会有争执，有诉讼，所以这就是为何讼卦在需卦之后。那么，"必有讼"和"使无讼"不就前后矛盾了吗？孔子及其门徒作的"十翼"使《周易》更添了哲学义理色彩，所以孔子绝不会得出这种截然相反的结论，其采用反问的语气欲表达的本意其实为"我作为法官在听讼时，和常人一样，是无法做到彻底消灭诉讼的，因为只要有饮食男女，只要有欲望需求，诉讼就不可避免"。既然古人已经意识到，诉讼是必然的，无法禁绝的，那么通过让其缴纳无法实现的一百支箭和三十斤铜来实现禁讼的目的就不大可能。因此，"束矢钧金"绝非字面含义，故"入束矢钧金为缴纳一百支箭、三十斤铜"的命题为假。

二、束矢钧金为"诉讼费"的辨伪

关于"束矢钧金"，法制史学界一般将其定义为按规定缴纳的财物，即诉讼费。那么，为何要以"束矢钧金"来指代相应价款呢？是否有其合理性呢？西周时期有流通的货币吗？"束矢钧金"可以作为流通介质，充当货币吗？为此，我们有必要先对货币的起源做一番梳理。

中国最早的货币是天然贝壳。将贝壳作为交易中的一般等价物在全球很多早期文明都曾出现。1975 年在河南偃师二里头遗址发现 12 枚天然海贝，以及仿海贝的石贝和骨贝。这是中国可以确信的最早的以天然贝壳做货币的证据。这个遗址的年代在公元前 2000 年左右，考古学界一般把这个遗址当成夏代遗址。然而，即便是这个时期，也还是出现了仿天然海贝的骨贝和石贝。如果说中国的货币起源于夏代，那么二里头的情况说明，即便在起源时代，中国的货币就是天然海贝和其他介质的仿海贝并存的。用天然贝壳作一般等价物是全球通例，但是用其他各种不同材质仿制的贝壳作货币却为中国所独有。现在的考古还发现，骨头，甚至泥土也可做货币的介质，这就是在商周时期大量出现的"骨贝""陶贝"。

那么，古人为何要选贝做货币呢，甚至要做仿贝币呢？是因为其内在价值，还是因为其外部特征？

1971 年在山西省保德县出土了 100 多枚商朝晚期的铜贝，距今有 3000 年历史。这是中国，也是世界上目前出土的最早的铜贝（见图 8）。

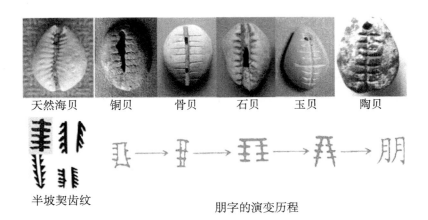

天然海贝　铜贝　骨贝　石贝　玉贝　陶贝

半坡契齿纹　　　　　朋字的演变历程

图 8　贝币与"朋"字演变对比图

把不同时期的，所有材质的贝币放在一起后就会发现，他们的共性有两点：一是外形轮廓上都是贝壳状；二是贝币的一面都存在双排齿纹，凡是被选作货币的天然贝壳也都是有齿贝壳，天然存在双排齿纹。

从充当货币的介质不断变更可以看出，一物若要充当货币并不需要自身必须有价值，仿天然海贝的骨贝和石贝就是例证。各种不同材质的仿贝可以和天然贝壳一样拥有同样的价值，说明中国贝币的价值并不在天然贝壳本身；而且并非所有的天然贝都有双排齿纹，古人只选择有双排齿纹的天然贝做货币，这说明贝壳的形式只是一种符号，被先人拿来赋予价值。因此，介质是什么无关紧要，是不是天然贝壳无关紧要，重要的是贝的双排齿纹，特别是各种仿贝的齿纹更像整齐规则的齿纹，而不像弯弯曲曲的天然贝的齿纹，这些足以说明贝币并不在于天然贝自身的价值，而在于其天然存在的双排齿纹，这使得它很像一对相合的契，被赋予了价值和信用。

《列子·说符》载言："宋人有游于道得人遗契者，归而藏之，密数其齿。告邻人曰：'吾富可待矣。'"① 由此推测，像契一样的贝可以由双方当事人各执一半，当其相合时即可作为信用的兑现，而其齿纹的多少则标明了价值的多少。也就是说真正代表贝币价值的就是其齿数。

并排相合的齿纹就是信用和价值的符号，也是中文"朋"字的前身。既

---

① 唐敬杲选注：《列子·说符》，达正岳校订，商务印书馆 2018 年版，第 115—116 页。

然在贝币时代,一"朋"就是一个完整的双排齿纹。而一个贝币上就存在一个完整的双排齿纹,因此,一个贝壳就相当于一朋。所以,贝币时代的一朋更可能就是一个贝壳,而不是以前研究者所猜测的"两个""五个",甚至"十个"。

由上可知,古人在选择充当货币介质的物品时并不是考量物本身的价值,而是看其是否具有可以被计量的特性,是否便于大范围流通。再看束矢钧金的特性。一百支箭和三十斤铜可以说本身具有一定的价值,但是很显然,无论是矢还是金,本身并没有可计量的特性;同时,由于其稀有性也不具有大范围流通的特性。故而,束矢钧金并不适合充当货币介质。

此外,从贝币产生、使用的年代来看,与束矢钧金同期,所以也没有必要使用不宜流通的束矢钧金来充当货币介质。《史记·平准书》:"农工商交易之路通,而龟贝金钱刀布兴焉……虞夏之币……"《盐铁论·错币》:"故教与俗改,币与世易。夏以后以玄贝,周人以紫石,后世或金钱刀布。"可以看出贝币在夏代既已出现,传世文献与考古证据相印证。

《诗经·小雅·菁菁者莪》:"既见君子,赐我百朋。"《周易·益卦》:"或益之十朋之龟。"如前所述,并排相合的齿纹这一符号逐渐成了信用和价值的符号,一朋就是一个贝壳,这样朋就成了专门用于贝币的度量单位。

除了传世文献之外,亦有出土铭文予以佐证。据《矢令簋》铭文记载:"姜商(赏)令贝十朋,臣十家,鬲百人。"[1]《周·己酉方彝》:"己酉戌命尊宜于召束*,舞九律舞,商贝十朋。"[2] 这两处铭文与《周易》《诗经》中的"朋"相互印证,充分说明当时的货币主要为贝币,度量单位为朋。

另外,据郭沫若考证,周初亦有金属货币之使用。如《令彝》:"锡亢师貄金小牛……锡令貄金小牛。"《禽彝》:"王伐楚侯。周公某(诲)禽祝,禽又(有)臣支(臧)祝。王锡金百孚。禽用作宝彝。"《禽彝》中的王指成王,周公为周公旦,禽为伯禽,伯禽当时曾为大祝之官,有《大祝禽鼎》可证。楚为淮夷,为殷之同盟国,《商颂·殷武》可证。盖周公先遣伯禽东出,而己则随后东征。《尚书·洛诰》有诰命伯禽之文。[3] 此铭文意即成王因

① 郭沫若:《中国古代社会研究》,商务印书馆2011年版,第306页。
② 郭沫若:《中国古代社会研究》,商务印书馆2011年版,第307页。
③ 郭沫若:《中国古代社会研究》,商务印书馆2011年版,第306—315页。

周公、伯禽伐楚之役有功而奖励金百寽。寽通锊，殷商的重量单位，约合六两。征战这么大的功劳才奖励六两的铜，由此亦从反面论证了诉讼绝无可能缴纳三十斤铜，因为太过昂贵而断然无法实现。

如果质疑诉讼活动中的话语体系和交易、赏赐中的话语体系不一样，那么再来看看金文中关于在诉讼中缴纳相关费用的记载。

于清末民初出土于陕西宝鸡的《亲簋》，2005 年国家博物馆征集入藏。本器约为西周穆王时期。铭文铸造于器底，共 110 字，内容如下：

> 隹（唯）廿又四年九月既望庚寅，王才（在）周，各大室，即立（位），司工＊入右亲立中廷，北向。王乎（呼）乍（作）册尹册申命亲曰：更乃且（祖）服作家司马，女（汝）乃谏讯有粦（邻），取徵十寽。易女（锡汝）赤市（韨）、幽黄（衡）、金车、金勒、旂，女（汝）乃敬夙夕勿瀍朕命。女（汝）肇享。亲拜稽首，敢对扬天子休，用乍（作）朕文且（祖）幽白（伯）宝簋，亲其万年孙子其永宝用。①

大意为：二十四年九月既望庚寅那天，王在周，来到太室，即位。司工引导亲站在中庭，面向北方。王呼作册尹重申册命于亲说：你继承你祖先，担任家司马的职务。你审讯基层邻里的狱讼之事，可收取十寽之费用。此给你红色蔽膝、黑色带子、金车、金勒、旗子。你要早晚敬职，不要荒废了我的命令，你要勤勉于职事。亲再拜稽首，称扬天子之休美，用以制作纪念其文祖幽伯的宝簋，世代子孙都珍藏使用。②

"女（汝）乃谏讯有粦（邻），取徵十寽"，意为你审讯基层邻里的狱讼之事，可收取十寽之费用。与此类似的还有西周懿王时期的《扬簋》铭文记载："讯讼，取徵五寽。"西周厉王时期《牂處簋》铭："讯讼罚，取徵五寽。"西周穆王时期《趞鼎》铭："讯大小友邻，取徵五寽。"西周懿王时期《牧簋》铭："乃讯庶右邻……取徵 X 寽。"《楚簋》《毛公鼎》《番生簋》铭文也都有"取徵五（廿、卅）寽"的记载。③ "讯讼""讯讼罚""讯大小友

---

① 王沛：《亲簋考释》，载《中国历史文物》2006 年第 3 期。
② 王沛：《西周金文法律资料辑考（上）》，载徐世虹主编：《中国古代法律文献研究》（第七辑），社会科学文献出版社 2013 年版，第 52 页。
③ 温慧辉：《〈周礼·秋官〉与周代法制研究》，法律出版社 2008 年版，第 220 页。

邻""讯庶右邻"均为同一句式，意思是审判案件；"取徵 X 寽"与之连用，徵是征收的意思，很显然是取征有关诉讼的费用。《珊生簋》铭："公厥禀贝。"《珊生簋》铭文讲的是一起涉及"仆佣土田"的民事案。禀，训为纳；贝，货币，"公厥禀贝"即被告公（止公）缴纳一定数量的贝币作为诉讼费之后，法庭才开始审理此案。[①] 学者们也都认可这些就是关于诉讼费的记载，只不过有的学者们认为此用意与"束矢钧金"相同，都类似于今日所称的诉讼费。但仔细考究，果真一样吗？第一，这么多出土文献中，与诉讼费用有关的内容都采用了同一句式或同样的表述，无论是采用重量单位暗示贝币还是直接言明贝币，都明确了在诉讼活动中，贝币亦是当时的流通介质。可见，西周时期的古人在语言的使用上已经有一定规范性，"取徵 X 寽"与"束矢钧金"所指并非同一内涵。用"束矢钧金"表达诉讼费不符合周人的语言习惯。第二，寽是殷商时期的重量单位，大约为 6 两，钧为三十斤，同样是诉讼活动，计量单位却相差甚远，不合常理。因此，周代是有收取诉讼费的规定，但"束矢钧金"却另有所指。

综览各传世文献和出土铭文，可以大致得出，西周时期作为等价交换物的、具有货币价值的主要为贝和金（铜），贝以朋为计量单位，金以寽和钧为计量单位，一寽（锊）等于六两，一钧等于三十斤。目前尚不见"束矢钧金"用于流通领域，充当货币表示的记载。因此，若想表达诉讼费的意思，大概取徵多少寽或多少朋更为符合周人的语言表达习惯。故而"束矢钧金指代相应价款"的命题为假。

三、束矢钧金为"证据"的论真

"束矢钧金"在"用于狱"的《周易·噬嗑》卦中出现，又在关于诉讼记载的《周礼·秋官·大司寇》中出现。既然不是指代诉讼费，结合上下文采用排除法推测，最为贴切的就是指代证据了。"束矢钧金"是如何承载证据的含义呢？又有哪些史料予以佐证呢？

---

① 胡留元、冯卓慧：《卜辞金文法制资料论考》，载杨一凡、马小红主编：《中国法制史考证·夏商周法制考》（甲编第一卷），中国社会科学出版社 2003 年版，第 150 页。

（一）束矢

按照有关文献记载，东夷最早发明了弓箭。《世本·作篇》："蚩尤作五兵。""夷牟作矢、挥作弓。""逢蒙作射。"弓、矢是古代非常重要的武器和生产工具，也会被用来确认战利品的所有权及用作论功行赏的凭证。人们为了明确猎物的所有权，常常会在弓矢上做标记，刻上记号或族徽。这种习惯一直延续下来，如《国语·鲁语下》："铭其括曰：肃慎氏之贡矢。"当发生纷争时，弓矢上面的标记便成了重要物证。

殷朝末年的箕子发明了以弓矢上面的标记来裁判案件的方法。《明夷·六二》："明夷，夷于左股，用拯马壮，吉。"拯，综合《甲骨文字典》《玉篇》《说文》的诠释以及王弼、孔颖达、陆德明等先儒的注解，拯有两个含义：一是通"抍"，上举之义；二是拯救、救助之义。壮，《汉字源流字典》中其中一个释义为"通戕，伤"①。股，大腿。《论语·宪问》孔颖达疏："膝上曰股，膝下曰胫。"② 射伤了左大腿，"左"意味着伤势不重。程颐曰："手足之用，以右为便，唯嶡张用左，盖右立为本也。"③ 左大腿受伤，需要明确谁的箭头射伤，然后由其予以拯救、救治马伤。因为能够明确侵权者，并予以救治，所以"明夷"是吉利的。

《明夷·九三》："明夷于南狩，得其大首，不可疾，贞。"狩，狩猎。本义为带着猎犬打猎。又引申为征伐之义。④ 疾，《古汉语字典》认为，"疾"大致包含两种含义：一为病，一为急速。《孙子九地》："疾战则存，不急战则亡者，为死地。"《史记·殷本纪》："帝纣资辨捷疾，闻见甚敏。"⑤《说卦传》有云："动万物者，莫疾乎雷；桡万物者，莫疾乎风。"大意为鼓动万物，没有比雷更迅速的；吹散万物，没有比风更急速的。故而，此处之疾取急速之义。此句意为到南部村落狩猎，似乎是射中了最前面的猎物，不要急着去追、急着去确认是不是如此。《周易程氏传》有云："九三，离之上，明

---

① 谷衍奎：《汉字源流字典》，语文出版社 2008 年版，第 319 页。
② 李学勤：《字源》，天津古籍出版社 2013 年版，第 360 页。
③ （宋）程颐：《周易程氏传》，王孝鱼点校，中华书局 2016 年版，第 158 页。
④ 谷衍奎：《汉字源流字典》，语文出版社 2008 年版，第 902 页。
⑤ 王力：《古汉语字典》，中华书局 2000 年版，第 754 页。

之极也，又处刚而进。上六，坤之上，暗之极也。至明居下而为下之上，至暗在上而处穷极之地，正相敌应，将以明去暗者也。斯义也，其汤、武之事乎！南，在前而明方也；狩，畋而去害之事也。南狩谓前进而除害也。当克获其大首，大首谓暗之魁首上六也。三与上正相应，为至明克至暗之象。不可疾贞，谓诛其元恶。旧染污俗未能遽革，必有其渐，革之遽，则骇惧而不安。故酒诰云：'惟殷之迪诸臣（惟）（百）工，乃湎于酒，勿庸杀之，姑惟教之。'至于既久，尚曰余风未殄，是渐渍之俗，不可以遽革也，故曰'不可疾贞'，正之不可急也。上六虽非君位，以其居上而暗之极，故为暗之主，谓之大首。"① 结合程颐之解读，此爻意为现在处于黎明前的黑暗，虽然似乎射中了猎物，但不要急于确认结果如何，因为时机不对。明夷卦上坤下离，坤代表复杂，代表黑暗，离代表光明，明入地下，寓意事实真相被掩盖。九三位于离卦的上爻，所以谓"明之极也"，与上六有应，寓意"以明去暗"。寻找事实真相亦是如此，"得其大首"，获得主要证据尚不要急于揭发，时机还不成熟，证据还不足够，光明尚处于被压制阶段。需要继续潜心搜集更多、更有利、更直接的证据一举击中。

《明夷·六四》："入于左腹，获明夷之心，于出门庭。"射中了猎物的左腹，左腹为心脏的位置，寓意获得了核心证据。可以准备走出门庭，准备将证据公示于天下，将真相大白于天下。

《明夷·六五》："箕子之明夷。"明，举出、出示；夷，弓、矢相合（夷——西周金文"夷"南宫柳鼎）。《尚书·洪范》记载了周武王拜访箕子时，箕子阐述了治理国家的九项措施，其中第七项为"明用稽疑"。稽，《广雅·释言》："稽，考也。"即考核、调查。查阅金文的"疑"字，疑（集成3504），清晰可见左侧就是弓矢，右侧是匕字。匕，《玉篇》释曰："必以切。匙也、矢镞也。"② 《汉字源流字典》中"匕"的第 6 个释义为"箭头"。③ 《左传·昭公二十六年》："射子，中楯瓦，繇朐汏辀，匕入者三寸。"此句中的"匕"即为箭头之义。金文"疑"字由弓、矢、匕三字所组成，表明当事

---

① （宋）程颐：《周易程氏传》，王孝鱼点校，中华书局 2016 年版，第 158—159 页。
② （清）张士俊：《玉篇》，中国书店泽存堂本 1983 年版，第 511 页。
③ 谷衍奎：《汉字源流字典》，语文出版社 2008 年版，第 11 页。

实真相不明，出现疑问时，可以用弓矢和匕上面的符号来释明。"明用稽疑"就是"明夷"，明夷就是通过考核验证弓、矢、匕上面的标记来确定归属，从而认定事实，明确责任。①

《明夷·上六》："不明，晦，初登于天，后入于地。"上六位于至高之地（爻位），所以"初登于天"，但是又处于至暗之极（坤上爻），所以又叫"后入于地"。不能出示所有的证据，事实真相晦暗不明。亦可喻指审断之人虽居高位，但却内心黑暗，德不配位，致使案件事实扑朔迷离，晦暗不明。《明夷》卦说明弓矢是判定所有权、确定民事责任的重要依据，而这恰恰是当代证据所承载的功能。

（二）钧金

查阅"金"的含义，一共有六种释义，可用于此处的含义大概有四种，分别是指"铜""货币、钱财""金属制成的器物，如箭头""像金属一样坚固的"。② 前述两种假设已否定了"铜"和"货币"这两种释义。因为三十斤铜，老百姓无法拥有、更无法缴纳；释作货币的话，没有必要如此，不符合周人习惯。最后一种解释"像金属一样坚固"在解读《周易·噬嗑》卦中常采用，亦能自圆其说，但是若结合《周礼》的"入束矢钧金于朝"则逻辑不通。故而只剩下一种解释，就是"金属制成的器物，如箭头"，而此种解释恰好与"束矢"相关联，这是否只是一种巧合呢？再来查阅"金"字的金文字形，如表3所示。

表3　"金""矢"字的金文字形

	"金"的字形	"矢"的字形
西周早期	利簋（集成4131）	矢伯隻作父癸卣（集成5291）
西周中期	智鼎（集成2838）	十五年趞曹鼎（集成2784）

---

① 武树臣：《从"箕子明夷"到"听其有矢"——对〈周易〉"明夷"的法文化解读》，载《周易研究》2011年第5期。

② 王力：《古汉语字典》，中华书局2000年版，第1510页。

续表

	"金"的字形	"矢"的字形
西周晚期	全	大
	师同鼎（集成 2779）	鄂侯鼎（集成 2810）

由"金"的金文字形可看出，左边两点像沙粒、土粒，寓意从土中挖出掩藏的金子，也可进一步延伸为事实真相大白于天下。再看右边上面像一个箭头，与矢同形，下面像斧，可知当时的金主要用于制作箭头和斧的金属部分。故而有"金矢"之称。矢因为标记而具有了证明作用，那么，在诉讼中出现的"钧金"就是指"金矢"，而非斧。因而，钧金也就具有了证明作用，这就是为何"钧金"会与"束矢"放在一起指代证据，也是其一起作为讼狱前提的真正缘由。

综上，"束矢""钧金"均指代"证据"，二者的区别在于小事（民诉）需要提供"束矢"，大事（刑诉）需要提供"钧金"，因为钧金是金属制品，更为稀有昂贵。无论是"两造"与"两剂"的区别，还是"束矢"与"钧金"的不同，都表明西周时期不仅案件已有民刑之分，而且证据的准入标准，即可采性标准亦有不同。就诉讼程序的启动来看，民事诉讼需要双方当事人到庭，而刑事诉讼不仅要求双方当事人到庭，还要求双方都提交诉状，这说明刑事诉讼的提起程序要严于民事诉讼的程序。与此相应，在证明过程中民刑亦有不同，民事诉讼要提交"束矢"，而刑事诉讼则需提交"钧金"，虽然目前尚无其他佐证，但是基于"束矢钧金"的证据特性以及"钧金"的价值远远贵重于"束矢"的价值，故可进一步大胆推测，刑事诉讼案件的证据可采性标准要高于民事诉讼案件的可采性标准。因此，可以看出西周时期不仅有了民刑案件的划分，而且有了不同程序的设定，诉讼程序无论是启动时还是证明时，刑事诉讼程序都要严于民事诉讼程序。

基于以上的推论再来回答本节一开始提出的问题，即倘若"束矢钧金"意指证据，是否能够自圆其说。《周礼·秋官·大司寇》："以两造禁民讼，入束矢于朝，然后听之。以两剂禁民狱，入钧金，三日乃致于朝，然后听之。"此时可解读为在民事诉讼案件中，双方当事人必须都到场，并且提交一定的证据之后，才会开庭审理。在刑事诉讼案件中，双方当事人必须都提请诉状，并且得提交大量充分的证据，三日后方可开庭审理。证据是证明案件事实的依据，《周礼·秋官·大司寇》要求在诉讼中"入束矢于朝"，说明弓矢因为其证明的属性而在诉讼中成了认定案件事实的证据。

《睡虎地秦墓竹简·为吏之道》云："听其有矢，从而则之。"听，听审。则，金文从刀从鼎，本义为规范宰割鼎肉。后引申为规律、法典、效法等义。①"从而则之"置于"听其有矢"之后，所"从"、所"则"的对象恐怕除了法之外，还有"矢"。听其有矢，进而从矢而断。显然，"矢"在此成为裁断的依据，故而"矢"在此亦为证据之义。

《噬嗑·象》曰："噬嗑，亨。利用狱。"观其卦象（图9）为上离下震。离的甲骨文 + ，表示用网捕鸟。离，帛书《易》作"罗"②（離、羅均从隹），《说文》："罗，以丝罟鸟也。从网从维。"故离通罗。《系辞下传》云："作结绳而为网罟，以佃以渔，盖取诸离。"故而含有离的卦多与刑狱有关，如山火贲、雷火丰、火山旅（图9）。《象》曰："雷电，噬嗑；先王以明罚敕法。"《象》曰："山下有火，贲；君子以明庶政，无敢折狱。""山上有火，旅；君子以明慎用刑而不留狱。"

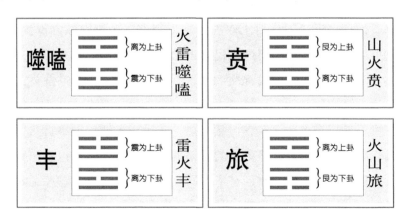

图9 刑狱四卦

---

① 谷衍奎：《汉字源流字典》，语文出版社 2008 年版，第 269 页。
② 于豪亮：《马王堆帛书〈周易〉释文校注》，上海古籍出版社 2013 年版，第 36 页。

《噬嗑》上离下震，离为火，代表光明，震为动，代表执法，故曰"明罚敕法"。此卦是在传授如何做到明罚敕法。噬，啮，使上下齿咬合之义。嗑，合也。

上九：何校灭耳，凶。

六五：噬干肉，得黄金；贞厉，无咎。

九四：噬干胏，得金矢，利艰贞，吉。

六三：噬腊肉，遇毒；小吝，无咎。

六二：噬肤灭鼻，无咎

初九：屦校灭趾，无咎

《噬嗑》卦从二爻到五爻，噬咬的东西依次为"肤""腊肉""干胏""干肉"。[①] 噬咬的肉越来越硬，越来越难以咬合。《系辞下传》有云："古者包牺氏之王天下也，仰者观象于天，俯者观法于地，观鸟兽之文，与地之宜，近取诸身，远取诸物，于是始作八卦，以通神明之德，以类万物之情。"意谓圣人依自然界和社会生活中具体事物的感性形象来确立具有象征意义的卦象。《噬嗑》是有关刑狱的卦象，故而可知，噬嗑之物越来越硬是以喻指案件事实越来越复杂迷离。因此，《噬嗑·九四》："噬干胏，得金矢，利艰贞吉。"可解读为当案件事实扑朔迷离，较为复杂时（干胏），如果掌握了一定的证据（金矢），就能得到公正的审判；但由于这些证据与案件事实只具有一定的因果关系，未能达到确实充分的程度（与六五"黄金"相对而言），所以过程较为艰难（利艰）。但因为有了证据，所以结果还是好的（贞吉）。《噬嗑·六五》："噬干肉，得黄金，贞厉，无咎。"喻指案件事实更为复杂，案件恶性严重，案件影响力颇大，类似于死刑等具有重大影响的案件。由于"干肉"居于五爻尊位，故而此类案件为最高权力机构亲审的案件。对于此类案件，如果能够搜集到确实充分的证据，虽然案件性质严重，但也可无咎害。此处的"黄金"意同"钧金"，亦指证据，但与"金矢"不同的是，

---

① 肤，既柔且脆的肉。腊（xī），从肉从昔，肉之陈久而坚硬味厚者。朱熹《周易本义》："腊肉，谓兽腊，全体骨而为之者，坚韧之物也。"胏，带骨的肉块。干肉，彻底风干的肉。（宋）朱熹：《周易本义》，廖名春点校，中华书局2009年版，第102页。

"黄金"指代"确实充分"的证据，即证明力更强的证据。《汉书·食货志》云："金有三等：黄金为上，白金为中，赤金为下。"由于"黄金"代表着最高的证明标准，与案件性质的严重程度相对应。意即案件性质越严重，所要求的证明标准越高。所以最后的审判结果不仅公正，而且让人心服口服、无可挑剔，"虽危无咎矣"。

《周易本义通释》在解读《噬嗑·九四》时提到："九四刚居柔故，所噬如之古者以两造禁民讼，以两造听之而无所偏。受则不直者自反而民讼禁矣，入束矢于朝，不直则入其矢，所以惩不直也。以两剂禁民狱，以两剂听之，而无所偏信，则不信者自反而民狱禁矣。入钧金三日乃致于朝，不信则入其金，所以惩不信也，三遇毒以治之人不服也，四得金矢其人服矣，然必艰难正固乃吉。"① 此段大意为九四这一爻就好像《周礼·秋官·大司寇》中的两造禁民讼、两剂禁民狱一样，双方当事人的意见都要听取，这样才能保证无所偏。特别是后面提到"不信则入其金"以及"得金矢其人服矣"，恰恰说明这个令人信服的"金""金矢"就是指证据，因为只有证据才具有令人信服的功能，单单缴纳诉讼费是很难让人信服的。故"束矢钧金"意指证据可自圆其说，相应地，金矢、黄金亦是指代证据。

第三节　孚

"孚"在《易经》中出现多次，含义不尽相同，查阅"孚"的字源，亦有多种释义。一为信实、诚信之意，此为采用最多最广的释义，也是易经中常用的释义。信实、诚信之意是延伸义，孚的本义通"孵"。《说文》："孚，卵孚也。从爪，从子。一曰信也。"段玉裁注："《通俗文》，卵化曰孚……卵因伏而孚，学者因即呼伏为孚。"《张子正蒙·中正篇》："子而孚化之。"王夫子注："子，禽鸟卵也；孚，菢也。"《尔雅·释诂上》："孚，信也。"徐锴系传："孚，信也。鸟之孚卵皆如其期，不失信也。"段玉裁注："此即

---

① （元）胡炳文：《周易本义通释》（卷一），载《钦定四库全书》。

'卵即孚'引申之意也。鸡卵之必为鸡，鼍卵之必为鼍，人言之信如是矣。"①
由先儒考证可知，孚，𠬪，甲骨文从爪，从子，会抱子哺乳之意或鸟孵卵之
意。由于人生子和鸟孵卵皆有定期而不失信，故引申为"诚信，信用"之
义，如《尚书·吕刑》："五辞简孚。"宗臣《报刘一丈书》："此世所谓上下
相孚也。"《诗·大雅·下武》："永言配命，成王之孚。"郑玄笺："孚，信
也。"成王之孚就是成王的信用。《后汉书·来歙传》："少公虽孚，宗卿未
验。"李贤注："孚，信也。"② 此"孚"同时也引申为"信任，令人信服"
之义③，如《诗·大雅·文王》："仪刑文王，万邦作孚。"毛传："孚，信
也。"④ 郑玄笺："仪法文王之事，则天下威信而顺之。"《左传·庄公十年》：
"小信未孚，神弗福也。"意为小信用还没有为人所信服，神是不会保佑的。
《易经》的大多注疏文本亦将"孚"解读为诚信、信实之意。"孚"字的
"信服"之义今天还用，如"深孚众望"等。

　　"孚"除了通"孵"（释为诚信）之外，还通"浮""稃""俘"。"孚"
通"浮"：意为浮在面上，浮躁，如《姤·初六》："有攸往，见凶，羸豕孚
蹢躅。"王弼注："孚，犹务躁也。""羸豕，谓牝豕也。群豕之中，豭强而
牝弱，故谓之羸豕也。""夫阴质而躁恣者，羸豕特甚焉，言以不贞之阴，
失其所牵，其为淫丑，若羸豕之孚务蹢躅也。"⑤ 此为由于母猪的浮躁最甚，
故以此来比喻失去牵系的阴柔之道，即阴柔之道，必须有所牵系。"孚"通
"稃"：意为种子的外皮。朱骏声《说文通训定声·孚部》："孚，叚借为
稃。"《诗·小雅·大田》："不稂不莠。"郑玄笺："谓孚甲始生而未合时
也。"孔颖达疏："孚者，米外之粟皮。"⑥ "孚"通"俘"：意为俘获。王国
维《鬼方昆夷玁狁考》："孚即俘之本字。"《小盂鼎》："孚人万三千八十
一人。"

① （清）段玉裁：《说文解字注》，经韵楼藏版嘉庆二十年，第 450 页。
② 汉语大字典编辑委员会编：《汉语大字典》（第二卷），四川辞书出版社 1986 年版，第 1084 页。
③ 谷衍奎：《汉字源流字典》，语文出版社 2008 年版，第 465 页。
④ （清）阮元校刻：《十三经注疏·毛诗正义》（卷十六），中华书局 1980 年版，第 505 页。
⑤ （魏）王弼、（晋）韩康伯注，（唐）孔颖达疏：《周易正义》，中国致公出版社 2009 年版，第 182 页。
⑥ 汉语大字典编辑委员会编：《汉语大字典》（第二卷），四川辞书出版社 1986 年版，第 1085 页。

《汉字源流字典》认为，为了分化字义，后专用孚来表示诚信之义，孵卵之义则另加义符"卵"写作"孵"来表示；浮在面上之义则另加义符"水"写作"浮"来表示，种子的外皮之义则另加义符"禾"写作"稃"来表示，俘获之义则另加义符"人"写作"俘"来表示。①

由上可知，无论是孚的本义，还是后来孚的分化专用之义，信实，诚信，令人信服之义都占据了相对主导地位。既然"孚"有令人信服的引申义，那么再进一步引申，如何令人信服？说话要言之有物，做事要行之有据，合起来就是说话做事要有证据，方能令人信服。因此，"孚"在使用"令人信服"之义时，也暗含了"证据"之义。特别是在涉及诉讼、刑狱的卦象、爻辞中，"孚"字释为证据更为妥帖。据笔者考证，主要涉及《讼》《革》《夬》《丰》《小畜》《坎》《井》《中孚》。

一、《讼》卦

图10　《讼》卦图

讼：有孚窒，惕，中吉，终凶。利见大人。不利涉大川。

彖曰：讼，上刚下险，险而健，讼。"讼有孚窒惕，中吉"，刚来而得中也。"终凶"，讼不可成也。"利见大人"，尚中正也。"不利涉大川"，入于渊也。

象曰：天与水违行，讼。君子以作事谋始。

初六，不永所事，小有言，终吉。

象曰："不永所事"，讼不可长也。虽"小有言"，其辩明也。

九二，不克讼，归而逋。其邑人三百户，无眚。

---

① 谷衍奎：《汉字源流字典》，语文出版社2008年版，第466页。

象曰："不克讼"，归逋窜也。自下讼上，患至掇也。

六三，食旧德，贞厉，终吉。或从王事，无成。

象曰：食旧德，从上吉也。

九四，不克讼，复即命渝。安贞吉。

象曰：复即命渝，安贞不失也。

九五：讼，元吉。

象曰：讼，元吉。以中正也。

上九：或锡之鞶带，终朝三褫之。

象曰：以讼受服，亦不足敬也。

"有孚窒惕"，通常的解释是"诚信被窒塞而心有惕惧"，[①] 这是大多先儒对"讼"的描绘和解读，试想一下，因为缺乏了诚信，诉讼就一定会产生吗？或者说，在诉讼过程中，是因为"诚信"被阻滞，而心有惕惧，最后导致终凶？显然，无论是怎样的情形，"诚信"都无法在诉讼中自圆其说。日常的社会生活中需要诚信，但是诉讼中需要的是证据，仅因"诚信"的缺失未必会引发诉讼，同样地，仅靠道德层面的"诚信"亦无法解决诉讼。反过来讲，如果双方都讲诚信，就一定不会引发"讼"吗？也未必。只要有利益的存在，就会有利益的争夺，只要利益的立场不同，就必然会产生"讼"。《序卦传》有言："饮食必有讼，故受之以讼也。"《周易》六十四卦，将《讼》卦置于《需》卦之后，就是因为人有需求、有欲望，就必然会产生争夺，争夺就必然会产生讼，正如"天与水违行一样"，这是人性之道。所以，讼的产生并不是因为"诚信"被窒塞，而是因为人有需欲。

既然"诚信"窒在讼卦中讲不通，再来假设诉讼中最重要的关键词"证据"是否在此可自圆其说。"有孚窒，惕，中吉，终凶。"此句可释为：在诉讼中，如果有证据被窒塞，即如果拿不出足够的证据，就要警惕了。哪怕诉讼中间会无碍，但是最终也是要输掉官司的。"利见大人，不利涉大川。"大人，指清正廉明的司法官，大川在古人眼里为危险的处境。联系上句可解读为：如果没有确实充分的证据，遇见清正廉明的法官尚为吉利，但是如果处

---

① 张善文译注：《周易》，三晋出版社 2008 年版，第 17 页。

境危险就不妙了。

《讼·象》曰："天与水违行，讼；君子以作事谋始。"讼，就好像天自东向西行，水自西向东流，两者相违而行一样。这是不可变的，所以君子要在做事开始前就要谋划好。孔子在《论语·颜渊》说："听讼，吾犹人也，必也使无讼。"很多学者结合这句便解读《讼》卦为诫人止争息讼。其实，从《象》传和《序卦传》的"饮食必有讼"来看，圣人以为讼是不可避免的，有需必有讼，就好像天与水违行一样，这是不可变的。正因为这是人性，犹如天道不可变，所以才提醒君子要"作事谋始"。至于"必也使无讼"这句其实是一反问句，意为：听讼，我如常人一样，又如何做到必然使无讼呢？言外之意是不可能的。这与其为《周易》所作的《象传》和《序卦传》是保持一致的。

《讼》卦乾上坎下（见图 10）。从《讼》卦的卦爻辞来看，卦辞中"中吉终凶""利见大人"；初六"终吉"；九二"无眚"；六三"终吉"；九四"安贞吉"；九五"讼，元吉"。一个卦总共六爻，象征事物的不同发展阶段，其中四个爻为吉，一个爻为无眚，只有最后一爻似乎凶险，但是也没有明确指示为"凶"。只有在整个卦辞中提到"中吉终凶"。很显然，《讼》卦的本意并非禁讼，从吉凶悔吝的指示来看，其意为可讼——"中吉"，但不宜久缠讼——"终凶"。从卦辞"利见大人"来看，说明在一些情况下是利于见官的，也就是利于讼的。这也说明《讼》卦并非大多学者所认为的是息讼的。

综上，整个讼卦并非强调息讼，而是告诫指示如果"证据"被窒塞，就会终凶，就不利涉大川，所以君子要学会"作事谋始"，即在一开始就要注意保存证据，防范危险、纠纷的发生。当无法避免纠纷而争讼时，如果得知对方当事人有确凿的证据，而自身证据不足时，官司可能会对自己产生不利，此时应中止争讼，若继续争讼，最终将导致败诉。由此可知，人们在预测诉讼的吉凶时，会以"孚窒"为标准，也就是说会以证据是否确实充分为参照，如果已方证据有窒，则应终止为吉。《讼》卦的卦辞与《噬嗑》等卦及《周礼》互为印证，说明西周时已开始重视证据。

二、《革》卦

图 11　《革》卦图

革：己日乃孚，元亨利贞，悔亡。

彖曰：革，水火相息，二女同居，其志不相得，曰革。己日乃孚；革而信也。文明以说，大亨以正，革而当，其悔乃亡。天地革而四时成，汤武革命，顺乎天而应乎人，革之时义大矣哉！

象曰：泽中有火，革；君子以治历明时。

初九：巩用黄牛之革。

象曰：巩用黄牛，不可以有为也。

六二：己日乃革之，征吉，无咎。

象曰：己日革之，行有嘉也。

九三：征凶，贞厉，革言三就，有孚。

象曰：革言三就，又何之矣。

九四：悔亡，有孚改命，吉。

象曰：改命之吉，信志也。

九五：大人虎变，未占有孚。

象曰：大人虎变，其文炳也。

上六：君子豹变，小人革面，征凶，居贞吉。

象曰：君子豹变，其文蔚也。小人革面，顺以从君也。

《革》卦下离上兑（见图11），离为光明之象，多与刑狱、治理有关；且离为夏，兑为秋，《革》卦对应夏秋相交之际。按上古历法有春、夏、秋、冬四时，春季万物生发为木，夏季酷暑炎热为火，秋季万物肃杀为金，冬季寒冷冰凉为水。由冬季转春季为水生木，由春季转夏季为木生火，由夏季转秋季为火克金，由秋季转冬季为金生水。不难发现，四季更替中唯有夏秋之交为火克金，其他三季都是一气相生。《革》卦上兑金下离火，由内卦向外卦为离夏向兑秋转化，所以卦名为革。中国古代有秋季问斩的惯例，为的是与四时相应，秋乃收割庄稼之际，万物肃杀，为顺应天时，定于秋季问斩。革，便是革命，革命便有杀戮，刑罚治狱也有杀戮，因此，高亨认为《革·九三》爻辞记载的是关于断狱入罪的事情。[①]

　　《革·九三》："革言三就，有孚。"革，改也；《说文解字》认为，"革"的本义是"兽皮治去其毛"。《字源》认为，最初的字形像一张悬挂着的首、身、尾俱全的兽皮。把"皮"治去其毛的"革"是加工改变了的兽皮，所以引申为变革义。[②]《玉篇·革部》："居核切。猶皮也、去毛也、老也、改也。"[③]《易·杂卦传》："革，去故也。""革言"为更改供词；"就"借为鞫，即审讯；"孚"，信实。爻辞的意思是给被告人定罪量刑之前要经过三次审问，并且要允许其更改供述，才能信任其所言为实。这体现了西周时期慎刑慎罚的思想。《象》曰："'革言三就'，又何之矣。"被告人经过三次审问之后，真相会逐渐明晰，就算想逃避罪罚，也无可奈何。这进一步说明法官在审判时会考量被告人的供述，并根据其多次的供述来寻找真相、作出裁判。可见，口供在当时已经成为审断案件的一种证据形式。《革·九四》曰："悔亡，有孚改命，吉。"该爻的意思是原本法官已认定其有罪，但若发现新的证据，证明原先认定有错，即可改判不罚，这才是对的。当时的法官不仅要求在断案时要谨慎小心，不可有冤错，甚至在已有冤错时也会要求法官勇于承担责任，勇于纠错，并认为这样才是吉祥的、正确的。虽然对于错案的法官要承担什么样的责任没有明确记载，但是鼓励纠错的精神充分说明了对于人权保障的珍视。

---

① 高亨：《周易古经今注》，中华书局1984年版，第303页。
② 李学勤：《字源》，天津古籍出版社2013年版，第208页。
③ （清）张士俊：《玉篇》，中国书店泽存堂本1983年版，第483页。

三、《夬》卦

图 12 《夬》卦图

夬：扬于王庭，孚号，有厉，告自邑，不利即戎，利有攸往。

彖曰：夬，决也，刚决柔也。健而说，决而和，扬于王庭，柔乘五刚也。孚号有厉，其危乃光也。告自邑，不利即戎，所尚乃穷也。利有攸往，刚长乃终也。

象曰：泽上于天，夬；君子以施禄及下，居德则忌。

初九：壮于前趾，往不胜为咎。

象曰：不胜而往，咎也。

九二：惕号，莫夜有戎，勿恤。

象曰：莫夜有戎，得中道也。

九三：壮于頄，有凶。君子夬夬，独行遇雨，若濡有愠，无咎。

象曰：君子夬夬，终无咎也。

九四：臀无肤，其行次且。牵羊悔亡，闻言不信。

象曰：其行次且，位不当也。闻言不信，聪不明也。

九五：苋陆夬夬，中行无咎。

象曰：中行无咎，中未光也。

上六：无号，终有凶。

象曰：无号之凶，终不可长也。

《夬》卦上兑下乾（见图12）。其卦象为五阳一阴，似五阳除去一阴，以体现其决心，故而谓之"夬"。据李守力考证，《夬》卦取象于玉玦。《夬》卦，下为乾，乾为玉为圆；上为兑，兑为缺。这正是玉玦之象。[1] 尚秉和

---

① 李守力：《周易密钥》（卷一），兰州大学出版社2016年版，第369页。

《周易尚氏学》亦云："王育云：夬即古文玦字。按《礼·内则》'右佩玦'，《释文》本又作决，《诗·小雅》'决拾既饮'是也。而夬为决，故夬与玦同。玦，《说文》'玉佩也'，《广韵》'佩似环而有缺'。《夬》乾为玉，为圜，兑上缺，俨然玦形也。而决者，绝也。《左传》晋献公赐太子申生玦，以示决绝。卦以五阳决一阴。故谓之夬也。《归藏》以夬为规，规，圜也。夬重乾，乾圜故为规。玦亦圜，然上缺。是《周易》取象，与《归藏》同而更切也。"①

玉玦的历史非常悠久，从距今八千多年前的内蒙古兴隆洼文化到夏、商、周、春秋战国时期的墓葬中，都有大量的"玉玦"出现。如图 13 所示，西周时的玉玦。玉玦的用途，概括起来有五种：一作配饰；二作信器，见玦时表示有关者与之断绝关系，如晋献公赐太子申生玦；三寓意佩戴者遇事决断，有君子或大丈夫气质；四为刑罚标志，犯法者待于境或一定地方，见玦则不许还；五用于射箭，使用时将玦套戴在右拇指上，以作钩弦。后世常用以赠人，表示决断、决绝。②

图 13　西周玉玦

众所周知，易经有万物类象的特征，每一卦并非只有单独的、特定的某个意指，如《说卦传》中的八卦类象："坎为水，为沟渎，为隐伏，为矫輮，为弓轮。其于人也，为加忧，为心病，为耳痛，为血卦……"既然夬卦取象于玦，那么，夬卦便自然带有玦的特征与寓意。玦的用途之一为刑罚标志，那么

---

① 尚秉和：《周易尚氏学》，张善文点校，中华书局 2016 年版，第 199 页。
② 李守力：《周易密钥》（卷一），兰州大学出版社 2016 年版，第 368 页。

夬卦便亦可适用于刑罚决狱之中。此乃夬卦适用刑罚决狱之象的理由之一。

理由之二为《归藏》本的《夬》卦。夬，秦简《归藏》作𦀗（ji）。𦀗，与夬、决、玦上古音皆见母月部，"𦀗"当是"夬"之借字。𦀗，《说文》："鱼网也。从网𦀗声。𦀗，籀文锐。"按夬决取象于兑卦，兑为附决，为锐。前已述及，离的甲骨文 𤾓 = 𤾓（鸟）+ ⺊（禽，捕鸟用的网），表示用网捕鸟。离，帛书《易》作"罗"[1]（離、羅均从隹），《说文》："罗，以丝罟鸟也。从网从维。"故离通罗。《系辞下传》云："作结绳而为网罟，以佃以渔，盖取诸离。"后世有关刑狱的描绘常见"天网恢恢""自投罗网""天罗地网"等词，进而由"离"的本义含有用网捕获之义推出含有离的卦多与刑狱有关。夬通𦀗，𦀗亦含有渔网之义，以此类推夬卦亦可适用于刑罚决狱之象。

理由之三为《序卦传》："益而不已则决，故受之以夬。夬者，决也。"增益不止必然导致决口外溢，故《益》卦之后是《夬》卦。夬通决，《汉语大字典》："决同决。古籍中多作'决'，今'决'字通行。"[2]《玉篇·丬部》："决，俗决字。"决，《字源》："会意兼形声字。从水，从夬，夬亦声……玉缺口为玦；水破口为决。此当其本义……又断案、判决。《礼记·曲礼上》：'分争辩讼，非礼不决。'引申有处决、决定等义。"[3] 可见，夬通决，决通决，决有处决之义，故而后世审判多称"决狱"，如《淮南子·时则》："审决狱。"方苞《狱中杂记》："不敢专决。"除了决狱的表达之外，还有决配（判处流放）；决杖（处以杖刑）；决囚（判决死刑）；决刑（执行死刑）等。故而，由此推测，《夬》卦亦有决狱之象。

夬：扬于王庭，孚号有厉；告自邑，不利即戎；利有攸往。（今本易）

夬：阳于王廷，复号有厉。告自邑，不利节戎，利有攸往。（帛书易）

帛书《易》中将"扬"替作"陽"。阳，《说文》："高明也。又日也。"既然可用于决狱卦象，那么无论是扬，还是阳，都可理解为类似于今日所言的公布、宣布、公示、公开；王庭，《周易正义》"百官所在之处"，指君王

---

① 于豪亮：《马王堆帛书〈周易〉释文校注》，上海古籍出版社 2013 年版，第 36 页。

② 汉语大字典编辑委员会编：《汉语大字典》（第二卷），四川辞书出版社 1986 年版，第 553 页。

③ 李学勤：《字源》，天津古籍出版社 2013 年版，第 991 页。

的法庭。^① 即公布（小人的罪行）于王庭之上。号，用于发布命令的用词。孚，通说释为诚信。孚号有厉，《周易本义》释为"尽诚以呼号其众"；《周易集说》释为"以至诚呼号其众"；《周易程氏传》释为"至诚以命众"。^②但是仔细考究，既然政令是官府发布的，那么为何要强调诚信呢？官是要取信于民，但是取信于民主要表现在其能否对曾经发布的政令进行兑现，至于政务的公开，更重要的是有理有据，使民众信服，而不是空有诚信之心。所以，在此，将"孚"释为诚信，略显牵强。若使用"孚"的引申义"证据"，则可释为公开宣布小人的罪行于王庭之上，并有理有据地发布号令，告诚大家此举危险。告自邑，公告政令于私邑。即，从也。段玉裁《说文》注："戎，兵也。兵者，械也。"《礼记·月令》："乃教于田猎，以习五戎。"注："五戎谓五兵，弓矢、殳、矛、戈、戟也。"从戎，尚武也。不利即戎，不宜尚武也。帛书易作"节戎"。不利节戎，不适宜动用符节和兵器。不利节戎与前句相关联，应用到决狱之象中，则进一步引申为不利于擅用刑罚，与慎罚思想一脉相承。《周易译注》认为，君子决除小人的三要领为：一是公正无私，宜于在王庭上公开宣判"小人"的罪恶。二是谕人戒惕，即以孚诚之心号令众人戒备"小人"造成的危害。三是以德取胜，不利于滥用武力。^③ 此三要虽为决除小人之要，但亦符合决狱之象。决狱亦需要公正无私，决狱亦能起到震慑戒惕的作用，决狱亦要遵循西周时期的明德慎罚。

四、《丰》卦

图 14 《丰》卦图

---

① 黄寿祺、张善文：《周易译注》，上海古籍出版社 2016 年版，第 442 页。
② （清）李光地：《康熙御纂周易折中》，刘大钧整理，巴蜀书社 2013 年版，第 209—210 页。
③ 黄寿祺、张善文：《周易译注》，上海古籍出版社 2016 年版，第 451 页。

丰：亨，王假之，勿忧，宜日中。

象曰：丰，大也。明以动，故丰。王假之，尚大也。勿忧宜日中，宜照天下也。日中则昃，月盈则食，天地盈虚，与时消息，而况人于人乎？况于鬼神乎？

象曰：雷电皆至，丰；君子以折狱致刑。

初九：遇其配主，虽旬无咎，往有尚。

象曰：虽旬无咎，过旬灾也。

六二：丰其蔀，日中见斗，往得疑疾，有孚发若，吉。

象曰：有孚发若，信以发志也。

九三：丰其沛，日中见昧，折其右肱，无咎。

象曰：丰其沛，不可大事也。折其右肱，终不可用也。

九四：丰其蔀，日中见斗，遇其夷主，吉。

象曰：丰其蔀，位不当也。日中见斗，幽不明也。遇其夷主，吉；行也。

六五：来章，有庆誉，吉。

象曰：六五之吉，有庆也。

上六：丰其屋，蔀其家，窥其户，阒其无人，三岁不见，凶。

象曰：丰其屋，天际翔也。窥其户，阒其无人，自藏也。

《丰·象》曰："雷电皆至，丰；君子以折狱致刑。"《丰》卦震上离下（见图14），象征威在上，明在下，是用法之时，须是明见下情、曲折方得，不然威动于上必生过错。《周易正义》曰："君子法象天威而用刑罚，亦当文明以动，折狱断决也。断决狱讼，须得虚实之情；致用刑罚，必得轻重之中。若动而不明，则淫滥斯及，则君子象于此卦而折狱致刑。"[1]

《丰·六二》："丰其蔀，日中见斗，往得疑疾；有孚发若，吉。"蔀，覆盖于棚架上以遮蔽阳光的草席。王弼注："蔀，覆暖鄣光明之物也。"陆德明释文："郑、薛作'菩'，云小席。"王弼《周易略例·卦略》："小暗谓之沛，大暗谓之蔀。"日中见斗，日中当天却出现昏夜斗星，往前必有被猜疑

---

[1] （魏）王弼、（晋）韩康伯注，（唐）孔颖达疏：《周易正义》，中国致公出版社2009年版，第219页。

的疾患。王弼注："处明动之时，不能自丰以光大之德，既处乎内，又以阴居阴，所丰在蔀，幽而无睹者也，故曰'丰其蔀，日中见斗'。不能自发，故往得疑疾。"朱熹《周易本义》："六二居丰之时，为离之主，至明者也。而上应六五之柔暗，故为丰蔀'见斗'之象。蔀，障蔽也。大其障蔽，故日中而昏也。往而从之，则昏暗之主，必反见疑，唯在积其诚意以感发之则吉。戒占者亦如是也。虚中'有孚'之象。"①

孚，学者多释为诚信，有孚发若译为：若能发其诚信，必可摆脱昏暗疑疾。笔者以为，此种解读牵强且唯心，试想，只要足够诚信，就能摆脱黑暗，打消疑虑？只要足够诚信，就能感动上苍，一切吉祥？很显然，夸大了人的主观能动性，因此，在《易经》中，一律僵化地将"孚"释为诚信，语义不通。在此决狱之卦象中，可将令人信服之义进一步引申为证据似乎更为妥帖。若，语气词。有孚发若，意为若有足够的证据可以摆脱黑暗，打消疑虑，拨云见日，澄清事实真相。王弼注："然履中当位，处暗不邪，有孚者也。若，辞也。有孚可以发其志，不困于暗，故获吉也。"只有有证据才能发挥、表达其意志，才能不困于暗，让真相大白。

五、《小畜》卦

图 15 《小畜》卦图

小畜：亨。密云不雨，自我西郊。

彖曰：小畜；柔得位，而上下应之，曰小畜。健而巽，刚中而志行，乃亨。密云不雨，尚往也。自我西郊，施未行也。

象曰：风行天上，小畜；君子以懿文德。

---

① （宋）朱熹：《周易本义》，廖名春点校，中华书局 2009 年版，第 195 页。

初九：复自道，何其咎，吉。

象曰：复自道，其义吉也。

九二：牵复，吉。

象曰：牵复在中，亦不自失也。

九三：舆说辐，夫妻反目。

象曰：夫妻反目，不能正室也。

六四：有孚，血去惕出，无咎。

象曰：有孚惕出，上合志也。

九五：有孚挛如，富以其邻。

象曰：有孚挛如，不独富也。

上九：既雨既处，尚德载，妇贞厉。月几望，君子征凶。

象曰：既雨既处，德积载也。君子征凶，有所疑也。

《小畜·六四》："有孚，血去惕出，无咎。"《小畜·九五》："有孚挛如，富以其邻。"

通说释《小畜·六四》为：有诚信，免去血伤，走出戒惧，没有咎害。释《小畜·九五》为：有诚信牵系着，要与邻居一同富裕。如若没有易学基础，读完这样的释文，恐怕一头雾水。只要有诚信，就能避免血伤、走出戒惧？因为诚信，所以邻里就要共同富裕？恐怕诚信与二者的因果关系很难建立。

《小畜》卦上卦为巽（见图15）。巽为风，下卦为乾，乾为天，上互卦为离，《离》卦多有刑狱之象。《系辞下传》："若夫杂物撰德，辨是与非，则非其中爻不备。"以六四为中爻，三四五爻组成离卦。《系辞下传》："三与五同功。"即三四五爻共同组成一个经卦起用。六四作为中爻用来辨是与非，构成的互卦离卦又多刑狱之象，故而六四爻辞可视为刑狱中辨别是非的描述。辨别是非的关键是证据，因而，将"孚"引申为"证据"进行释读，似乎更符合因果逻辑。

"血去惕出"，血通恤，忧虑。《小畜·六四》中的"血"即为忧虑之义。陆德明释文："血，马融云：当作恤，忧也。"《大戴礼记·少閒》："血者犹血，酒者犹酒。"虞辩注："血，忧色也；酒以论乐。犹忧其可忧而乐其所乐。"① 离卦的反象为坎卦，《杂卦传》："坎为水……其于人也为加忧。为心病……为血卦。"坎为加忧，可引申为恤、惕。离卦的反象，便是坎卦的反义，坎为恤、惕，反义便为"血去惕出"。《尔雅》："恤，忧也。"联系爻辞和卦象，可将六四释为：如果有证据证明（你的主张），便不必忧虑，没有咎害。

"有孚挛如"，挛，攣的简化字，牵系、连接，《说文》："攣，系也。"《释文》："马云'连也'。"《汉语源流字典》释为"连缀"。② 如，语气助词。有孚挛如，有证据连接在一起，形成证据链条，意即孤证不可定案。《汉语大字典》中，"富"有"完备"之义。《说文·宀》："富，备也。"《系辞上传》："富有之谓大业。"韩康伯注："广大悉备，故曰富有。"《庄子·天地》："有万不同之谓富。"《礼记·曲礼下》："大飨不问卜，不饶富。"郑玄注："富之言备也。备而已，勿多于礼也。"③ 《字源》则直接认为"富"的本义就是完备，富裕等义是其引申义。邻，鄰的简化字，《小尔雅·释诂》："鄰，近也。"《左传襄公二十九年》："邻于善，民之望也。"孔颖达疏："邻，近也。近于善，民亦望君为善也。"司马光《奏为乞不将米折青苗钱状》："穷困憔悴，邻于死亡。"④ 在此，可释为与"孚"相似的证据，或者与案件事实接近的证据。总之，"邻"一定是与"孚"接近的同类。由此，"富以其邻"，并不是与邻居共同致富，而是指要完备近于案件事实的证据。近于案件事实的证据，在证据法语境下则为具有相关性的证据。所以，再进一步引申意译的话，《小畜·九五》意为：要将所有证据联系在一起（形成证据链条），要完备（即囊括）所有近于案件事实（具有相关性）的证据。

综上，《小畜》卦因为上互卦为离，故多有刑狱之象，且中爻多具有辨是非的功能，故而六四爻适宜置于决狱、辨别是非之象中。因而"有孚，血

---

① 汉语大字典编辑委员会编：《汉语大字典》（第五卷），四川辞书出版社1986年版，第3252页。
② 谷衍奎：《汉字源流字典》，语文出版社2008年版，第1104页。
③ 汉语大字典编辑委员会编：《汉语大字典》（第二卷），四川辞书出版社1986年版，第1010页。
④ 汉语大字典编辑委员会编：《汉语大字典》（第七卷），四川辞书出版社1986年版，第4049页。

去惕出，无咎"中的孚显然是辨别是非的关键，即证据。此爻意为有了证据，便可不必担忧，无所咎害。九五爻与六四相关联，进一步上升至不仅要有证据，还要证据之间彼此关联，形成证据链条，完备一切具有相关性的证据。

六、《坎》卦

图16　《坎》卦图

坎：习坎，有孚，维心亨，行有尚。

象曰：习坎，重险也。水流而不盈，行险而不失其信。维心亨，乃以刚中也。行有尚，往有功也。天险不可升也，地险山川丘陵也，王公设险以守其国，坎之时用大矣哉！

象曰：水洊至，习坎；君子以常德行，习教事。

初六：习坎，入于坎窞，凶。

象曰：习坎入坎，失道凶也。

九二：坎有险，求小得。

象曰：求小得，未出中也。

六三：来之坎坎，险且枕，入于坎窞，勿用。

象曰：来之坎坎，终无功也。

六四：樽酒簋贰，用缶，纳约自牖，终无咎。

象曰：樽酒簋贰，刚柔际也。

九五：坎不盈，只既平，无咎。

象曰：坎不盈，中未大也。

上六：系用徽纆，寘于丛棘，三岁不得，凶。

象曰：上六失道，凶三岁也。

"坎",传本《归藏》作荦,秦简《归藏》作劳。李学勤以为"荦"是"劳"的假借,盖《说卦传》以坎为劳卦也。熹平石经《周易》作欿,坎之古字。《释文》:"坎,本亦作埳,京、刘作欿。"帛书《易》作赣,坎之通假字。《序卦传》曰:"物不可以终过,故受之以坎。坎者,陷也。"

《坎》卦下坎上坎,故曰习坎(见图16)。《说文解字》曰:"习,数飞也。"数有重复义,飞有实践义。孔颖达曰:"诸卦之名,皆于卦上不加其字。此坎卦之名特加'习'者,以坎为险难,故特加'习'名。'习'有二义:一者习重也,谓上下俱坎,是重叠有险,险之重叠,乃成险之用也。二者人之行险,先须使习其事,乃可得通,故云'习'也。"①

习坎二爻、三爻、四爻、五爻,构成大互卦为《离》卦,《离》卦多有刑罚决狱之象。《习坎》卦上下卦皆为《坎》卦,《坎》卦多有盗贼之象,多会涉及刑罚决狱。根据前述,涉及刑罚决狱之象的,"孚"释为"证据"更为妥帖适宜。

维,形声字。从糸,隹声。西周金文"维" 字或从糸、叚声,声符繁化。春秋金文、战国文字 均从糸、隹声,为《说文》篆文所本。"维"乃"維"之简化字。《说文》:"維,车盖维也。"本义是系物的大绳。《仪礼·大射仪》:"中离维纲。"(超过射布射中系绳)引申为维系、维持。虢季子白盘:"经维四方。"(治理维系四方)《诗·小雅·节南山》:"四方是维。"典籍"维"常用作副词、介词、连词或语气词。助词,用于句首,表发端。《韵会》案:六经惟、维、唯三字皆通作语辞,又训独,《尚书》助辞皆用惟字,《诗》助辞多用维字,《左传》助辞用唯字,《论语》助辞用惟字。新安朱氏曰:惟从心,思也。维糸,系也。唯从口,专辞也,应辞也。然皆语辞,古书皆通用之。王引之《经传释词》卷三:"惟,独也。常语也。或作唯、维。""惟,发语词也……字或作唯,或作维。"② 可见,无论是作发语词还是作解"独",三字都经常通用。朱骏声《说文通训定声·履部》:"维,叚借为惟。"《汉语大字典》和《古汉语字典》均认为,当"维"通"惟"时,

① (魏)王弼、(晋)韩康伯注,(唐)孔颖达疏:《周易正义》,中国致公出版社 2009 年版,第131 页。

② 汉语大字典编辑委员会编:《汉语大字典》(第二卷),四川辞书出版社 1986 年版,第 931 页。

其意为"思考"。《诗·周颂·维天之命·序》："维天之命，大平告文王也。"《史记·秦楚之际月表》："维万世之安。"关于维、惟、唯三个字的区别是："维"的本义是"绳子"；"惟"的本义是"思"；"唯"的本义是"答应"，各不相同。在思的意义上，"维"与"惟"通用；在"只"的意义上，"惟"与"唯"通用；在语气词上，三个字都通用。① 笔者采最后一种观点，即维与惟通用，意为思考。维心指用心思考。

亨，含，据《汉字源流字典》，与享、烹同源，在甲骨文中皆像高大台基上建有殿堂形，象征祭祖的宗庙。金文稍讹，中加一点，或指明在这里祭献神祖之意。后演变为三种含义。一为烧制食物祭献神祖，引申为奉献、享用。如"公用享于天子，小人弗克"。此类含义后用"享"表示。二为神祖来享用祭品，说明人、神相通，神祖保佑；或者古人认为享用祭品后能保佑进献者，故引申为通达、顺利。此类含义后用"亨"表示。三为烧制食物，引申为烹煮。此类含义后用"烹"来表示。② 在此句中，该字宜作通达之义解。

尚，形声字。《说文》："尚，曾也，庶几也。从八，向声。""曾""庶几"均为后来义，初义不知。字形不见于殷商甲骨文，而见于先周周原甲骨。金文中多假"尚"为"常"。陈侯因资敦"永为典尚"，读为《系辞下传》中"既有典常"之"常"，"典常"指国之典章制度。亦可单言"尚"。秦驷玉版"世万子孙，以此为尚"，"尚"读为"常"，常规、典常之义。借为"常"时音读 cháng。③《国语·越语下》："无忘国常。"韦昭注："常，旧法。"《文选·张衡〈东京赋〉》："布教颁常。"李善注引薛综曰："常，旧典也。"《新唐书·郝处俊传》："向若拘常，则遂成祸矣。"《习坎》卦有决狱之象，故卦辞中的"尚"，解为通"常"，常规旧法之义。

"有孚。维心亨，行有尚。"在描述牢狱之象，意为遇到刑事案件就像渡过重重险难一样，如果有证据（证明案件事实），还需要用心思考，案件事

---

① 汉语大字典编辑委员会编：《汉语大字典》（第二卷），四川辞书出版社 1986 年版，第 932 页。
② 谷衍奎：《汉字源流字典》，语文出版社 2008 年版，第 480 页。
③ 李学勤：《字源》，天津古籍出版社 2013 年版，第 65 页。

实前后是否逻辑通达，行为是否遵循常规旧法。按此卦辞之解，其爻辞亦能一脉相承，形成完整的判断法则。

以初六和上六为例。初六："习坎，入于坎窞，凶。"《坎·象》曰："习坎入坎，失道凶也。"窞，《说文》："坎中小坎也。"虞翻曰："坎中小穴称窞。"初六，本应为阳爻，却为阴爻，阴居阳位，不当位，故曰"失道"。《周易正义》曰："既处坎底，上无应援，是习为险难之事。无人应援，故入于坎窞而至凶也。以其失道，不能自济，故《象》云'失道凶也'。"① 初六为阴爻，六四亦为阴爻，初六与六四同为阴爻，故不有应。因此王弼、孔颖达认为初六"上无应援"，不能自济，故失道凶。此爻辞比喻一个人做事违反了法则，行不当位，而致凶险。换句话说，判断一个人的行为是否违法，就看其行为是否当位，是否失道。此道非道德之道，而是道德的底线（坎中之坎），即法律的要求。

《坎·上六》："系用徽纆，寘于丛棘，三岁不得，凶。"《坎·上六·象》曰："上六失道，凶三岁也。"徽纆，绳索名。陆明德《释文》："三股曰徽，两股曰纆。"上六变卦为巽，《说卦传》巽为绳。寘，通置，囚禁之义。丛棘，指牢狱（圜土）。据《竹书纪年》载，"圜土"建于夏后芬三十六年，周代袭用虞制。所以，虞舜至周代的监狱称之为"圜土"。《周礼·秋官·大司寇》载："以圜土聚教罢民；凡害人者，寘之圜土而施，职事焉，以明刑耻之。其能改者，反于中国，不齿三年；其不能改而出圜土者，杀。"罪犯（罢民）在"圜土"内接受教育改造，能够改过自新者，根据罪行轻重服刑一至三年。不能改过者，将永远在"圜土"中服刑，如若逃亡，则被处死。《周礼·秋官·司圜》曰："凡圜土之刑人也，不亏体；其罚人也，不亏财。"可见"圜土"中的"罢民"人身和财物不受损失。这也是为何爻辞曰"三岁不得"，即西周刑罚以三年为界限。上六，本应为阳爻，但实为阴爻，又是阴居阳位，不当位，故凶。喻指三年内没有好好服刑改造，改邪归于正

---

① （魏）王弼、（晋）韩康伯注，（唐）孔颖达疏：《周易正义》，中国致公出版社 2009 年版，第 133 页。

位，故三岁不得，将终身服刑，故为重险，凶。可见，爻辞讲的都是违反了法则所面临的后果，这与卦辞强调的"行有尚"，一正一反，正好呼应。对普通百姓而言，意在提醒其行为要符合常规旧法，否则将会有牢狱之灾。

七、《井》卦

图 17 《井》卦图

井：改邑不改井，无丧无得，往来井井。汔至，亦未繘井，羸其瓶，凶。

彖曰：巽乎水而上水，井；井养而不穷也。改邑不改井，乃以刚中也。汔至亦未繘井，未有功也。羸其瓶，是以凶也。

象曰：木上有水，井；君子以劳民劝相。

初六：井泥不食，旧井无禽。

象曰：井泥不食，下也。旧井无禽，时舍也。

九二：井谷射鲋，瓮敝漏。

象曰：井谷射鲋，无与也。

九三：井渫不食，为我心恻，可用汲，王明，并受其福。

象曰：井渫不食，行恻也。求王明，受福也。

六四：井甃，无咎。

象曰：井甃无咎，修井也。

九五：井冽，寒泉食。

象曰：寒泉之食，中正也。

上六：井收勿幕，有孚，元吉。

象曰：元吉在上，大成也。

从卦名上看，"井"，井（集成 2706），井（集成 10322），象形字。《说文》："象构韩（井栏）形。"用四木交搭像井口围栏。"井"字早已行于商代，入西周后，或在中空处添加圆点为饰，《说文》以为"瓮（汲瓶）之象也"。西周中晚期，不加饰点的字形和加饰点的字形曾出现过分化写词的趋势，但最终没能成功。仅有一点之差的繁简二体却并行至东汉。楷书从简，取中间无点的形式为规范。《字源》认为，《易·井》"改邑不改井"之"井"字词意缩小，就仅指井栏。井栏不能随意越过，因此引申为法度、法则、惩罚，这些意义在周金文多有用例，而在典籍则写作"刑"或"型"。① 《广雅·释诂一》："井，法也。"《越绝书·记地传》云："井者，法也。"井训为法，故做事有法谓之井井，《荀子·儒效篇》："井井兮其有理。"《初学记》卷七引汉应劭《风俗通》："井者，法也，节也，言法制居人，令节其饮食，无穷竭也。"②

刑，古文从井，𠛬，《说文·井部》曰："刑，罚辠（罪）也。从丼从刀。《易》曰：'丼者，法也。'"段玉裁注："此引《易》说从井之意，井者，法也，盖出《易》说，司马彪《五行志》引《易》说同。"上古井田制为根本大法。《说文》引《易》曰"井者，法也"，或亦出于古佚《易传》。刑字"井"旁当是指类似木质井盘的桎梏刑具，黄帝时已有桎梏，《山海经·大荒南经》："有木生山上，名曰枫木。枫木，蚩尤所弃其桎梏，是谓枫木。"郭璞注："蚩尤为黄帝所得，械而杀之，已摘弃其械，化而为树也。"由"刑"字从"井"字，可以反证《井》卦含有法律之意象。

《庄子·天运》："九洛之事，治成德备。"陆德明《释文》曰："其即谓禹所受之《洛书》九类乎！"王先谦《集解》引杨慎云："九洛，《九畴洛书》。"《汉书·五行志上》："刘歆以为虙羲氏继天而王，受《河图》，则而画之，八卦是也。禹治洪水，赐《洛书》，法而陈之，《洪范》是也。"《尚书》曰："禹乃嗣兴，天乃锡禹洪范九畴，彝伦攸叙。"《尚书·洪范》孔传："天与禹，洛出书，神龟负文而出，列于背，有数至于九。禹遂因而第之，以成九类。"③ 洪范即根本大法，"畴"本义为耕地（耕、畊，从井，"田"古文为井字格，此皆是井田制在古文字上的遗存），九畴原义为九宫格井田

① 李学勤：《字源》，天津古籍出版社2013年版，第450页。
② 汉语大字典编辑委员会编：《汉语大字典》（第一卷），四川辞书出版社1986年版，第336页。
③ 李守力：《周易诠释》（卷二），兰州大学出版社2016年版，第588页。

制，后来把九畴引申为国家的综合社会制度。九畴为治理国家的综合制度，且九畴源于井田制，井田制源于"井"的象形，故而亦可反正"井"含有法律治理之意。

由上可见，"井"在古代代表秩序，含有法律制度的意思。因此，整个《井》卦可以类象于法律现象。那么，为何"井"会含有秩序、法律之意？杜佑《通典食货典·乡党》云：

> 昔黄帝始经土设井，以塞诤端，立步制亩，以防不足，使八家为井，井开四道，而分八宅，凿井于中。一则不泄地气，二则无费一家，三则同风俗，四则齐巧拙，五则通财货，六则存亡更守，七则出入相司，八则嫁娶相媒，九则无有相贷，十则疾病相救。是以情性可得而亲，生产可得而均；均则欺凌之路塞，亲则斗讼之心弭。既牧之于邑，故井一为邻，邻三为朋，朋三为里，里五为邑，邑十为都，都十为师，师十为州。夫始分之于井则地著，计之于州则数详。迄乎夏殷，不易其制。[①]

井田制的这十则功用体现了黄帝造井、创立井田制的目的，即通过井开四道分八宅来堵塞争端、斗讼、欺凌之路；通过以"井"为基础单位来实现统一治理，邻里互助。"迄乎夏殷，不易其制"即卦辞"改邑不改井"，《周礼·地官·小司徒》云"乃经土地而井牧其田野九夫为井，四井为邑"，村邑的规划是以井为定则，故曰"改邑不改井"。

井田制将农业规划、城镇规划和社会治理完美地统一在一起，缔造了孔子所说的三代时期小康社会的主体制度，深深地影响了中国城镇、建筑的名物制度。城镇名称有：市井、井邑、井国、井曹、浩特（蒙语：井）；聚落名称有：乡井、桑井、井庐、井墟，井闾、井里；街道名称有：井巷、井里、胡同（源自元代蒙语：井）；宅院名称有：井屋、井庐、井庭、井院、天井；装修名称有：井阑、井床、井眉、绮井、藻井、龙井；等等。"井井有条"一词，源自井田制规划的条理；"背井离乡"一词，源自井田制规划村邑以井为中心，井便有了家的概念。

---

① 李守力：《周易诠释》（卷二），兰州大学出版社 2016 年版，第 587 页。

井田制完全符合洛书九宫八卦格式，这不是偶然的，伏羲画八卦奠定了华夏文化的根基，五千五百年前的凌家滩含山玉版已有九宫八卦格式，这比黄帝早了七百年，黄帝创立井田制是继承了华夏文化的道统。井田制推行两千多年，"茫茫禹迹，画为九州"的疆域划分，明堂九宫制度，四合院中间空地称为"天井"正是井田制文化之遗存，《内经》有九宫八风、九针之法，数以九为至尊，刘徽《九章算术注》说："周公制礼而有九数。九数之流，九章是也。"《周易》的阳爻称为九，术数学中的奇门、太乙以及堪舆玄空之学皆是以洛书九宫为象数模式。

《井》卦上卦为坎（见图 17），前文已述及含坎卦者多呈盗罚之象；"灋"（𤼽）字的水部件便是《坎》卦，可见坎与法的紧密关联。《井》卦上互卦为离，含离卦者多呈狱之象，亦与法律之象紧密相关。《井》卦下互卦为兑，兑为说，置于法律之象中，便为庭审之象。因此，整个《井》卦可以视为借井之象类喻庭审之象。

通观《井》卦，井水的清澈和可食用意味着案件事实真相大白。井栏意味着法和秩序。初六"井泥不食，旧井无禽"是说井底有淤泥，不能食用；旧井年久失修，连鸟兽都不来。意蕴案件事实模糊不清，扑朔迷离。

《井·九二》："井谷射鲋，瓮敝漏。"是说井谷之水枉作射小鱼使用，汲水陶罐破漏。井水本来是用来让人食用的，现在却枉作他用，原因是"汲水陶罐破漏"，无法实现汲水的目的。意蕴案件事实与真相偏离，用来证明还原案件事实的证据支离破碎。

《井·九三》："井渫不食，为我心恻。可用汲，王明，并受其福。""渫"，治井而清洁也。王明指五爻。"可用汲，王明"，可求用汲王明也。来知德解为："井渫不食，人为我悲恻之象，可用汲者，其唯求阳明之君，以汲引之，则能成井养之功，而并受其福矣。"[1] 水井淘洗干净了却没有人食用，这使我感到悲伤；只得仰仗于九五之王来证明井水可以被汲用，并使大家都受到福泽。那么，为何井水终于淘洗干净了，却无人食用呢？愚以为在

---

[1]　徐芹庭：《来氏易经象数集注》，中国书店出版社 2010 年版，第 248 页。

于爻位。一卦六爻是有贵贱之分的，故曰"易六位而成章"。初爻是元士居下位，有德而无位。二爻是大夫，有位守中的人，故曰多誉。三爻为三公，远臣之亢位者，谓内卦之小成卦，功夫已成，但不可自满高大，必须效法谦卦之义。因为居内卦与外卦之交界，全无经验，故三爻曰多凶，以此作为警惕。四爻是诸侯，居高位，为大臣，近乎君王，一方面要承上，一方面要启下，任重道远，负起辅助君王之任。五爻：天子高居君位，尊无二上，德位兼备，时位中正。上爻是宗庙，为亢高之位。此爻为九三爻位，三与五同功而异位，同有治理之功，却有君臣之别，五贵而三贱。故而，虽然三爻已淘洗干净井水可以食用，但是由于不在中正至尊之位，无法让人信服。借此喻指审判中案件事实的证明只有位于中正之位的法官所证明的事实才具有证明力和权威性。"王明，并受其福"正是进一步明确只有至尊之位的君王证明的案件事实才被信服。甚至，我们是不是可以进一步这样推演：讼事的解决不仅要实体公正（可用汲），而且还要程序公正（王明并受其福）。

《井·六四》："井甃，无咎。"《井·六四·象》曰："井甃无咎，修井也。"本义为井壁砌筑陶瓦，没有咎害。《小象传》曰："水井正在修治、必无咎害。"说明六四但可修井，不可急切施养于人。正如《正义》所言："但可修井之坏，未可上给养人也。"① 六四爻旨，主于修正补过。黄道周申其义曰："先王之法，一敝不修，必以所养人者害人。"② 此爻喻指案件事实经过九三的论证，六四需进一步修正，反复斟酌。也说明了，若想服众，案件审理必须经过多次审理、反复论证。如果不予修正就呈报，将无法服众。

《井·九五》："井洌，寒泉食。"本义为井水清澈，洁净的寒泉可供食用。此时爻位在九五，阳刚中正，居《井》尊位，亲比上六。井水清澈喻指案件事实得到最终的确认，可以食用，意味着真相大白于天下。

《井·上六》："井收勿幕，有孚，元吉。"本义为水井竣工，不用覆盖井口；有孚，多数人译为"有诚信"。但显然很牵强。即便是万物类象地去理

---

① （魏）王弼、（晋）韩康伯注，（唐）孔颖达疏，（唐）陆德明音义：《周易注疏》，中央编译出版社 2013 年版，第 264 页。

② （明）黄道周：《易象正》，中华书局 2011 年版，第 358 页。

解"有孚",也很难在此情景下变通适用。如若类象到案件事实的审理,则可延伸为案件事实已确认,此时不要遮盖、遮掩事实,而应公开审判结果。因为,有证据,就有理,就更能令人信服,这样依据证据所确认的事实真相,是非常吉祥的。

后汉李尤《井铭》曰:"井之所尚,寒泉冽清;法律取象,不概自平。多取不损,少汲不盈;执宪若斯,何有邪倾?"[1] 此铭把"寒泉"视为清廉公允的象征,称颂井水"不损""不盈"的品质,寄托了作者对政治清明的殷殷期望之情。这些均可看出《井》卦与法律治理的紧密关联,而本义为诚信的"孚"在此译作"证据"或者"令人信服"则更为妥帖。

八、《中孚》卦

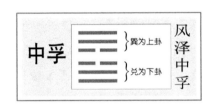

图18 《中孚》卦图

中孚:豚鱼吉,利涉大川,利贞。

彖曰:中孚,柔在内而刚得中。说而巽,孚乃化邦也。豚鱼吉,信及豚鱼也。利涉大川,乘木舟虚也。中孚以利贞,乃应乎天也。

象曰:泽上有风,中孚;君子以议狱缓死。

初九:虞吉,有它不燕。

象曰:初九虞吉,志未变也。

九二:鸣鹤在阴,其子和之,我有好爵,吾与尔靡之。

象曰:其子和之,中心愿也。

六三:得敌,或鼓或罢,或泣或歌。

象曰:或鼓或罢,位不当也。

---

① 黄寿祺、张善文:《周易译注》,上海古籍出版社2016年版,第504页。

六四：月几望，马匹亡，无咎。

象曰：马匹亡，绝类上也。

九五：有孚挛如，无咎。

象曰：有孚挛如，位正当也。

上九：翰音登于天，贞凶。

象曰：翰音登于天，何可长也。

《中孚》："中孚：豚鱼吉，利涉大川，利贞。"《中孚·象》曰："泽上有风，中孚；君子以议狱缓死。"

学界释读此卦时，一般解为能感动小猪和鱼（代指微贱之物），则获吉祥；适宜渡过大河（克服重大险阻），适宜守持正固。泽上有风，是《中孚》卦的卦象；君子由此领悟以诚信之德审议讼狱、宽缓死刑。可见，在《中孚》卦中还是将"孚"释为"诚信"之意。但是秉持诚信就可以议狱？避免社会矛盾和纠纷可以仰仗诚信，但是矛盾和纠纷的解决也仰仗诚信恐怕远远不够。因此，有理由怀疑"中孚"在此也许别有深意。

从卦象上看（见图18），《中孚》卦上巽下兑，巽为风，兑为泽，故曰"泽上有风"。《巽·象》曰："重巽以申命。"风者，天之号令。柔顺善入，有命令之象。故而上巽为先王施命。《说卦传》"兑为泽……为毁折，为附决"，意为兑为毁灭摧折象，为附从于决断之象，且兑为说。故下兑有议狱之象。将初九、九二合并，六三、六四合并，九五、上九合并，为离卦，故中孚卦为大离卦，《归藏》易中以"大明"为其卦名，离卦多与刑狱有关。因而，中孚曰"君子议狱"。

但是，为何中孚之象就意味着要"缓死"呢？恐怕要从《中孚》卦辞入手。卦辞中的"豚鱼"，古代先儒多将其分而解之，豚为小猪。如王弼注："鱼者，虫之隐微者也；豚者，兽之微贱者也。争竞之道不兴，中信之德淳着，则虽隐微之物，信皆及之。"荀爽曰："豚鱼，谓四、三也。艮为山陆，豚所处。三为兑泽，鱼所在。豚者卑贱，鱼者幽隐，中信之道，皆及之矣。"①但豚鱼亦可解为河豚。如毛奇龄《绍兴府知府汤公传》："初，绍恩筑堤，堤

---

① （唐）李鼎祚：《周易集解》（卷十二），王丰先点校，中华书局2016年版，第368—369页。

溃，有豚鱼千头，乘潮而上。"卜辞："己丑卜，河寮。夕东豚。"金春峰曾考证过，商周时期已有河豚之名。

豚鱼以似豚得名，其被捕捞时，身体会自动充气，并把刺竖起来。这种外刚内柔之象恰合《中孚》卦象（如图19）。同时，河豚腹下白，背上青；《中孚》卦，上为巽木，主色青，下为兑金，主色白。从颜色上来看，河豚也正好与《中孚》卦象匹配。孚本义为孵卵，鼓肚子的河豚形似孵卵。可见，无论是《中孚》卦的卦象，还是《中孚》卦的卦义，河豚都恰好符合。

图19　河豚图

那么，圣人以河豚来比拟《中孚》卦辞是要说明什么道理呢？这需要我们去考察河豚的生存习性。河豚一般会在每年清明节前后从大海游至长江中下游。倘若即将有大风天气，海面气压会降低，这迫使江豚加快呼吸频率，并朝着起风的方向露出水面很高，以获得更多的氧气。这种行为被渔民们称之为"拜风"。辽统和五年（公元987年）燕京崇仁寺沙门希麟撰《续一切经音义·卷第八》说："江豚，即江海水中大鱼也，其形类豬（猪）故以为名。风波欲起，此鱼先出水上出没，须臾有风浪起也。"晚唐诗人许浑也对此豚鱼拜风之象作出"江豚吹浪夜还风"的诗句。《中孚》卦上巽为风，万物类象，巽又同时为鱼，此处可喻象豚鱼，下兑为泽，此处可喻象江，豚鱼浮于江面"拜风"与《中孚》卦象相吻合。

马国翰曰："吴澄《易纂言》：'仆幼时未远出，闻人说河豚鱼、江豚鱼，已疑豚鱼只当作一字解。后见云间、田畴《易解》作江豚，梨然有当于心。长而泛大江，亲见所谓江豚鱼者。又闻舟人呼之为风信。于是确然从田畴之说。徐氏《易通》、何氏《订诂》并用其说。如此取象，尤与风泽之象协'。翰案：河豚、江豚之外，又有海狶鱼，亦象豚。郭景纯《江赋》：'江豚海狶。'李善注：'《南越志》曰：江豚似猪。《临海水土记》曰：海狶鱼，豕头，长九尺。《山海经注》曰：今海中有海狶，体如鱼，头似猪。'兼此三种鱼说，义乃赅备。"李道平《周易集解纂疏》曰："《尔雅翼》：鮠（gui），今之河豚，冬至日辄至，应中孚十一月卦，信及豚鱼，河豚也。又《山海经》'鮨鮨之鱼'，即河豚鱼也。或曰：豚鱼生泽中，而性好风，向东则东风，向西则西风，舟人以之候风焉。当其什百为群，一浮一没，谓之拜风。拜风之时，见其背而不见其鼻，鼻出于水，则风至立矣。"①

来知德《周易集注》："如豚鱼生于泽，知风，故象之。鹤知秋，鸡知旦，三物皆信，故卦爻皆象之。"② 总之，河豚的洄游、江豚的信风都是守信，故卦辞曰"中孚豚鱼"，《象传》所谓"信及豚鱼"，即守信达到豚鱼的水准。

"孚"字先儒多释为"诚信"，"豚鱼知风"也多解为守信，所以卦辞中以豚鱼之象来比拟中孚。意在强调治国理政应怀有豚鱼的诚信之德。因此，在议狱时，如果对判死罪持有怀疑态度，本着诚信之德就应该判缓死。所以称"中孚，君子以议狱缓死"，就是说基于诚信，定罪量刑要慎重，要令人信服，反之就要缓死。无论是司法官还是普通大众，之所以持有怀疑，必然是没有足够的证据证实罪行。在议狱时，强调中孚，就是强调要诚信，要令人信服，换句话而言，就是要使自己相信，要使他人相信，否则就要罪疑从轻，即"缓死"；而使自己相信、使他人相信靠的就是证据，而且是足够的证据。因此，这里的"孚"也隐含了证据思想。此为一种解释。

还有一种解释属于笔者在研究过程中的发现，目前基于史料有限，能力有限，尚无法充分论证，但仍想分享出来进行一番学术讨论。

查阅"中"的字源，中为象形字。"中"字甲骨文作 或 （古文字正反没区别），旗旒之象形。西周文字金文承袭甲骨文作 ，变化不大。战国文字

---

① 李守力：《周易诠释》（卷二），兰州大学出版社 2016 年版，第 772 页。
② 来知德：《周易集注》，民主与建设出版社 2015 年版，第 328 页。

则将象征旗旒之形的部分省减为**中**，汉代文字作"中"沿袭至今。本像旗旒之形。甲骨文常见"立中，亡风"，意指竖立"中"这种带旒之旗，来测定风向。"中"字古又有内、里之义。《说文》："中，内也。"《周礼·考工记·匠人》："国中九经九纬。"郑玄注："国中，城内也。"又可指方位的中央。贾谊《新书·属远》："古者天子地方千里，中之而为都。"又可指半，一半。《战国策·魏策四》："中道而返。"又可指中介、媒介。《说苑·尊贤》："士不中而见，女无媒而嫁。"① 《汉字源流字典》中亦认为甲骨文的"中"像旗帜形，上下为旒，方框为立中之处。本是氏族社会的一种徽帜。金文大同。篆文省去旒。隶变后楷书写作"中"。《说文·丨部》："中，内也。从口，上下通。"析形是就篆文所作的解说，所释为引申义。本义当为氏族社会的徽帜。②

查"中"的字源与字形可知，"中"最初的本义是旗帜，无论是带旒之旗，还是氏族社会的徽帜，可以肯定的是，都与旗帜有关。那么，古代的旗帜有哪些类型呢？特别是先秦以前的旗帜，他们有什么特征？跟中孚又有何关联？

"旗帜"一词，泛指悬挂在杆上，具有特定的颜色、图案的布。"旗"字最初的意思为画着熊、虎的军旗，《周礼·春官·司常》："熊虎为旗。""帜"字意为带有标志图案的布条，《墨子》："帛长五丈，广半幅者大。"

旗帜一词最早出现在战国，《墨子·杂守》："候出置田表，斥坐郭内外，立旗帜。"意为警戒兵出城立田表，城内警戒兵令其坐在城郭内外，竖起旗帜。由此可知旗帜具有指挥传递的作用。

《左传·庄公十年》中的《曹刿论战》记载"望其旗靡"；西汉贾谊《过秦论》中有"斩木为兵，揭竿为旗"；《周礼》曰"率都建旗"；《韩非子·大体》中"故车马不疲弊于远路，旌旗不乱于大泽，万民不失命于寇戎，雄骏不创寿于旗幢"；唐朝王建的《寄贺田侍中东平功成》中"百里旗幡冲即断，两重衣甲射皆穿"；《吴子·料敌》中"然则一军之中，必有虎贲之

---

① 李学勤：《字源》，天津古籍出版社 2013 年版，第 28 页。
② 谷衍奎：《汉字源流字典》，语文出版社 2008 年版，第 80 页。

士，力能扛鼎，足轻戎马，搴旗斩将，必有能者"。这些文献的记载都表明旗帜的作用是与军事息息相关的。

唐代韩愈在《南海神庙碑》中写道："旗纛（饰以鸟羽的大旗）旄麾，飞扬晻蔼。"《博异志·白幽求》："俄而有数十人，皆龙头鳞身，执旗仗引幽求入。"《汉书·贾捐之传》："鸾旗在前，属车在后。"《史记·周本纪》记载："百夫荷罕旗以先驱。"《后汉书·公孙述传》："然少为郎，习汉家制度，出入法驾，銮旗旄骑，陈置陛戟，然后辇出房闼。"这些文献记载都表明旗帜还有仪仗装饰的作用。

《周礼·春官·司常》中记载："司常掌九旗之物名，各有属以待国事。日月为常，交龙为旂，通帛为旜，杂帛为物，熊虎为旗，鸟隼为旟，龟蛇为旐，全羽为旞，析羽为旌。"九旗在这里表示不同等级的九种旗帜。这九种旗帜分别为常、旂、旜（旃）、物、旗、旟、旐、旞、旌。按《司常职》云："及国之大阅，赞司马，颁旗物。王建大常，诸侯建旂，孤卿建旜，士大夫建物，师都建旗，州里建旟，县鄙建旐，道车载旞，斿车载旌。皆画其象焉，官府各象其事，州里各象其名，家各象其号。"这里的旗帜又有区分等级功能之作用。

《诗·大雅·江汉》："既出我车，既设我旟。匪安匪舒，淮夷来铺。"旟，古代画有鸟隼图像的军旗。

查"旒"，古通"斿"，甲骨文字形为，金文字形为。"孚"的甲骨文字形为，金文字形为。很显然，斿的甲骨文字形、金文字形与"孚"的甲骨文字形、金文字形极为相似，那么"中孚"会不会在传抄过程中被抄错呢？这需要结合卦名以及卦爻辞进一步判断。

假设《中孚》卦中的"孚"全部被替换为"斿"。"中"的本义为旗帜，斿的甲骨文从"㫃"，从子，用旗帜的"子女"会古代旌旗末端的直幅、飘带之类的下垂饰物之意。金文大同。有了这个下垂饰物可以更好地测风向和风力大小。这与《中孚·象》曰"泽上有风，中孚"正好呼应。这也解释了为何泽上有风，会被称为"中孚"。因为如果"中孚"其实是"中斿"的话，"中斿"就是指旗帜的垂饰物，就是为了测风的。或者换言之，以"中斿"来证明风的大小和风向。

那么，泽上有风和"议狱缓死"有何关联？查阅"风"的释义，其中有一项为"传说的，无根据的"，① 因为风无形、无色、无味，总是飘忽不定，人们只能感觉到风，而不能抓住风。所以根据风的这一特性引申为"传说的，无根据的"含义，如风言风语、风传、风闻，这类似于当今的传闻证据。传闻证据的证明力很弱，所以在"议狱"时，如果依据的都是捕风捉影的事，那么就要"缓死"。因此，《大象传》说："泽上有风，中孚（斿）；君子以议狱缓死。"

从卦象上看，上兑下巽。《说卦传》："巽为进退。"为何为进退呢？因为风总是摇摆不定，所以比喻进退两难的境地，代表了犹豫不坚定的立场。荀爽曰："风行无常，故'进退'。"② 《巽·初六·象》曰："进退，志疑也。"项氏安世曰："狱之将决则议之，其既决则又缓之，然后尽于人心，王听之，司寇听之，三公听之，'议狱'也。旬而职听，二旬而职听，三月而上之，'缓死'也，故狱成而孚，输而孚，在我者尽，故在人者无憾也。"③ 《说卦传》："兑为毁折，为附决。"兑卦，上爻为阴爻，像个缺口，故为毁折，往往代表着不圆满，有缺憾。尚秉和认为："兑之附决，犹巽之进退也。"④

倘若是"中孚"的话，卦辞中提及"豚鱼"则只是为了说明"泽上有风"这一现象，与"中孚"是相呼应的，《周易》中经常采用借喻这一手法来说明某一现象，揭示某一哲理。如婚嫁、祭祀、狩猎；如马、牛、羊；如头、手、脚。正所谓"近取诸身，远取诸物"。"豚鱼"便是如此。因此，将"中孚"替换成"中斿"无论是卦辞、卦象，还是《大象传》，都能逻辑自洽。但是，需要注意的是这仅仅是一种可能性，目前还没有其他足够的证据以及考古发现来充分印证这一猜想，权且讨论之，尚不能作为结论。

总之，无论是"中孚"还是"中斿"，"议狱缓死"都明确了疑罪的处理原则就是缓死，这从反面折射了认定死罪一定要令人信服，而令人信服必

① 谷衍奎：《汉字源流字典》，语文出版社2008年版，第103页。
② （唐）李鼎祚：《周易集解》，王丰先点校，中华书局2016年版，第524页。
③ （清）李光地：《康熙御纂周易折中》，刘大钧整理，巴蜀书社2013年版，第477页。
④ 尚秉和：《周易尚氏学》，张善文点校，中华书局2016年版，第334页。

然离不开证据的认定和支撑。这亦印证了西周时期重视证据的裁判思想。另外，《中孚》卦选择"风"而不是天、地等，意在说明证据飘忽不实，证明力偏低。也正因为如此，所以要"缓死"，这与西周时期的明德慎罚思想一脉相承。与此同时，是"缓死"，而不是"缓刑"，更不是"免罪"，在一定程度上说明在西周时期，传闻证据的排除仅适用于死刑案件，排除程度不是完全排除，只是降低证明力，同时也似乎是近代以来"留有余地的死刑判决"之渊源。

历代先儒对此的解读亦能说明一二。

孔易阐真有言：

中孚者，中有信也。上巽风，下兑泽，是泽上有风也。泽形上仰，风性善入，以风吹泽，泽受风吹，如有所感于中，中孚之象也。君子有见于此，知狱事关乎人之性命，稍有不谨，便伤无辜，以是于狱成之后，不遽加刑，虽罪在不赦之条，犹必缓其死而再议之，求其死中之生路耳。修道者，探赜索隐，钩深致远，以穷奥妙之理，必须真知灼见，无一毫疑惑于胸中，如议狱也；理明于心，脚踏实地，心死神活，渐次修持，不求速效，如缓死也。议之者，所以死中求生，无罪者脱之，有罪者刑之，生所当生，死所当死。倘议之不精，中无主见，自信不过，何可冒然而死之？缓之者，正于死之中，更辨其死之可否耳。盖以生之道固难，死之道亦不易，倘不缓死而速死，急欲成功，恐入寂灭顽空之学。是在议而后死，死时又议，是非邪正，了然于心，方不致有似是而非之错。卦象上巽风，渐次而进；下兑泽，和悦而行。渐则能缓，和则能议，能议能缓，信于内而行于外，下一番死功夫，消尽后天一切滓质，露出先天本来面目，何患不到长生之地哉！①

此段强调了议狱的时候一定要做到胸中毫无疑惑，了然于心，不能似是而非。因为关乎人的性命，不可贸然，而应谨慎小心，反复斟酌，先与众人商议，再定死罪，定死罪时还要再行商议。只有这样慎缓决狱，才能排除一切不利干扰，还原案件事实真相，才能经得起长久的考验。

---

① （清）刘一明：《孔易阐真·大象传》，张阳全校阅，孙明空重刊，江东数据1913年版。

《周易禅解》有言:

> 泽感而风应。风施而泽受。随感随应。随施随受。此中孚之至也。君子知民之为恶也。盖有出于不得已者焉。如得其情。则哀矜而勿喜。故于狱则议之。功疑惟重。罪疑惟轻也。于死则缓之。与其杀不辜。宁失不经也。如此,则杀一人而天下服。虽死不怨杀者矣。①

此段则进一步明确断案折狱的具体原则:第一,哀矜折狱。因为庶民犯罪基本是不得已而为之,所以法官要心怀哀怜体恤之情依据其犯罪动机而慎罚。第二,于狱则议。涉及刑事案件,要与众人商议,不能一人独断。第三,功疑惟重,罪疑惟轻。如果是审议立功的情形,不能确定立功大小,就要按照较重大的功劳来确定;如果是审议犯罪的情形,无法确定罪行大小时,则按照较轻的罪行来认定。第四,于死则缓。涉及死刑的案件则要缓慎行之。宁可错放一个,不可错杀一人。如此秉承这些原则,则杀的每一个人都能使天下人信服,死者也不会有怨言。这些原则既体现了西周时期明德慎罚的治狱思想,又似乎证实了我国曾经实行的"留有余地的死刑判决"的传统渊源。

综上,从《易经》中的《明夷》《噬嗑》《讼》《革》《夬》《丰》《小畜》《坎》《井》《中孚》等卦来看,"夷""金矢""黄金""孚"等字均含有"证据"之义。这些卦象折射出:无论是普通民众在预测诉讼吉凶、私下和解,还是周代司法审判之时,都会依据证据来认定有关事实。这恰恰契合了证据裁判原则的精神内核。

本章小结

从《易经》的相关解读可以看出,《易经》中含有司法活动的重要记载,从中我们可以进一步剥离出意蕴"证据"的语词表达。经过初步的钩沉,采

---

① (明)释智旭:《周易禅解》,九州出版社2004年版,第237页。

用训诂法、二重证据法考证，从《明夷》《噬嗑》《讼》《革》《夬》《丰》《小畜》《坎》《井》《中孚》中揭示出"夷""金矢""黄金""孚"皆内蕴"证据"之义。在关涉法律之象的卦中，将对应的字词释读为"证据"更为精准，也更符合全卦的旨意。与此同时，在确定为"证据"之义后，相关卦象便成了我们重新确立证据法诸多思想起源的重要依据。

第三章

《易经》中的证据形式

通过对《易经》相关卦爻辞的解读发现，《易经》中不仅有一些表述暗含"证据"之意，而且也呈现不同的证据形式。证据形式是指证据的外在表现。具体而言，《易经》中记载的证据形式有口供、证人证言、物证、书证、盟誓等。其中盟誓在当代诉讼中已经消失殆尽，属于特定时期特有的证据形式。

第一节　口　　供

口供，是指在诉讼过程中，被告人就与案件有关的事实情况向司法机关所作的陈述。

在《易经》中，体现口供这种证据形式的主要在革卦。《革》卦下离上兑，离为夏，兑为秋，《革》卦对应夏秋相交之际。中国古代有秋季问斩的惯例，为的是与四时相应，秋乃收割庄稼之际，万物肃杀，为顺应天时，定于秋季问斩。革，便是革命，革命便有杀戮，刑罚治狱也有杀戮，因此，高亨认为，《革·九三》爻辞记载的是关于断狱入罪的事情。① 革卦下离上兑，离为光明之象，多与刑狱、治理有关，兑为口，在刑狱里

---

① 高亨：《周易古经今注》，中华书局 1984 年版，第 303 页。

有供述之象。革之九三："革言三就，有孚。""革"，改也；"革言"为更改供词；"就"借为鞠，即审讯；"孚"，信实。爻辞的意思是给被告人定罪量刑之前要经过三次审问，并且要允许其更改供述，才能信任其所言为实。这体现了西周时期慎刑慎罚的思想。《象》曰："'革言三就'，又何之矣。"被告人经过三次审问之后，真相会逐渐明晰，就算想逃避罪罚，也无可奈何。这进一步说明法官在审判时会考量被告人的供述，并根据其多次的供述来寻找真相、作出裁判。可见，口供在当时已经成为审断案件的一种证据形式。《革·九四》曰："悔亡，有孚改命，吉。"该爻的意思是原本法官已认定其有罪，但若发现新的证据，证明原先认定有错，即可改判不罚，这才是对的。当时的法官不仅要求在断案时要谨慎小心，不可有冤错，甚至在已有冤错时也会要求法官勇于承担责任，勇于纠错，并认为这样才是吉祥的、正确的。虽然对于错案的法官要承担什么样的责任没有明确记载，但是鼓励纠错的精神充分说明了对于人权保障的珍视。此外，该卦辞还体现出法官在认定案件事实时会随着证据的变化而变化，似乎昭示着证据裁判思想的萌芽。

《周礼·秋官·司寇》的记载进一步印证了口供的存在：

"士师之职……掌官中之政令，察狱讼之辞，以诏司寇断狱弊讼，致邦令。"

"乡士掌国中，各掌其乡之民数而纠戒之，听其狱讼，察其辞，辨其狱讼，异其死刑之罪而要之。"

"遂士掌四郊，各掌其遂之民数而纠其戒命，听其狱讼，察其辞，辨其狱讼，异其死刑之罪而要之。"

"县士掌野，各掌其县之民数，纠其戒令而听其狱讼，察其辞，辨其狱讼，异其死刑之罪而要之。"

"方士掌都家，听其狱讼之辞，辨其死刑之罪而要之。"

士师、乡士、遂士、县士、方士、朝士是《周礼》中设定的官职，主管禁令、狱讼、刑罚之事，相当于当代的法官和监狱管理人员。在断狱时，无论是士师、乡士、遂士、县士的"察其辞"还是方士的"听其辞"，都在强调"辞"。"辞"在这里指口供，与当代言辞证据的"辞"不尽相同。法官通过察看、辨别嫌疑人的口供真伪，来判决是死罪还是其他罪行。陈澔曰："成狱辞者，谓治狱者责取犯者之言辞已成定也，'又'当作'宥'，《周礼》

一宥曰不识、再宥曰过失、三宥曰遗亡，谓行刑之时天子犹必以此三者免其罪也。自上而下咸无异辞而天子犹必以三宥而后有司行刑者，在君有爱下之仁，在臣有守法之义也。"① 可见，西周时期，据口供定案的思想已经开始萌芽，但是口供的作用并不如后世那么重要。遇有疑难案件，主要靠众审定案。《礼记·王制》载："疑狱，氾与众共之；众疑，赦之。"说明遇有"疑狱"便不能轻易认定。与众共审，是指审判方式；倘若有疑虑，就是说没有证据或者证据不足，因为一旦证据充分，便不会有疑；赦之，此为审判结果。这种有疑赦之的赦免原则的实质与证据裁判思想所倡导的依证据定案，没有证据不能认定案件事实的精神相一致。这似乎也揭示了证据裁判已萌芽。

1975 年出土于陕西省岐山县董家村的《五祀卫鼎》铭文中记录了一件田土争讼案件（见图20）。

图 20　《五祀卫鼎》②

---

① （明）丘濬：《大学衍义补》（卷一〇六），载《钦定四库全书》。
② 中国社会科学院考古研究所：《殷周金文集成》（修订增补本），中华书局 2007 年版，编号
02832。《五祀卫鼎》铭文：隹（唯）正月初吉庚戌。卫以邦君厉告于井白（伯）、白邑父（伯）、定白（伯）、白（伯）、𩇽白（伯）、白（伯）俗父，曰："厉曰，余执恭王恤工，于邵大室东逆，营二川，曰余舍女（汝）田五田。""正乃讯厉曰："女（汝）贾田不？"厉乃许曰："余（审）贾田五田。"井白（伯）、白（伯）邑父、定白（伯）、𩇽白（伯）、白（伯）俗父乃顜，使厉誓，乃令参有司：司土邑人赵（越）、司马颖人邦、司工附矩、内史友寿舀，帅履裁卫厉田四田。乃舍，寓于氒邑。氒逆强（疆）眔厉田、氒东强（疆）眔散田、氒南强（疆）眔散田、眔政父田、氒西强（疆）眔厉田。邦君厉眔付裁卫田，厉叔子娩、厉有嗣（司）醒（申）、庆癸、焂糜、刑人烈（敢）、井人偈犀、卫小子者甘其卿（缭）彻。卫用乍（作）联（朕）文考宝鼎，卫其万年永宝用，隹王五祀。

《五祀卫鼎》译文：

周恭王正月初吉庚戌这天，裘卫向邢伯、伯邑父、定伯、豁伯、伯俗父控告邦君厉。裘卫指控道："邦君厉曾参与恭王利民大业，从事邵王太室东北两条河流的治理工程，当时厉承诺会补偿给他五田。"法官讯问厉说："你是否承诺过给裘卫补偿田地？"厉坦白说："我承认确实要给他补偿五田。"邢伯、伯邑父、定伯、豁伯、伯俗父于是公正地进行裁断，让厉发了誓言，命令三有司官员司土邑人赵、司马颍人邦、司工附矩、内史友寺刍去核查划定厉给裘卫补偿的田地。其北界到厉的田，其东界到散的田，其南界到散和政父的田，其西界到厉的田。邦君厉到场交付裘卫田地。邦君厉的小儿子、厉的家臣有司申季、庆癸、燹麋，刑人烈、井人偈犀、裘卫的家臣参加了田地交付仪式。裘卫制作了祭祀其先父的宝鼎，将此记录下来，万年永远珍藏使用。①

由铭文记载可知，此案件的被告人是邦君厉，法官们"讯厉曰，女（汝）贾田不"，是在调查案件事实。厉承认说："厉乃许曰，余（审）贾田五田。"这是厉的口供。"井白（伯）、白（伯）邑父、定白（伯）、豁白（伯）、白（伯）俗父乃顡"。顡，据《康熙字典》："古项切，音讲。明也，和也，直也。"《史记·曹相国世家》："萧何为法，顡若划一。"司马贞索隐："训直，又训明，言法明直若画一也。"② 意为公正严明，指代法官作出的裁断。而这个裁断是法官们基于厉供认不讳的事实进行的，这就是法官依据口供进行的裁断，即最初的证据裁判的运用。

第二节 证人证言

证人证言是指证人就自己所知道的与案件有关的情况向司法机关所作

① 王沛：《西周金文法律资料辑考（上）》，载徐世虹主编：《中国古代法律文献研究》（第七辑），社会科学文献出版社 2013 年版，第 40 页。
② 汉语大字典编辑委员会编：《汉语大字典》（第六卷），四川辞书出版社 1986 年版，第 3856 页。

的陈述。

《家人·象》曰："风自火出，家人；君子以言有物而行有恒。"为何风自火出会有家人之象？盖风自火出，唯室内生火可得，室外则不易。根据龙山文化遗址的考古发现可知，灶居室中，家人围绕炉灶而食，常见风气（烟）自火出。《说卦传》云："巽为风，为臭。"臭为气味之总名，《系辞上传》有"同心之言，其臭如兰"之言。故"风自火出"更像炉鼎内的食物香气飘逸而出。此所以家人卦有"风自火出"之象。①

言有物而行有恒：从炉灶中有火，得出"言有物"之启示；从烟道出风气（炊烟），得出"行有恒"之启示。"风自火出"，言有火则有风，无火则无风，喻言行一致也。离卦，离为心，言为心声，言有物，内修身正心也；风，巽卦，巽为风，行化风气，行有恒，外齐家治国也。成语"言之有物"来源于此，言之有物，即言之有据。

《礼记·缁衣》引《家人·大象传》："子曰：'言有物而行有格也，是以生则不可夺志，死则不可夺名。'"②

上九："有孚威如，终吉。"孚，诸家多译为诚信，有诚信有威望，最终吉祥。何谓有诚信？结合卦辞，需言之有信。何以言之有信，需言之有据。意即讲话要有证据，方能有威望，终将吉利。这进一步体现了圣人对说话言辞的要求，必须言之有据。而且这种要求出现在《家人》卦中，意味着这并不是只对圣王的要求，而是对全体家庭成员的要求。所谓修身齐家治国平天下，只有要求每位家庭成员言之有据，才能推及营造全社会的言之有据。

其实，严格意义上，这种对言辞的要求，并不能说明其是证人证言的采用。因为证人证言这一证据形式必须是证人直接向司法机关所做的陈述；而《家人》卦仅仅是对言之有物的要求，并没有特指诉讼过程中。所以，目前在《易经》中尚没有发现证人证言这一证据形式。但是《易经》中没

① 李守力：《周易诠释》（卷二），兰州大学出版社 2016 年版，第 448 页。
② 李守力：《周易诠释》（卷二），兰州大学出版社 2016 年版，第 449 页。

有体现，不代表西周时期不存在这一证据形式。为使大家完整地了解西周时期的证据形式，特将其他文献中体现的证人证言这一证据形式予以辑录分析。

《周礼·秋官·朝士》记载："凡属责者，以其地傅而听其辞。"责，通债。"属责谓以己之财属之于人而使责也。地傅谓其人有地着而书之以附事也。有地傅则追证焉。不诬故相抵冒而讼，以其地傅来，乃为之听治也。苟属责而无傅，有傅而无地着，不知所在，不可追证，则弗听也。"①

吴澂曰："属责谓转责使人而归之，而本主死亡，若其亲属贷还货财，则多寡之数或相抵冒，必以其地之人相比近而能为证者，乃受其辞而治之，否则不听也。"②

丘濬按："借债取息，三代前已有之，但必有券书而不可多取息耳。虽有死亡，苟有证佐，亦必追偿。先王体悉民情，为之通有无以相资助，使不至于匮乏，固不以为非也。近世乃有恶富人冒利者，一切禁革民间私债，其意本欲抑富强，不知贫民无所假贷，坐致死亡多矣。"③

综合诸位先贤的解读，虽然债主身亡，不能证实债务的真实情况，但是凡接受已故债主的嘱托而收债的或者债务发生转移归属的，可以请与其居处相近的人来证明这一托付或转移。法院审理的时候因为有邻居的证人证言而听审裁断，说明当时该类诉讼已经将邻居的证言作为法院审理裁断的依据。

《周礼·地官·小司徒》："凡民讼，以地比正之。"正，《字源》解为：本义是征伐，征伐的目的是有所平定、有所纠正，因而引申出评定、匡正义。由平定引申出决定、考定、勘定等义。由匡正引申出使端正义，进一步引申为治理义，进行治理的人亦称为"正"，进一步引申为准则、法则义。④《汉语大字典》中则将其释为"正法；治罪"等意。《周礼·夏官·大

① （宋）王昭禹：《周礼详解》（卷三十一），载《钦定四库全书》。
② （明）丘濬：《大学衍义补》（卷一〇六），载《钦定四库全书》。
③ （明）丘濬：《大学衍义补》（卷一〇六），载《钦定四库全书》。
④ 李学勤：《字源》，天津古籍出版社2013年版，第111页。

司马》："贼杀其亲，则正之。"郑玄注："正之者，执而治其罪。"① 一如现在"就地正法"的"正"之意。综合以上，此处的"正"在此为审判、判定之意。

何为"地比"？贾公彦曰："六乡之民有争讼之事，是非难辨，故以地之比邻知其是非者，共正断其讼。"② 地比，就是地之比邻，即邻居。古人活动范围有限，最了解你日常生活的必定是你的邻居。一旦发生纠纷，邻居也自然成了目睹事实的证人。丘濬按："民生有欲不能无争，有争不能无讼，人各执己见，官或徇己私，非有所质证稽考，未易以平断之也。是以《周官》于民之讼则正之以比邻，于地之讼则正之以本图焉。盖民之讼争是非者也，地之讼争疆界者也，是非必有证佐之人，疆界必有图本之旧，以此正之，则讼平而民心服矣。"③ 人有欲望就不可能没有纷争，有纷争就不可能没有诉讼。如果法官徇私枉法，不依证据裁断，就不能公平审断。于是，在周朝明德慎罚思想支配之下，周朝的法官在涉及民众之间的纠纷讼事的时候就以邻居的证言为依据来裁断，在涉及疆界划分的纠纷讼争时就以土地凭证为依据来裁断。只有这样依照证据裁断，才会使讼争平息，使民众信服。可见，西周时期，司法追求使民众信服的法律效果，法官断案时已不再任意妄为，不再迷信神判，而注重将证人证言这一证据形式广泛应用于司法实践。这与《易经》的《家人》卦对言辞的要求精神一脉相承。

出土于陕西省岐山县董家村西周铜器窖穴的《倗匜》（图21），记载了西周时的一件诉讼案便反映了证人证言被作为裁判依据的历史事实。

---

① 汉语大字典编辑委员会编：《汉语大字典》（第二卷），四川辞书出版社1986年版，第859页。
② （唐）贾公彦：《周礼注疏》（卷十一），载阮元校刻：《十三经注疏》，上海古籍出版社1997年版，第713页。
③ （明）丘濬：《大学衍义补》（卷一〇六），载《钦定四库全书》。

图 21 《㺇匜》①

《㺇匜》译文：

三月甲申日，周王在葊京的上宫，伯扬父当着周王的面宣布对牧牛的判决。伯扬父说道："牧牛，在你任职期间，竟敢违背誓言控告你的上级。现在，你必须当着周王的面重新发誓。此刻，专、趞、啬、觀、㺇均已到庭来见证你立誓，只有他们五人都相信你的誓言，并且你能兑现自己的承诺，才能重回岗位任职。依你的罪行，本应判你鞭刑一千，并罚墨刑。今天大赦你，处以鞭刑五百，改墨刑为罚金三百锊。"伯扬父于是又命牧牛向其上级立誓说："从今以后，我不会再以各种大小事扰乱你、控告你。"伯扬父对牧牛说："倘若你的上级再控告你，那就要对你施以鞭刑一千，并处墨刑。"牧牛

---

① 中国社会科学院考古研究所：《殷周金文集成》（修订增补本），中华书局 2007 年版，编号 10285。《㺇匜》铭文：惟三月既死霸甲申，王在葊上宫，伯扬父廼成㺇，曰："牧牛，虖乃可湛，汝敢以乃师讼，汝上卸先誓。今汝亦既又（有）御誓，专、趞、啬、觀、㺇寽，亦兹五夫，亦既御乃誓。汝亦既从辞从誓，弋（式）可（苛）。我义宜鞭汝千，黥剧（剧）汝，今我赦汝。宜鞭汝千，黥（黜）剧（剧）汝，今大赦汝，鞭汝五百，罚三百寽（锊）。"伯扬父廼或使牧牛誓曰："自今余敢扰乃小大事。""乃或以汝告，则致，乃鞭千，黥剧（剧）。"牧牛则誓。乃以告吏虩、吏曶于会。牧牛辞誓成，罚金，㺇用作旅盉。

于是立誓。伯扬父还命觑和曶两个官吏，将这一判决登记备案。牧牛立下了誓言，缴了罚金三百锊，偰将其铸作旅盉。[1]

在这篇铭文中，牧牛是被告人，偰是原告人，尃、趞、啬、觬都是证人，他们到庭见证牧牛的誓言，并且表示相信牧牛的誓言，这四个人似乎与当代的见证人相似，但其实又不一样。当代司法实践中的见证人见证的是司法程序的合法性，是为了到场观察监督某项诉讼行为的实施。而本案中的见证人见证的是被告的誓言，即要对被告陈述的真实性、可靠性进行证明，并要向法官作出是否愿意相信被告的陈述。这属于就与案件有关的情况向司法机关所作的陈述，因此属于证人证言。而法官伯扬父基于证人的证言以及牧牛的誓言，决定宽赦。这属于依证据定罪。从这篇铭文中可以看出，西周时期，证人证言已成为作出判决的重要依据之一。

第三节　物　证

物证是指以外部特征、物质属性、所处位置以及状态证明案件情况的实物或痕迹。

《解·九二》："田获三狐，得黄矢。"《解·六三》："负且乘，致寇至。"《解·九四》："解而拇，朋至斯孚。"《解·六五》："君子维有解，吉，有孚于小人。"黄矢，铜箭头；拇，手提；朋，古以贝为货币，一串为一朋。意为打猎时捡到三只受伤的狐，身上插着箭头，把它们放在马背上载回，因而招致一场争斗。捡狐的一方自知理亏，手提货币来到射狐一方的住所，愿以赔偿结束纷争。对方接过货币拴在自己腰间表示和解。这对贪利的人是一个教训。[2] 这里的"黄矢"因为有标记而确定归属属于以其外部特征来证明所有权，符合物证的要义。纷争的解决也正是基于"黄矢"这一物证，说明物

---

① 唐兰：《陕西省岐山县董家村新出西周重要铜器铭辞的译文和注释》，载《文物》1976 年第 5 期。
② 武树臣：《〈易经〉与我国古代法制（上）》，载《中国法学》1987 年第 4 期。

证已成为当时一个重要的证据形式。

《明夷》："明夷，夷于左股，用拯马壮，吉。"拯，综合《甲骨文字典》《玉篇》《说文》的诠释以及王弼、孔颖达、陆德明等先儒的注解，拯有两个含义：其一，通"抍"，上举之义；其二，拯救、救助之义。壮，《汉字源流字典》中其中一个释义为"通戕，伤"。股，大腿。《论语·宪问》孔颖达疏："膝上曰股，膝下曰胫。"射伤了左大腿，"左"意味着伤势不重。程颐曰："手足之用，以右为便，唯嚗张用左，盖右立为本也。"左大腿受伤，需要明确谁的箭头射伤，然后由其予以拯救、救治马伤。因为能够明确侵权者，并予以救治，所以"明夷"是吉利的。如前所述，箭头上因为有记号而能够确定是谁的箭头，这种通过物的外部特征来认定所有者，并最终确定侵权责任的情形就是物证这一证据形式的特征表现。

通过《解》《明夷》两卦可知，当时也很重视物证的采用，特别是在物的归属、一般民事纠纷等民事案件中较为常见。

《周礼·秋官·司厉》："掌盗贼之任器、货贿。"任器就是杀伤人的凶器；货贿就是所盗财物。这说明在《周礼》记载的朝代时，已经开始有意识地收集凶器赃物等物证。

除了传世文献之外，在出土文献中亦有关于物证的记载，如《卫盉》（图22）。《卫盉》是西周共王时期铸造的温酒器。该器盖内有铭文132个字，主要记载了周恭王三年，一个名叫矩伯的奴隶主裘卫分两次索取了觐见天子的东西，即价值80朋的玉质礼器和价值20朋的皮裘礼服，矩伯分两次付给了裘卫1300亩农用土地，作为索取礼品的代价。裘卫把这件事情报告了执政大臣，得到了大臣们的认可，还进行了授田仪式，从而确认了转移土地归属的合法手续。[①]

---

① 胡留元、冯卓慧：《卜辞金文法制资料论考》，载杨一凡、马小红主编：《中国法制史考证·夏商周法制考》（甲编第一卷），中国社会科学出版社2003年版，第129页。

图22 《卫盉》①

《卫盉》译文：周恭王三年三月，新月初现后的壬寅日，周王在丰地举行插旗仪式。贵族矩伯从裘卫那里取走了瑾璋（礼器），作价八十朋（约合八百枚贝壳货币），为此他交割了十田土地。后来矩伯又取走两对赤色玉琥、两对麂皮、一件皮甲，作价二十朋，再交出三田土地。裘卫将此事上报给伯邑父、荣伯等五位大臣，大臣们命令三位主管官员司徒微邑、司马单舆、司空邑人，以及属官服逯，共同办理土地交接。之后，官员赞、（走甫）和裘卫的家臣瑶参与了交接宴饮。裘卫为纪念父亲惠孟，特意铸造了这件宝盘，祈愿子孙万年珍藏。

这篇铭文记叙了裘卫举行宴会、铸宝器、庆贺获得土地、并用人证和物证做证明的情形。逆，迎接。逆者，被迎来参加宴会并充当裘卫获得土地所有权的证人。䭼，用酒食宴请人。卫用乍（作）朕文考惠孟宝般（盘）：裘卫因此制作了纪念自己父亲惠孟的宝盘铭刻此次交易的成功。用，因此。乍，通"作"，制作。朕，古时第一人称的称谓。文考，故去的父亲。卫其万年永宝用：这个宝盘由裘卫及其子孙永久保留作为获得土地所有权的物证。②《卫盉》记载了当事人通过铸造宝器来形成物证，此宝器既是确认所有权的

---

① 中国社会科学院考古研究所：《殷周金文集成》（修订增补本），中华书局2007年版，编号09456。《卫盉》铭文：佳（唯）三年三月，既生霸壬寅，王禹旂于丰，矩白庶人取瑾璋于裘卫。才（裁）八十朋，厥贮，其舍田十田。矩或取赤虎（琥）两、两鞈（韦合）一，才（裁）廿朋。其舍田三田。裘卫乃雉（矢）告于伯邑父，荣伯，定伯，亮伯，单伯，乃令（命）参（三）有司，司徒微邑，司马单舆，司工（空）邑人，服逯受田。赞、（走甫）、卫小子瑶逆者（诸）其卿（䭼），卫用作朕文考惠孟宝盘，卫其万年永宝用。

② 胡留元、冯卓慧：《卜辞金文法制资料论考》，载杨一凡、马小红主编：《中国法制史考证·夏商周法制考》（甲编第一卷），中国社会科学出版社2003年版，第129页。

法律凭证，也是确认卫的子孙继承权的法律凭证，这证明当时已有物证的证据意识；同时通过举行宴会来取得人证，说明也具有了利用人证的证据意识。这些充分说明西周时期，古人已有证据意识的萌芽。

第四节　书　　证

书证是指用文字、符号或图画所记载或所反映的思想内容来证明案件事实的证据。

《泰》卦："无平不陂，无往不复。"平，议也，指契约；陂，借为贩，移予也，指把财物从此地迁至彼地；往、复，指货物、货币的交换往来。大意为双方若没有签订协议，就没有交易的往来，即买卖关系的成立。① 可见，《泰》是买卖交易的重要凭证。

《复》卦："朋来无咎，反复其道，七日来复，利有攸往。"买方先支付一部分货款，卖方便交付货物，买方收到货物后再支付全部货款，这对买卖双方的交易往来均有利。可见，这是一宗分期付款的较复杂的买卖。②

《解》卦："利西南，无所往，其来复，吉，有攸往，夙吉。"这是建立在相互信任基础上的买卖，达成了协议，货物还没送去，买方就把价金交付了。③ 这几个卦辞都记载了将买卖协议作为重要交易凭证的事实。买卖协议通过其记载的内容来证明案件事实的，属于书证中的第一类——文字书证。

《系辞下传》："上古结绳而治，后世圣人易之以书契，百官以治，万民以察，盖取诸《夬》。"这在制器尚象中提到的书契就是依照《夬》的卦象而成。《夬》卦上兑下乾。《尚书·舜典》云："受终于文祖。"马注："文祖，天也，天为文。"《白虎通·三教》云："文法天。"故乾为书。又，乾为是坤的错卦，坤为文，故乾有文书之象也。契通栔。栔，《说文》："刻也。"古文字的"契"字，右边是一把刀形，左边的一竖三横表示是用刀在一块小木条

---

① 武树臣：《〈易经〉与我国古代法制（上）》，载《中国法学》1987 年第 4 期。
② 武树臣：《〈易经〉与我国古代法制（上）》，载《中国法学》1987 年第 4 期。
③ 武树臣：《〈易经〉与我国古代法制（上）》，载《中国法学》1987 年第 4 期。

上刻下的三个记号。古代在龟甲、兽骨上灼刻文字和灼刻文字用的玉刻刀，皆称契。《尔雅》："契，绝也。"注："今江东呼刻断物为契断。"兑的综卦是巽卦，巽为绳，故兑有绳象。兑为口、为缺、为锐，书契正面写的是文字，是乾卦的象，书契侧面的刻齿是锐，是缺口，故刻齿是兑卦的象。来知德认为："事有不能信者契验之。以书契而治察，百官万民皆不敢欺。取决者，有书契则考核精详，稽验明白。亦犹君子之决小人，小人不得以欺矣。"① 这说明在治理国家中，结绳、书契都起着非常重要的作用。后世圣人将结绳改良为书契，并将其广泛应用，无论是文武百官的治理，还是民间纠纷的察审，书契都是重要的凭借和依据。而这一工具的制成就是效仿了《夬》卦。②

《周礼·地官·小司徒》载："地讼，以图正之。"郑玄注："地讼，争疆界；图，谓邦国本图。"贾公彦曰："若民于疆界之上横相侵杀者，则以邦国本图正之。盖凡量地以制邑，初封量之时即有地图在于官府，于后民有讼者则以本图正之。"③ 意为凡是有关土地纠纷的，就要用地契来确定归属。地契就是以其记载的内容来证明案件事实的，是为书证。

《周礼·天官·小宰》载："听买卖以质剂。""听称责以傅别。"听，听审。"质剂"是指西周的买卖契约，质剂写在竹简上，一分为二，买卖双方各执一份。"质"是买卖奴隶、牛马所使用的较长的契券；"剂"是买卖兵器、珍异之物所使用的较短的契券。"质""剂"由官府制作，并由"质人"专门管理。"傅别"是指西周的借贷契约，也是在竹简上写字，但是只写一份内容，然后从中间一分为二，借贷双方各执一半，棱上的字为半文。《周礼·地官·司市》载："以质剂结信而止讼。"质剂不仅是双方诚实守信的约定载体，在关键时刻，还能定分止争。"止讼"足以说明在裁断讼事之时，质剂是重要的裁断依据。

《周礼·秋官·士师》载："凡以财狱讼者，正之以傅别、约剂。"何为"约剂"？郑玄注："约剂，各所持券也。郑司农云：'若今时市买，为券书以

---

① 徐芹庭：《来氏易经象数集注》，中国书店出版社2010年版，第336页。
② 李守力：《周易诠释》（卷三），兰州大学出版社2016年版，第888页。
③ （唐）贾公彦：《周礼注疏》（卷十一），载阮元校刻：《十三经注疏》，上海古籍出版社1997年版，第713页。

别之，各得其一，讼则案券以正之。'"① 朱申曰："听称责以傅别，听买卖以约剂，二者皆券书之名，所以正实伪者也。"② 郑锷曰："约者以言而书其约者。以剂，剂如质剂之剂。盖两书一札，同而别之。买卖之约，长曰质，短曰剂，此则名曰约剂，盖亦两书一札也。先王之于臣民，以为一时之言虽相与，以无疑万世之后，或无所质证，故为之约，而设官以司之。"显然，"约剂"是契约文书之类凭证，但是约剂的范围要比质剂大很多。西周中后期，突破了最初的"田里不鬻"，在贵族之间已发生了土地的抵押、典当、赠送、赔偿等关系，相应地就出现了"约剂"这一契约形式。

《周礼·秋官·司约》载："司约掌邦国及万民之约剂。治神之约为上，治民之约次之，治地之约次之，治功之约次之，治器之约次之，治挈之约次之。凡大约剂书于宗彝，小约剂书于丹图。若有讼者，则珥而辟藏，其不信者服墨刑。若大乱，则六官辟藏，其不信者杀。"

"治神之约为上……治挈之约次之"中记载了许多约剂，其中"神之约""器之约""挈之约"，皆为祭祀、凶吉车服、宾客礼仪之约；"功之约"为记功行赏的券书；"民之约"为户籍、赋税或调解乡教的文书；"地之约"为土地疆域、版图。可以说，这涉及国家的统治政策以及各种制度。《春官·大史》云："凡邦国都鄙及万民之有约剂者藏焉，以贰六官，六官之所登。"这说明约剂在王朝官府的统治管理中行用相当广泛。因为约剂作为一种制度规约，相当于由当事人双方所订立的具有法律约束力的文书。而《周礼》中订立约剂的当事人既可以是国君、卿大夫，又可以是万民。也就是说统治者与被统治者之间，存在着某些方面的相互约束关系，还不完全是专制集权的绝对权威。葛志毅认为，这"使一种近乎平等的意义渗入于君民之间及政治制度之内"。③ 约剂由司约统一掌管，当事人双方是在达成协议后再履行告官的程序，官府的认可加强了约剂的法律效力，保障了约定事项的确定性。最后形成契约文书，在履行契约遇到障碍时还可以得到官府的支持和保证。

---

① （唐）贾公彦：《周礼注疏》（卷三十五），载阮元校刻：《十三经注疏》，上海古籍出版社1997年版，第878页。
② （明）丘濬：《大学衍义补》（卷一○六），载《钦定四库全书》。
③ 葛志毅：《谭史斋论稿续编》，黑龙江人民出版社2004年版，第412页。

"凡大约剂书于宗彝，小约剂书于丹图。"从这种形式载体来看，书于"宗彝""丹图"的目的是突出约剂的神圣性和公示性，使人不敢违背。郑玄注："大约剂，邦国约也。书于宗庙之六彝，欲神监焉。"唐人贾公彦曰："使人畏敬，不敢违之。"如果有人胆大妄为，不敬神灵，惹起纷争又该如何？"若有讼者，则珥而辟藏，其不信者服墨刑。"可见，法律已经明确赋予了"约剂"的强制效力，约剂不仅是裁断讼事的依据，还是法律制裁不守信者的依据，不履行约剂规定的责任会面临刑罚处罚的不利后果。作为士师处理"狱讼"纠纷的凭据，"约剂"以其记载的内容来证明案件事实是很典型的书证。

《周礼·秋官·朝士》载："凡有责者，有判书以治，则听。"何为"判书"？郑玄注曰："判，半分而合者，谓别券也。"① 郑锷曰："判书谓两书一札，一书所与之数，一书所偿之数，人各执其半者也。"② 孔颖达疏："即质剂、傅别，分支合同，两家各得其一者也。"可见，判书和质剂、傅别、约剂一样，是一种契约、合同。

《周礼详解》注云："凡有责者，有判书以治，则听。责者谓督偿之人。判书谓人执其一书，其所予之数使责者执之。抵冒而讼有判，则足以验其寔，故为之听治也。"③

郑锷曰："责如今之理欠也，然必有判书可为证验，则听其事……苟无判书则不听，小宰所谓听称责以傅别是也。"④

可见，若有借贷债务纠纷来告诉，必须有"判书"这种借贷契约予以验证才会受理听审。"判书"的存在既是立案受理的条件，也是听审判定的依据。判书以其记载的"所予之数"和"所偿之数"来确定责任归属，是典型的书证。

《周礼·天官·小宰》载："听取予以书契。"郑玄注："书契，符书也。""书契，谓出予受入之凡要。凡簿书之最目，狱讼之要辞，皆曰契。"据《释名·释书契》云："契，刻也，刻识其数也。"所以，其形式如郑玄

---

① （明）丘濬：《大学衍义补》（卷一〇六），载《钦定四库全书》。
② （宋）王与之：《周礼订义》（卷六十二），载《钦定四库全书》。
③ （宋）王昭禹：《周礼详解》（卷三十一），载《钦定四库全书》。
④ （宋）王与之：《周礼订义》（卷六十二），载《钦定四库全书》。

注《地官·质人》云："其券之象，书两札刻其侧。"《书叙》孔疏引郑《易注》云："书之于木，刻其侧为契，各持其一，后以相考合。"① 意即书契的左券和右券是两支相同的券书。书契两侧所刻也称为"齿"，即"凡符契皆刻其侧，谓之齿。"② 刻齿有特定含义，"依其取予之数，刻札旁为纪"，③ 其他文献可相佐证。如《管子·轻重甲》记载："子大夫有五谷菽粟者，勿敢左右请以平贾取之子，与之定其券契之齿。"《列子·说符篇》载："宋人有游于道，得人遗契者，归而藏之，密数其齿，告邻人曰：'吾富可待矣。'"④ 这说明刻齿代表的是书契所记的财富。

对于书契的用处，孙诒让解释："乃未予未取之前，豫定其数，以为符信。"⑤ 这说明它是作为凭证使用的。在具体使用中，孙诒让解释得也甚为透彻："书虽分著两札，并而刻其边侧以纪数，又析之，使取者予者各持其一；其人往取，则予者并两札，验其侧文合否而后予之也。"对取者、予者的身份，孙氏进一步说明："取予亦通官民财用颁授之事言之。"⑥ 因此，国家对书契的管理格外重视并相当严格，派质人在市场专门巡视、稽查、核对书契上所写的量度、淳制是否合乎要求，违者则"举而罚之"。不过，《列子》所记的事件似乎说明书契上没有领取人的姓名，否则此人不可能因将要冒领到的财物而沾沾自喜。

显然，书契的功用与质剂、约剂、傅别、判书雷同，都是对双方关系的确认，是双方当事人发生矛盾纠纷时予以解决的重要凭证。其形成正取之于《夬》卦，与《易经》相互印证，还原了书证在司法实践中应用的场景。

综上，"质剂""傅别""约剂""判书""书契"都是周朝的契约合同文书。区别在于："质剂""约剂"是买卖契约的合同文书，"傅别""判书"是借贷契约的合同文书，"书契"是收受予取的合同文书。其中，"约剂"的范围要广，不局限于买卖契约的性质。在书写方式上，约剂、质剂和判书都

---

① （清）孙诒让：《周礼正义》（卷二十七），中华书局 1987 年版，第 1078 页。

② （清）孙诒让：《周礼正义》（卷五），中华书局 1987 年版，第 173 页。

③ （清）孙诒让：《周礼正义》（卷二十七），中华书局 1987 年版，第 1079 页。

④ 唐敬杲选注：《列子·说符》，达正岳校订，商务印书馆 2018 年版，第 115—116 页。

⑤ （清）孙诒让：《周礼正义》（卷五），中华书局 1987 年版，第 176 页。

⑥ （清）孙诒让：《周礼正义》（卷五），中华书局 1987 年版，第 173 页、第 168 页。

是两书一札，将其从内容中间分开，双方各执一半；傅别是手写大字，从字的中间分开，双方各执半字；书契则是一书两札，双方各执一札。即约剂、质剂、判书是一方只拿到记载内容的一半，但字是完整的；傅别是内容、字都是一半；书契是一式两份，内容和字都是完整的且一模一样。无论是哪种契约合同，都以其记载的内容来证明案件事实，并在发生纠纷时作为重要的起诉和听审依据，这属于非常典型的书证。

除了传世文献以外，出土文献亦有依书证作出判决的记载。

1.《曶鼎》（见图23）

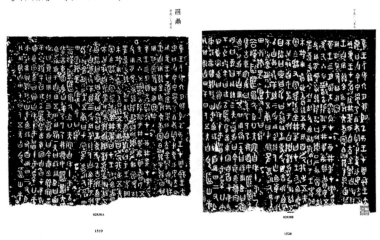

图23　《曶鼎》①

《曶鼎》译文（节选）：

在周孝王二年四月上旬丁酉日的早晨，法官邢叔在异这个地方处理政务。

---

① 中国社会科学院考古研究所：《殷周金文集成》（修订增补本），中华书局2007年版，编号02838。《曶鼎》铭文（节选）：佳（惟）王四月，既生霸，辰才（在）丁酉，井（邢）弔（叔）才（在）异为，事厥小子＊吕（以）限讼于井（邢）弔（叔）。"我既卖女（汝）五父（夫），＊（效）父，用匹马束丝。限诏（许）曰，质则卑（俾）我赏（偿）马，效父则卑（俾）复厥丝束。质、效父迺（乃）许曰，于王参门木榜，用债（徙）卖丝（兹）五夫，用百锊，非出五夫＊（祈）。质迺（乃）又（有）辞，（祈）眔＊金。"井（邢）弔（叔）曰："才（载）王人迺（乃）买用，不逆，付曶，母（毋）卑（俾）式于＊。曶则拜顿首，受＊（兹）五口（夫），曰陪、曰恒、曰＊、曰＊、曰眚。吏（使）＊吕（以）告质，迺（乃）卑（俾）＊吕（以）曶酉（酒）彳及（及）羊、丝三＊（锊），用致＊（兹）人。"曶迺（乃）每（诲）于＊（曰）："汝其舍质矢五束。"曰："弋（必）尚卑（俾）处限（厥）邑，田＊（辜）田。"则卑（俾）复令（命）曰："若（诺）。"

智让他的下属*代表他向法官邢叔控告限。*说："我们欲购买限的五名奴隶，五名奴隶的价金是一匹马、一束丝。限同意了。效父是这个买卖的中间人。但是之后，限先让他的下属质将马退回来，又让中间人效父把一束丝退回来。限的下属质和中间人效父又约定在王参门这个地方签订书面契约，要求用货币购买这五名奴隶。价金为铜百锊（三斤），还说如果还不售卖这五名奴隶便来告知我。结果，质又来告知我奴隶不卖了，并退还了买金。"法官邢叔判决说："在王室工作的人，就应当遵守买卖契约的诚实信用，不能违背契约。（限）应将五名奴隶交付给智，不要让你的下属质再有下次。"智就叩首拜谢了法官邢叔，买回了这五名奴隶，他们分别是陪、恒、*、*、蕢。智让他的下属*告诉限的下属质，又让*用智的酒、羊和价值三锊的丝招待这些人。智命令*说："你要赠送五束矢给质。"又命令说："你一定要让限仍住在他的田邑里，耕他的田地。"*回答说："遵命。"①

《曶鼎》是关于"曶"因购买奴隶与"限"发生买卖纠纷而诉之于法院，法官依其订立的买卖契约进行判决的记载。"效父迺（乃）许曰，于王参门木樋。"对于"樋"，据陈梦家考证，是《仪礼·聘礼记》"不及百名书于方"中的"方"，意为书契的版牍。"木樋"则为"书写契约的木片"。②该句意为：效父向*辩解："（之前）在王参门木之处，（我们曾）订约……"本句之后即订约的内容。法官依据契约（木樋）作出判决，责令"限"遵守约定，不许再有二言。这便是依据书证裁判的实例，充分说明书证这一证据形式在周时司法实践中的应用。

2. 《琱生簋》（见图24）

《琱生簋》是西周厉王时期的一种食器，有两件器皿：《琱生五年簋》《琱生六年簋》。铭文刻在前后相连的两件簋上，其记载的是有关侵占公田仆庸的案件审理情况。清代学者孙诒让在《古籀余论·召伯虎簋第二器》中曾隐约提出琱生簋两器记事"皆为土田狱讼之事"。

---

① 胡留元、冯卓慧：《长安文物与古代法制》，法律出版社1989年版，第43—46页。
② 陈梦家：《西周铜器断代》，中华书局2004年版，第200页。

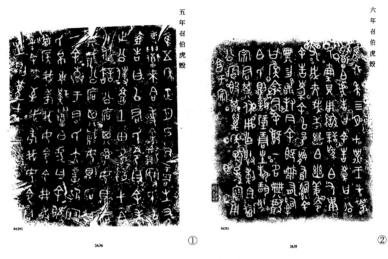

图24　《琱生簋》

《琱生五年簋》译文：

周厉王五年正月乙丑日，琱生有事（为官府清查止公多占公田仆庸事）。召伯虎（厉王时重臣，后又辅佐宣王）来参与审理此一侵占公田仆庸案。（琱生告诉召伯虎说，）我给您的母亲妇氏赠送了一个珍贵的礼器壶，请她出面说情，我请她拟你父亲君氏的口气对你说："我老了，止公侵占公田仆庸一事，正被朝廷立案审查。希望你能想办法宽赦：倘若止公侵占超过三份，你就处理成超过二份；如果止公超占二份，你就处理为超占一份。"（你父母许诺后），我赠送一个大璋给你父君氏，赠送一束帛和一块礼器璜给你母亲妇氏。召伯虎说："我已经问过群臣的审断意见了，对案情已有所了解。但

---

① 《琱生五年簋》又称《五年召伯虎毁》，中国社会科学院考古研究所：《殷周金文集成》（修订增补本），中华书局2007年版，编号04292。《琱生五年簋》铭文：唯五年正月乙丑，琱生又（有）吏（使），召来合吏（使）。余献妇氏以壶，告曰："以君氏令（命）曰：余老，止公仆庸土田多諌，弋白（伯）氏从（纵）许。公宕其参（叁），女（汝）则宕其贰；公宕其贰，女（汝）则宕其一。"余惠于君氏大章（璋），报妇氏帛束、璜。召伯虎曰："余既讯，我考我母令（命），余弗敢乱，余或至（致）我考我母令（命）。"琱生则菫（瑾）圭。

② 《琱生六年簋》又称《六年召伯虎毁》，中国社会科学院考古研究所：《殷周金文集成》（修订增补本），中华书局2007年版，编号04293。《琱生六年簋》铭文：唯六年四月甲子，王在菴。召伯虎告曰："余告庆！"曰："公厥稟贝，用狱諌为白（伯）。有祗（底）又（有）成，亦我考幽白（伯）幽姜令（命）。余告庆！余以邑讯有司，余典勿敢封。今余既讯，有司曰：'昊令（命）'今余既一名典。"献白（伯）氏则报璧。琱生奉扬朕宗君其休。用作朕烈祖召公尝毁。其万年子孙宝用，享于宗。

是，我不敢按大臣们的意见处理，我要服从我父母的命令。我要重新给大臣们传达我父母的命令。"琱生又给召伯虎赠送礼器玉瑾以作酬谢。①

《琱生六年簋》译文：

周历王六年四月甲子日，周王在莽宫，复审在周王在场时进行。（审后），召伯虎来告诉琱生："我向你报告个好消息。"召伯虎说："止公缴纳了诉讼费。止公缴纳那些诉讼费，都是为琱生你打官司的。这场官司总算有了着落而平息了。官司能够平息，也都是因为我父母幽伯幽姜出面说了话。我向你表示祝贺。但我还要再次征询有司们关于止公侵占仆庸土田一案的意见。我虽然对土地文书进行了登录造册，但还不敢封存，就是因为尚未征询过有司的意见。现在我已经征询过有司的意见了，他们表示：'服从幽伯幽姜的命令！'现在我已经把那些仆庸土田之外的土地都一一登记了，把它们送给你。"（因为召伯虎将公田被占为私田的土地证书给了琱生），琱生又给召伯虎送了玉璧以作报答。②

此文通过召伯虎私告琱生重审的经过，记述复审时止公转败为胜，琱生从中获利。琱生为了颂扬宗君（君氏）的美德，铸造宝簋并镌刻铭文，确认自己对经过"一名典"登录手续的土田的所有权。

2006 年 11 月，陕西又新出土了《琱生五年尊》，③ 尊铭内容与《琱生五年簋》几乎完全一样，说明琱生就此件民事诉讼案曾在多个器皿上镌刻铭文以作记载。该尊铭内容如下。

《琱生五年尊》译文：

周历王五年九月初一，召公之妻姜氏因为琱生送来五铢壶一对，便以宗君的命令说："我老了，止公是我们的人，他侵占公田奴仆一事，受到多次

---

① 冯卓慧：《从传世的和新出土的陕西金文及先秦文献看西周的民事诉讼制度》，载《法律科学》2009 年第 4 期。

② 冯卓慧：《从传世的和新出土的陕西金文及先秦文献看西周的民事诉讼制度》，载《法律科学》2009 年第 4 期。

③ 冯卓慧：《从传世的和新出土的陕西金文及先秦文献看西周的民事诉讼制度》，载《法律科学》2009 年第 4 期。《琱生五年尊》铭文：唯五年九月初吉，召姜以琱生 * 五 * 两，以君氏命曰："余老，止我仆庸 * 田多束（刺）。"弋许勿变散亡。余宕其三，汝宕其二。其止公其 * 乃余邠大章，报妇氏帛束、璜一，有司罚 * 两 * 琱生对扬朕宗君休，用作召公尊 * 用祈 * 录，得屯（纯）灵冬。子孙永宝用之享。其又敢乱兹命，曰，汝事召人公则 * 。

立案调查。（你）要尽量保证他所侵占的奴仆不被遣散，公田不会流失。如果侵占了三份，你就处理为侵占二份。止公他赠送给我朱红色的朝觐礼品大章，又给宗妇一束帛，一块贵重的玉璜，也给调查此事的有司眔*送了礼。琱生颂扬我的宗君的美德，并制作了召公尊，用以祈祷上苍保佑召伯虎的官禄，使其能保全永终。（此尊）召氏子孙永远保存作祭祀之用。那些敢不遵守或变乱这个命令的，史召人的公就会有明确的法则的。"①

此铭文与前引《琱生五年簋》《琱生六年簋》二铭文相互参照补充，可以大致清晰召伯虎所审理的止公侵占公田一案。《琱生五年尊》制作于周厉王五年九月，而《琱生五年簋》制作于正月。制作的原因均是止公多占公田一案。

正月乙丑日，琱生初次为止公多占公田仆庸之案找了审理此案的高级行政官员召伯虎。因为琱生已向召伯虎之父宗君、母宗妇氏送了厚礼，宗妇以宗君语气，让召伯虎审此案时为止公侵占案包庇。召伯虎在征询过群臣意见后，了解到群臣是不同意包庇止公的。当时召伯虎表示要服从其宗君宗妇之意见，重新向群臣传达其父母之意见。此案后来未判而延搁下来。故到九月一日，琱生为此案之顺利判决再找了宗君宗妇并又制作了召公五年尊两口，送给召氏宗庙作祭祖之用。又全文镌刻了此案内容，因止公是召氏宗族之人，他的多占公田仆庸案受国家司法机关的讯问。召公之妻召姜以宗君名义再次要求召伯虎审案时"弋许勿变散亡"，一定要许诺使止公侵占之公田仆庸不要发生变故失去，一定要为之包庇。"余宕其三，汝宕其二。"另外，从《琱生五年尊》铭文中我们还得知止公为此案给参与审理的有司及益二人也送了两件休闲用具。此次宗君口气很硬地说："有敢变乱我的这些话的，你们便去找召人之公（指召伯虎），他会有明确的准则的。"正因为宗君口气十分坚定，次一年《琱生六年簋》铭文记载，此案才使止公胜诉。②

"余典勿敢封。"典，李学勤、林沄、朱凤瀚、斯维至、徐义华等均认为是指登记土地的书册。③ 如《克盨》："王令尹氏友史趄，典善夫克田人。"

---

① 冯卓慧：《从传世的和新出土的陕西金文及先秦文献看西周的民事诉讼制度》，载《法律科学》2009 年第 4 期。
② 冯卓慧：《从传世的和新出土的陕西金文及先秦文献看西周的民事诉讼制度》，载《法律科学》2009 年第 4 期。
③ 金东雪：《琱生三器铭文集释》，吉林大学 2009 年硕士学位论文，第 123—125 页。

《佣生簋》："用典格伯田。"可见，典田之"典"的意思，"如今言记录或登录"。① 由《克盨》可知，贵族所有的田、人要由王委派大臣"典"，即登录于典册，保存于王朝，作为存档。在有关"土地转让"的金文中，参与其事的王朝官吏除有司外，还往往有内史之类史官，因为史官负责为王朝保管这种有关土田疆界记录的典册文书。召伯虎言"余典"，似是指其已代表王朝对裁定给瑚生的田邑进行了登录，实即表示已得到王朝承认，成为合法的田地。② 此铭中的"典"便是以其记载的内容来证明案件事实，是为书证。

3.《鬲攸从鼎》（见图 25）

《鬲攸从鼎》是西周厉王时期的世传青铜器。鼎铭的内容是关于土地租赁的诉讼案例。

图 25　《鬲攸从鼎》③

① 郭沫若：《两周金文辞大系图录考释》，载《郭沫若全集·考古编》（第八卷），科学出版社 2002 年版，第 82 页。

② 杜正胜：《从封建制到郡县制的土地权属问题》，载《食货》1985 年第 10 期。

③ 鬲攸从鼎、鬲攸比鼎、鬲比鼎均为器名，中国社会科学院考古研究所：《殷周金文集成》（修订增补本），中华书局 2007 年版，编号 02818。《鬲攸从鼎》铭文：唯卅又二年，三月初吉壬辰，王在周康官徲大室。鬲比以攸卫牧告于王。曰："女（汝）覓我田，牧弗能许鬲比。"王令（命）省史南以即虢旅。虢旅廼史（使）攸卫牧誓曰："我弗具付鬲比，其且（租），射（谢）分田邑，则放。"攸卫牧则誓。从乍（作）＊（朕）皇且（祖）丁公、皇考叀公尊鼎。鬲攸比其万年，子子孙孙永宝用。

《曶攸从鼎》译文:

周厉王三十二年三月初一日辰时,周王在周康宫的夷王太室。曶攸从向周王控告攸卫牧。曶攸从说:"攸卫牧租了我的土地,却不给我租金。"周王听后,命令一位叫南的书记员将原、被告带到掌管司约的官员虢旅处,让被告攸卫牧在司约官面前宣誓。攸卫牧宣誓说:"我如果不付给曶攸从租金,以感谢他租予我田地,就被处以流刑!"攸卫牧依虢旅所指示宣了誓,并表示服从判决。胜诉的曶攸从因此而制作了纪念自己荣耀的祖父丁公、父亲 * 公的尊贵的宝鼎,将胜诉的案件镌刻于上,希望自己的子孙万代永远宝藏享用。①

《曶攸从鼎》记载了曶攸从控告攸卫牧不履行租赁协议而发生的纠纷,在法庭上攸卫牧承认了自己的过错并重新宣誓:"我弗具付曶攸从其且(租),设分田邑,则放。"这说明契约一旦达成,即具备了法律上的效力,任何一方无权违反。如果发生纠纷,法律将以契约为依据作出裁决。

这些出土文献的记载与《周礼》《易经》中记载的书证相互印证,说明西周时期已存在书证这一证据形式,并已成为裁判的主要依据。在此,我们需要注意的是,由于当时的物质文化条件限制,纸张还没有发明,所以书证的载体主要为竹简、木简和金石器物②。

第五节 盟 誓

何为盟?何为誓?盟誓在诉讼中如何定性?《礼记·曲礼》载:"约信曰誓,莅牲曰盟。"盟,《释名·释言语》:"盟,明也。告其事于神明也。"③《礼记》疏云:"盟之为法,先凿地为方坎,杀牲于坎上,割牲左耳盛以珠盘,又取血盛以玉敦,用血为盟,书成乃歃血而读书。"郑玄有言:"大事曰

---

① 冯卓慧:《从传世的和新出土的陕西金文及先秦文献看西周的民事诉讼制度》,载《法律科学》2009 年第 4 期。

② 郑显文、王喆:《中国古代书证的演进及司法实践》,载《证据科学》2009 年第 5 期。

③ 李学勤:《字源》,天津古籍出版社 2012 年版,第 622 页。

盟，小事曰诅。"①《周礼》曰："国有疑则盟。"② 盟要杀牲歃血，是两方或多方的约誓行为。誓，形声兼会意字。金文从言，折声，折也兼表斩截之意。古文从斤（斧子），从心，会斩去二心之意。③《说文·言部》："誓，约束也。从言，折声。"《释名》："誓，制也，以拘制也。"孔颖达疏："共相约束以为信也。"誓不必杀牲歃血，可以是集体约誓，也可以是单方面的发誓。很显然，盟和誓都有约束的意思。

誓的适用范围不同，其性质也不一样。一种是军中发布的有关告诫、约束将士的号令，如《尚书》中的甘誓、汤誓、泰誓、牧誓等。这种誓是夏启、成汤和武王等为加强战斗力，代表国家发布的命誓，相当于军事法规。还有一种是按照国家规定，在当事人之间订立的誓约，或称"盟誓"。盟誓的设立，是利用人们敬畏神灵的心理，保障当事人能够遵守自己的诺言，如违背诺言也正是裁判处罚的根据。盟誓欲达到的效果与当代的"禁止反言"原则殊途同归，都是为了使相关当事人遵守自己当初的承诺。

据从希斌考释，《易经》中的《随》卦和《坎》卦就体现了盟誓在诉讼中的运用以及盟誓的具体程序。④

《随·九四》："有孚在道，以明，何咎。"随，有追逐、抓捕之义。"有孚在道"，有人在中途被抓获。"明"借为盟。爻辞意思有人被抓捕，用盟誓方式表示自己没有罪，不会有什么祸事。

《坎·六四》："樽酒，簋贰，用缶。纳约自牖，终无咎。"《坎·九五》："坎不盈，祗既平，无咎。"《坎·上六》："系用徽纆，置于丛棘，三岁不得，凶。"这三段爻辞记录了盟誓的过程和违背誓言的后果。盟誓的双方先挖个小方坑——即凿地为方坎，坎边摆放着盛放祭品的器皿——樽和簋，双方歃血盟誓，把誓词——"约"放入坑中，用土填平。谁违背誓言，就用绳索捆绑，投入土牢，关上三年。

《礼记》载："约信曰誓，莅牲曰盟。"《礼记》疏云："盟之为法，先凿地为方坎，杀牲于坎上，割牲左耳盛以珠盘，又取血盛以玉敦，用血为盟，

① 王力：《古汉语字典》，中华书局2000年版，第778页。
② 李学勤：《字源》，天津古籍出版社2012年版，第621页。
③ 谷衍奎：《汉字源流字典》，语文出版社2008年版，第1706页。
④ 从希斌：《易经中的法律现象》，天津古籍出版社1995年版，第63页。

书成乃歃血而读书。"

《周礼·秋官·司寇》记有"有狱讼者，则使之盟诅"。

可见，《易经》中关于盟誓的记载与《周礼》《礼记》所记相契合。除了传世文献，出土文献也有大量的关于"誓"的记载。如《俴匜》《散氏盘》的铭文中都有西周司法审判的盟誓程序。

《俴匜》的铭文中，"誓"的地位很突出。"誓"字共反复出现七次：第一次是伯扬父在判决中指责牧牛违背自己的誓言，"汝上卲先誓"，说明这是对牧牛定罪量刑的重要凭证。第二、第三、第四次是伯扬父告诉牧牛，只有自己当众再立信誓，"今汝亦既有御誓"，恪守誓言，"亦即从辞从誓"，并使其长官和其他见证人信任，"亦兹五夫亦既御乃誓"，才能再去任职。第五、第六、第七次是说牧牛按照伯扬父的指示重新立了誓，"伯扬父廼或使牧牛誓曰""牧牛则誓"，按规定缴了罚金，受到了从宽处理，"牧牛辞誓成"。①

《散氏盘》记录了周厉王时期周畿内散、矢之间土地赔偿的诉讼案件（见图26）。

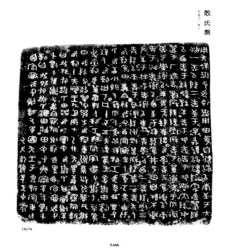

图26 《散氏盘》②

---

① 刘海年：《俴匜研究》，载杨一凡、马小红主编：《中国法制史考证·夏商周法制考》（甲编第一卷），中国社会科学出版社2003年版，第162页。

② 中国社会科学院考古研究所：《殷周金文集成》（修订增补本），中华书局2007年版，编号10176。

《散氏盘》铭文：

用矢䀙（薄）散邑，迺（乃）即散用田。眉（履）自瀗涉以南，至于大沽，一奉（封）。以陟，二奉（封），至于边柳。复涉瀗，陟零。虘（徂）邊〈卩美〉以西，奉于敝城楮木，奉于刍逨，奉于刍衢（道）。内陟刍，登于厂湶，奉諸桴（岸）、陕陵、剛（冈）桴。奉于霄道，奉于原道，奉于周道。以东，奉于棹东彊。右还，奉于眉道。以南，奉于储逨道。以西，至于唯莫。眉（履）井邑田。自根木道，左（北）至于井邑，奉，道以东一奉，还以西一奉。陟剛三奉。降以南，奉于同道。陟州剛，登桴，降械，二奉。矢人有嗣（司）眉（履）田：鲜、且、散（微）、武父、西宫襄、豆人虞万（考）、录、贞、师氏右肯（省）、小门人緐、原人虞芍、淮嗣（司）工（空）虎、㝅、觕丰父、唯人有嗣（司）刑万，凡十又五夫。正眉（履）矢舍散田：嗣（司）土（徒）逆（逆）寅、嗣（司）马䠶*、兽人司工骒君、宰德父；散人小子履田：戎、散（微）父、教棐父、襄之有嗣（司）橐、州就、愬从䰟，凡散有嗣（司）十夫。唯王九月，辰在乙卯，矢卑（俾）鲜、且、㽙、旅誓，曰：我殒（既）付散氏田器，有爽，实余有散氏心贼，则夂（鞭）千罚千，传弃之。鲜、且、㽙、旅则誓。迺（乃）卑（俾）西宫襄、武父誓，曰：我既付散氏泾田、墙田，余有爽变，支夂（鞭）千罚千。西宫襄、武父则誓。厥受图，矢王于豆新宫东廷。厥左执缕，史正中（仲）农。

《散氏盘》中"唯王九月，辰在乙卯，矢卑（俾）鲜、且、㽙、旅誓，曰：我殒（既）付散氏田器，有爽，实余有散氏心贼，则夂（鞭）千罚千，传弃之。鲜、且、㽙、旅则誓。迺（乃）卑（俾）西宫襄、武父誓，曰：我既付散氏泾田、墙田，余有爽变，支夂（鞭）千罚千。西宫襄、武父则誓"。亦是对自己诺言的起誓，承诺履行誓约，如若违背誓约，则会面临鞭刑与罚金的刑罚处罚。在本铭中，"誓"字出现两次。第一次的"誓"是誓言："如果我的谋划与君命不符（即擅自独断），如果我自取其辱（即自食其言），除接受鞭刑外，还要用有屏蔽的传车被秘密驱逐出境。"第二次的"誓"则是对第一次"誓"的重申。

从这些铭文中可以看出，"盟誓"虽不像《尚书》中记载的甘誓、汤誓、泰誓、牧誓等一样由统治者发布，但仍然是按照国家规定立下的，是在司法官的监督下作出的，并且可以凭借曾经的"盟誓"提起诉讼。① 可见"誓"是由国家强制力加以维护的，并且具有统一的形式规范。盟誓先由法官领誓，然后败诉方重复誓辞，这就是《𫗴匜》铭文中的"从誓从辞"。最后法官将誓辞写成书面文书存于官府，叫作"辞誓成"，以增强誓辞的法律效力。② 王沛亦认为牧牛被处罚并非是因为其控告自己的上司，而是因为其违背了以前的誓言。③ 法官根据以前的誓言作出裁判，显然，誓言成了裁判的依据，这也使得誓言成为西周时期特有的证据形式。对此，冯卓慧、胡留元亦认为，"西周誓审，完全是为了给司法官定罪量刑索取誓辞证据"。④ 其认为，《𫗴匜》铭文中，牧牛的第一次宣誓为原告控告牧牛有罪提供了依据，同时也为法官确定牧牛有罪，即犯有违背前誓罪，提供了证据。第二次宣誓带有悔罪性质，法官又根据其悔罪宣誓，宽减刑罚，因此，第二次宣誓又成为量刑的依据。综上，盟誓成为一种既不同于口供，又不同于证人证言的特殊证据。

至西周，统治者对誓愈加注重。据史籍和铭文记载，西周的国家机构中已专设有"司约""司盟""司誓"等官职。《周礼·秋官·司寇》："司约掌邦国及万民之约剂……司盟掌盟载之法……有狱讼者，则使之盟诅。"由此可见，"司约""司盟"是掌管和监督实施约辞券书、盟誓的官吏。此外，扬殷铭文还记有"司誓"一职，郭沫若同志认为："此司誓，盖《周礼·秋官》司约、司盟之类。"⑤ 这些官职的设置为盟誓作为证据的使用提供了有力的组织保证。那些违背誓言者，是要受惩罚的。《周礼·秋官·条狼氏》："凡誓，执鞭以趋于前，且命之。誓仆右曰杀，誓驭曰车环，誓大夫曰敢不

① 王沛：《西周金文法律资料辑考（上）》，载徐世虹主编：《中国古代法律文献研究》（第七辑），社会科学文献出版社 2013 年版，第 43 页。
② 胡留元、冯卓慧：《卜辞金文法制资料论考》，载杨一凡、马小红主编：《中国法制史考证·夏商周法制考》（甲编第一卷），中国社会科学出版社 2003 年版，第 151 页。
③ 王沛：《西周金文法律资料辑考（上）》，载徐世虹主编：《中国古代法律文献研究》（第七辑），社会科学文献出版社 2013 年版，第 43 页。
④ 胡留元、冯卓慧：《夏商西周法制史》，商务印书馆 2006 年版，第 587 页。
⑤ 郭沫若：《两周金文辞大系图录考释》，载《郭沫若全集·考古编》（第八卷），科学出版社 2002 年版，第 118 页。

关鞭五百，誓师曰三百。誓之大史曰杀，誓小史曰墨。"这是军誓，意思是说，对于违背誓言者，要按照主体和犯罪情节，分别处以杀、车裂、墨或鞭的刑罚。

与当代宣誓不同的是，盟誓的目的在于预防犯罪，督促自己自觉履行义务；当代宣誓的目的在于保证证据的可信度。盟誓的内容直接承载了具体的信息，具有个别性，所以可以直接作为定罪量刑的依据，而宣誓的内容只是保证自己所言真实，具有普适性，只有在认定伪证罪的时候，可能才会被作为证据。

盟誓之所以能作为裁判的重要依据是因为人们心中信奉神灵，敬畏神灵，所谓"举头三尺有神明"，所以祭祀、盟誓在当时是非常重要的仪式，对人们的行为起着非常重要的规范作用。盟诅程序的设立，正是利用人们敬畏神灵的心理，确保当事人能够遵守自己的诺言，如违背诺言也成为行罚的根据。进入战国时代，神灵的地位遭到撼动，神明裁判逐渐消失，盟誓也因为缺乏了可信度，而在审判实践中逐渐被废弃。这也正是为何在我国当代的司法实践中不重视誓言，更遑论作为证据形式的缘由。当代人缺乏统一的信仰，精神上无所畏惧。事实上，精神上的禁锢比行为的桎梏更能奏效，这也正是奴隶主阶级重视祭礼、盟誓的原因。

本章小结

通过研究《易经》中的《革》《家人》《解》《明夷》《夬》《随》《坎》等卦爻辞及卦象，并与《尚书》《周礼》等传世文献，以及《五祀卫鼎》《倗匜》《卫盉》《曶鼎》《琱生簋》《亗攸从鼎》《散氏盘》等出土文献的印证得出，西周时期，我国已经出现了口供、证人证言、物证、书证、盟誓等证据形式；同时，在西周明德慎罚思想的指导下，法官裁断案件不再单纯地根据神明旨意，甚至是很少采用神明裁判。大多数情况下，法官会依据人证、物证、口供来定罪量刑，以达到使人民信服的诉讼效果。

由于历史文化的惯性，对于神明裁判的依赖虽然大幅度减少，但是对于神明的敬畏依然存在，所以"盟誓"这一特殊的证据形式在周时扮演着重要的角色。随着神灵地位的动摇，人们不再盲目相信神灵，转而更加关注人类本身，"盟誓"的现象也逐渐走向终结。

那么，西周时期司法官又是以什么样的证明方式和证明标准来得出案件结果、实现诉讼目的呢？

第四章

《易经》中体现的证明方式与
证明标准

第一节 《易经》中体现的证明方式
及其演变轨迹

从《易经》中的记载来看，《易经》中体现的证明方式主要有神明裁判和证据裁判。同时，结合同时期的传世文献以及"瀍"字的字形演变进行分析，对神明裁判和证据裁判的内容予以补充，并对其演变发展轨迹进行了勾勒。

一、《易经》中体现的证明方式

（一）神明裁判

1. 《易经》中记载的神明裁判

所谓神明裁判是指在人类社会初期，由于司法鉴定技术和证据学的匮乏，法官在是非难辨时，往往会求助于神的力量，依据神意来裁断事实。由于神明裁判在一定程度上能给人以心理威慑，所以在人类文明的早期广为流行，几乎成为各民族法律起源的一种共性。① 易经中的《大壮》卦、《履》卦就体现了西周时期通过神兽来裁定案件事实的现象。

《大壮》:"羝羊触藩,羸其角。""藩决不羸,壮于大舆之輹。""羝羊触藩,不能退,不能遂,无攸利,艰则吉。"羝羊,指公羊;藩,指篱笆;羸,指拘系;壮,同撞;輹,指辐,车轮;遂,指进。其方法是将羊置于篱笆中,双方当事人各自站在圈外,同时宣读讼词,看羊冲向哪一方来裁断孰是孰非。可见,案件是非曲直依赖于公羊的行动,即以羊裁判。

《履》:"履虎尾,不咥人,亨。"《履·九二》:"履道坦坦,幽人贞吉。"《履·六三》:"履虎尾,咥人,凶。"《履·九四》:"履虎尾,愬愬,终吉。"履,踩踏;咥,指咬;愬愬,指畏惧;幽人,被囚禁的人。大意为当双方当事人是非争辩不明之时,就由虎来裁判。其方法是让当事人用脚踩笼子里老虎的尾巴,如果老虎发怒用尾巴横扫,就是凶;如果老虎畏惧地抽回尾巴并走远,就为吉。② 可见,孰是孰非全取决于老虎的反应,这就是以虎裁判。

2. "灋"字中折射的神明裁判

"灋"字始见于西周金文,由"水""去""廌"三个部件构成。与《易经》共生于西周时期。其中的"廌"是独角兽,在"灋"中代表神明裁判。探究"灋"中的"廌",与《易经》中的神明裁判相互参详、印证,可以进一步将其具象化。

"廌",象形字,是一种能辨别是非曲直,帮人断案的动物。究竟是什么样的动物,目前有四种猜测:一为牛。《说文》:"廌,解廌,兽也,似山牛,一角。古者决讼,令触不直。"二为羊。王充《论衡·是应》:"觟𩨹者,一角之羊也,性知有罪。皋陶治狱,其罪疑者,令羊触之。有罪则触,无罪则不触。"③ 三为鹿。《汉书·司马相如传》:"椎蜚廉,弄獬廌。"颜师古注引张揖曰:"獬廌,似鹿而一角。人君刑罚得中则生于朝廷,主触不直者。"四

---

① 郑显文:《中日古代神明裁判制度比较研究》,载《比较法研究》2017 年第 3 期。陈光中、郑曦:《论刑事诉讼中的证据裁判原则——兼谈〈刑事诉讼法〉修改中的若干问题》,载《法学》2011 年第 9 期。

② 武树臣:《〈易经〉与我国古代法制(上)》,载《中国法学》1987 年第 4 期。

③ 李学勤:《字源》,天津古籍出版社 2012 年版,第 866 页。

为麟。《隋书·礼仪志》引蔡邕说:"獬豸如麟一角。"

表4　"廌""牛""鹿""羊""麟"甲骨文字形

廌	牛	鹿	羊	麟
后 2.33.4	乙 6964	甲 265	合集 1072	前 4.47.3

由表4可知,牛、鹿、羊、麟这4种动物都已有甲骨文的记载,但是却与"廌"相去甚远,可见,"廌"并不是这四种动物的任何一种。对于"廌"究竟是何动物,由于并不影响其作为神兽进行神明裁判的论断,加上史料的匮乏,很多学者避而不谈。该问题也不影响本书结论的论证,但是本着求真的精神,笔者还是对此问题进行了一番大胆猜测、小心求证的考证。

《易经》是最接近"廌"字所处时代的文献,故从《易经》中出现的动物入手。最为显著的应该是《履》卦。《履》曰:"履虎尾,不咥,亨。"这是关于神明裁判的记载。由此可以猜测,这个"廌"可能为虎,因为都是作为裁判的神兽。

再来对照"虎"与"廌"的甲骨文字形。(见表5)

表5　"廌"与"虎"的字形对比

甲骨文字形				金文		楚系简帛			
廌	虎	廌	虎	廌	虎	廌	虎	廌	虎

经过比对,发现"虎"与"廌"的甲骨文、金文、楚系简帛字形,大体相似,均为四肢大型动物,都有尾巴,并且头都很大。

再排查《易经》中出现的其他动物:豕(猪)、豹、马、龙、犬、雉、鸡等,其中"豹""马"与"廌"的甲骨文字形较为相近,其余皆相去甚远。

为了防止《易经》对神兽的遗漏,笔者依"廌"的甲骨文字形所刻画的动物外形进行了动物科属的比对,发现与之相近的主要有猫科动物、犬科动物、牛科动物、马科动物。牛科动物如牛、羊等前已被排除，观其甲骨文字形可以看出先祖对其特征的刻画主要表现在角上。

虎和豹都属于猫科动物。猫科动物分为 3 亚科，猎豹亚科、猫亚科、豹亚科。共有 14 属 40 种。已知的 36 种猫科动物都源自 1800 万年前的亚洲，且经由陆桥散布至各洲。其中，豹属是最古老的，而猫属则是最年轻的。这些猫科动物的共同特征是体型中、大，躯体均匀，四肢中长，趾行性。视、听、嗅觉均很发达。猫科动物的头骨特点为吻部短、颧宽较大，超过颅全长一半以上。头骨轮廓近似圆形。鼻骨短，呈斜坡状，前颌骨狭，上颌骨高而短。下颌骨亦短，冠状突显高。额骨部高耸，颧弓粗大，并向两侧强烈扩张，以附着和容纳粗大的咀嚼肌。短的吻部，亦是加强和适应咬合动作的。多数种类具大型眼眶，额骨、顶骨均较宽。这种头骨特点的描述与甲骨文鷹 $\\mathfrak{q}$ 的头部相吻合。若与同样具有四肢的犬科动物相对比，猫科动物的这种头部特征则更为突出。

犬科动物全球共有 13 属 36 种。包括狗、狼、豺、狐狸等。体型中等、匀称，四肢修长，趾行性，利于快速奔跑。头腭尖形，颜面部长，鼻端突出。观其甲骨文字形：犬 $\\mathfrak{q}$、狐 $\\mathfrak{q}$、狼 $\\mathfrak{q}$，可以发现先祖在刻画犬科动物的头部时，仅以一横替代，这充分说明"鷹"的头部刻画与猫科动物的头部更加吻合。

马科动物马的甲骨文字形 $\\mathfrak{q}$ 也与"鷹"的甲骨文字形接近。但是未见任何文献记载马被用于神明裁判中。马对于早期人类的价值就是被食用、被使役和射骑，以及用于祭祀或观赏。一般而言，神明裁判是借用神的指示来协助裁判，那么神所寄托的动物往往被先祖视为具有灵性的动物，从而成为图腾崇拜的对象。翻阅相关的文献，历史上各民族图腾崇拜的对象有青蛙、猪、羊、虎、龙、蛇等。人类崇拜这些动物的原因大概有两类：一类是强大的生殖能力，人类羡慕它，如蛙、猪、蛇等；一类是动物的强大凶猛，人类惧怕它，如虎、龙等。马从 4 岁左右开始产小马，一年生一匹，生一匹小马需怀胎 12 个月，比人类繁衍还漫长。马又算不上强悍、凶猛。所以很少见到马被作为图腾崇拜的对象。马在各种动物排行中，并非很突出的具有特别灵性的动物，故而被选为神明裁判的神兽概率也大大降低。

在众多的动物图腾中，虎被作为图腾的概率较高。先祖视虎为惩恶佑善的灵物。历史上有很多虎庇护善人的传说，如《左传·宣公四年》所记载的"虎孩"的故事。虽时代略滞于其后，但基于历史文化传统的惯性，亦可结合其他文献强化虎在先祖心中的地位。《周易》中除了《履》提及虎之外，还有《革·九五》："大人虎变，未占有孚。"《革·上六》："君子豹变，小人革面。"大人对应的是"虎"，君子对应的是"豹"，豹者虎类而小者，豹性好隐，喻旧朝隐退大臣。该卦这两爻的大意为大人如猛虎般推行变革；君子如山中之豹辅佐君王实施变革。由《讼》卦中的"利见大人"可知，裁判之事亦为大人之责。以虎来类比大人，说明大人与"虎"具有共性，那么"虎"被当作神明裁判中的神兽亦是情理之中。

综上，"廌"非传统中所认为的"牛""羊""鹿""麟"，古者先贤因为缺少出土文献的支撑，而失之偏颇也不足为奇。经过有限的初步考证，目前笔者可以明确的是，"廌"乃接近虎的猫科动物。这由甲骨文字形的比对，猫科动物的生理结构以及《易经》和动物图腾的若干文献可推测。本着小心求证的精神，笔者不敢妄断"廌"即是"虎"，这需要更多的文献予以佐证。虽然，费了一番周折只考证出一个概论，而非定论，但笔者希冀的是能够抛砖引玉，哪怕是结论的推翻，也能对这个问题有一个试错的贡献；而明确此问题的意义在于，今后学者们可以从该原始动物的文字演变史或者动物图腾的研究进路来探寻神明裁判的起止时间及更多隐秘的内容。

利用神兽来裁判，显示出了人类社会初期的无助。一旦司法官无法收集到足够的证据来裁判案件时，便会求助神判的方式。然而，这种无助求神的裁判在中国却绝迹得很早。法制史学界一般认为，商朝时期的司法制度具有一定的"神判"色彩。西周时期，尽管有"有狱讼者，则使之盟诅"的记载，审判却已主要表现为"听狱之两辞"。瞿同祖曾就此论述，"中国在这方面的进展较其他民族为早，有史以来即已不见有神判法了"[1]。虽然，学者们认为，神明裁判在中国消失得很早，但是对具体的消失时间却一直含

---

[1] 瞿同祖：《中国法律与中国社会》，中华书局1981年版，第252页。

糊其词。

总体而言，中国的神明裁判与外国相比较，影响的程度远远不如外国。在时间上，中国基本上限于先秦时期，而在国外，不少国家直至中世纪才逐渐摆脱了神权的桎梏。在表现形式上，中国的神明裁判形式单一，而国外却纷繁复杂。如印度，仅神明裁判种类就有水审、毒审、圣水审、米审、热油审、签审等，形式繁多，残酷至极。中国未见神权立法，而在国外，《汉穆拉比法典》《摩奴法典》《摩西十诫》《可兰圣典》等，相传都是神授的。[①]

随着神明裁判逐渐退出历史舞台，包含人之理性和经验认识的证据裁判法开始受到重视。根据《易经》记载，被告人供述、物证、书证等证据形式已经开始用于诉讼活动，并成为裁判的依据。证据裁判思想已初步显现。

（二）证据裁判

证据裁判是指对于诉讼中事实的认定，应依据有关的证据作出；没有证据，不得认定事实。依据这一核心概念，对《易经》中的卦爻辞及卦象一一梳理，从证据语词，到证据形式，再到证据的审查判断，无一不在昭示着证据裁判思想的萌芽。与此同时，从同时期"灋"字的字形结构和字形演变这一研究进路出发，探索其对证据裁判的印证。

1.《易经》中记载的证据裁判

经过对《易经》卦爻辞的反复解读、论证，发现《易经》中的"夷""金矢""黄金""孚"均含有"证据"之义。在此基础上进一步厘清划定，梳理出西周时期的证据形式有口供、物证、书证、盟誓等，并且在审判中会根据情态言辞去辅助判断证据的真伪，根据当庭对质的原则直接审断证据的真伪，根据刚柔并济的原则综合评判证据的真伪，根据自由心证原则独立裁断证据的适用。这些都契合了证据裁判的精神内核。

在民事证据的采纳上，《周礼·天官·小宰》提出"听政役以比居"，征税发徭以所在户籍为准；"听闾里以版图"，田土争讼以地图为准；"听取予

---

① 胡留元、冯卓慧：《夏商西周法制史》，商务印书馆2006年版，第589—590页。

以书契",借贷钱物,以书契为准;"听出入以要会",审计库藏以簿书为准。

在刑事证据的采纳上,《尚书·吕刑》提出:"两造具备,师听五辞,五辞简孚,正于五刑;五刑不简,正于五罚;五罚不服,正于五过。"两造:诉讼双方。师:士师,即刑官。五辞:五刑相关的言辞。简:检核。孚:信。正:定。不简:供词与所察情形不一致,是为疑罪不定。罚:赎。五罚不服,正于五过:孔疏说:"欲令赎罪,而其人不服,狱官重加简核,无复疑似之状,本情非罪,不可强遣出金,如是者则正之于五过,虽事涉疑似,有罪乃是过失,过则可原,故从赦免。"① 此段大意为诉讼双方都到场了,法官们共听狱讼中相关口供,经考察核实,就按五刑定罪。如果囚犯经过复审不合考察结果,属于情况不确定,就不再处以五刑,而定从五罚,让罪犯出罚金赎罪。如果定了五罚而罪犯依然不服,要再加审核,如果发现处罚与过失不相应,就改按五种过失处理,可以赦免他的罪。司法官通过听取原被告双方的陈述,以察听五辞的方式对之予以审查,并据以认定案情,适用法律。

"五刑之疑有赦,五罚之疑有赦,其审克之。简孚有众,惟貌有稽,无简不听。"② 孔安国释曰:"刑疑赦从罚,罚疑赦从免,其当清察,能得其理也。"貌:微细之处。稽:考查。听:听受。具:共。严:敬。如果发现所判五刑情有可疑,可以直接赦免;同样,发现所定五罚情有可疑,也要赦免。这都必须详加审核。罪状经审核,有多人证实,还要对细微之处详加稽查,此时可判定刑罚。如果案情无从核实,则不必受理。③ 这种罪疑从赦、罚疑从赦的原则,恰恰印证了西周时期证据不足,不能认定事实的司法现状,与证据裁判的精神相契合。

《周礼·秋官·司厉》:"司厉,掌盗贼之任器、货贿,辨其物皆有数量,贾而楬之,入于司兵。"郑玄曰:"任器货贿,谓盗贼所用伤人兵器及所盗财物也,入于司兵。若今时伤杀人所用兵器盗贼赃,加责没入县官。"④ 贾公彦疏云:"入于司兵者,其任器多是金刃;所盗货财,虽非金刃,以其贼物,

---

① 《尚书·吕刑》,顾迁译注,中州古籍出版社 2017 年版,第 285 页。
② 《尚书·吕刑》,顾迁译注,中州古籍出版社 2017 年版,第 285 页。
③ 《尚书·吕刑》,顾迁译注,中州古籍出版社 2017 年版,第 286 页。
④ (唐)贾公彦:《周礼注疏》(卷三十六),北京大学出版社 2000 年版,第 1120 页。

示入司兵，给治兵刃之用，故入司兵也。"① 此强调在审理盗窃、杀人等重大刑案时，由司厉负责收集保管作案工具和赃物。这已类似于现在的刑事证据保管制度，也从侧面说明西周时期对证据的重视。

目前，学界内权威观点认为，证明方式的进程依次为神明裁判、口供裁判、证据裁判，② 而且这三个阶段是由非理性走向理性的过程，也就是说这三个阶段是历史性的，但是我们从《易经》中可以解读出，早在西周时期，我国就已经有了证据裁判思想的萌芽。尽管有些学者也承认很早法官就采用了物证和书证等，但由于主要是依靠刑讯获得的口供定罪，所以其认为不能认定已经产生了证据裁判原则。笔者认为，这种观点其实是对证据裁判原则做了狭义解释和当代的精细定位，认为只有依据或者全部依据合法获得的证据来认定事实才是证据裁判原则，如果这一时期有些案件在认定事实的同时还依据了一些非法获得的证据，甚至依据神明来裁判，就不能说这一时期证据裁判原则已存在。严格意义来讲，没有证据就不能认定案件事实是证据裁判原则的精神内核，所以上述说法也有其合理性。但是，如果在追溯证据裁判思想的起源时，可能就需要对证据裁判原则做广义的解释和宽泛的历史定位，也就是说只要具备证据裁判的主要特征就可以认定为证据裁判思想的起源。通观所有对证据裁判原则的定义，学界内似乎在界定时都强调"以证据为依据"来认定事实，因此，只要是通过证据来认定的事实就是证据裁判原则的宽泛适用，并非必须是这一时期内所有的案件事实或者大部分案件事实都依据合法的证据来认定才叫证据裁判业已存在。基于此，笔者认为，西周时期已出现证据裁判思想的萌芽。

退一步讲，即便按照上述的证据裁判思想的界定来剖析西周时期的司法实践，西周时期也可以认定为证据裁判思想的萌发。因为，西周时期，没有任何史料表明当时存在"刑讯"。有人会认为《礼记·月令》中的"毋肆掠"是对"刑讯"的记载。其实不然。笔者认为：第一，毋肆掠的"掠"并没有明确其实施是在审判未结之前，所以也有可能是指审判结束之后的执行

---

① （唐）贾公彦：《周礼注疏》（卷三十六），北京大学出版社 2000 年版，第 1120 页。
② 陈光中：《证据裁判原则若干问题之探讨》，载《中共浙江省委党校学报》2014 年第 6 期。

刑罚；而刑讯仅存在于案件未审结之前。第二，仲春之月毋肆掠，并不能说明其他时节肆掠就是合法的。法律授权不适用非此即彼的逻辑推论。第三，《礼记·月令》载："孟秋之月……命有司修法制、缮囹圄，具桎梏，禁止奸，慎罪邪，务搏执。命理瞻伤，察创，视折，审断决，狱讼必端平，戮有罪，严断刑。"从头到尾，孟秋之月的囹圄、桎梏、狱讼都有与"仲春之月"相对应，但是却未见孟秋之月的"笞掠"，说明并没有从法律上肯定"笞掠"。第四，有学者认为"掠"本身就有拷问拷打之义，依据是《郑注》"掠，谓捶治人"。① 但是经过查阅《字源》《汉字源流字典》等，"掠"的本义及常用义为夺取、抢夺。② 即便引申义有拷打，也并无记载说此"掠"就是案件审结前实施的，也有可能是结案后实施的，此时其性质就不再是刑讯，而变成了刑罚，如鞭刑亦可称为"掠"。《汉字源流字典》在释义"掠"时说"鞭打也是迅速拂过，故又引申为拷打"③。所以，即便"掠"为拷打之义也不能说明刑讯合法。

基于以上理由，笔者认为，并没有任何史料说明西周时期存在刑讯，同时结合西周时期"明德慎罚"的统治思想，刑讯也与"明德慎罚"的主旨背道而驰。据蒋铁初考证，事实上的刑讯在战国时才存在。④ 直在秦代，才首次确认了刑讯的合法性。秦从法律上明确规定了司法官应当如何进行刑讯，以及刑讯时是否可以拷打受审人。因此，没有刑讯的西周依据证据作出案件事实的认定可以界定为西周时期，已出现证据裁判思想的萌发。

2. "灋"字中折射的证据裁判

除了《易经》中体现的证据裁判思想，与《易经》同时期的"灋"字也承载了证据裁判的信息。

"灋"字除了"廌"代表神明裁判之外，其余两个部件代表什么，又蕴含了什么深刻的道理，一直都不乏仁人志士去探索其真谛，而且争议更大。

---

① 徐朝阳：《中国古代诉讼法·中国诉讼法溯源》，吴宏耀、童有美点校，中国政法大学出版社2012年版，第115页。

② 谷衍奎：《汉字源流字典》，语文出版社2008年版，第1221页。李学勤：《字源》，天津古籍出版社2013年版，第1083页。

③ 谷衍奎：《汉字源流字典》，语文出版社2008年版，第1221页。

④ 蒋铁初：《中国传统证据制度的价值基础研究》，法律出版社2014年版，第96—97页。

大多学者认为"水"乃许慎之解释为平之如水,但亦有反驳者认为水的常态非平之如水,而是自上而下地流动;"去"在"灋"中乃祛除兽性之意,但"去"的本意解读为祖先离开居所令人费解。

(1)"水"部件喻示规则性

"灋"中的"水"部件是何寓意?《说文·廌部》:"灋,刑也。平之如水,从水。"意为法就像水一样平正,所以从水。有学者质疑平静并非水的常态,并将"灋"中的水释为:法像水从高处流向低处一样,是自上而下颁布的。有学者则解为将被触者放在水上,随流漂去。亦有学者综述争议,并重新论证水的公平之义。①

"灋"最早出现于西周金文中,那么同时期的《周易》是如何表达水呢?我们知道,八卦是伏羲仰观天文、俯察地理、近取诸身、远取诸物,通过对自然现象的观察而抽象提炼所画。八卦是对当时社会生活、自然现象的一个集中反应。因此,我们可以从八卦卦象中探寻古时先祖的衣食住行以及思想文化的轨迹。在《周易》八卦中,与水有关的有两个:一个《坎》卦,另一个是《兑》卦。《坎》与《兑》的区别在于,《坎》为阳卦,代表流动的江河雨水;《兑》为阴卦,代表静止的湖泊泽水。由卦象可知(见表6),"灋"之水形似《坎》卦(见图27),而与《兑》卦相形甚远,那么说明"灋"的水取意为流动的坎水,而非静止的兑泽。

表6 "水"字形演变

甲骨文	金文	战国文字	篆文	隶书	楷书
合集 33351	集成 5983	上(2)·鲁	说文	景北海碑阴	楷书

图27 "坎""水""灋"对比图

---

① 张永和:《"灋"义探源》,载《法学研究》2005年第3期。

那么，形似就一定意味着质同吗？在西周时期，的确是的。

首先，"灋"字的诞生与《周易》属同一时期，均为西周，彼时的文字为金文，是继甲骨文之后的早期文字。古人思维简单，在文字初创时期，描述、表达同一事物时不会存在多种方式，目前发现的金文大概只有几千字。

其次，西周时期的思维为象形思维，文字创设时如同画画，是对事物特征的高度概括和提炼。很多外国人和小朋友学习甲骨文、金文非常快，就是因为初始文字创设的思维接近孩童时期最简单的直觉思维。既然是对事物主要特征的刻画，那么文字的形象高度雷同时，就说明其表达的是同一事物。

"灋"字中的"水"部件后人认定为是"水"，这是没有异议的。有异议的是"动之如水"还是"平之如水"。《周易》中代表水的有两卦，分别是《坎》卦和《兑》卦。《坎》卦代表流动的水，《兑》卦代表偏静止的水。这在易学界里也是没有疑义的。通过字形对比发现，"灋"之"水"与《坎》卦卦象如出一辙。结合西周时期，文字尚匮乏，思维尚单一，同一图形不会有不同意指，可证："灋"之"水"与"坎"同一。亦即"灋"之"水"意指"动之如水"。

由此，《说文》中关于"灋"中"水"的解读为"平之如水"值得商榷。除了"灋"之水部件与《坎》卦在卦象上契合之外，传世文献中亦有诸多先贤认为《坎》卦有法律之象。

汉代干宝释《蒙·初六》曰："初六戊寅，平明之时，天光始照，故曰发蒙。坎为法律，寅为贞廉，以贞用刑，故利用刑人矣。"[1]

《九家易》释《明夷·六二》曰："二欲上三居五，为天子。坎为法律。君有法，则众阴当顺从之矣。"[2]

《学易笔谈初集》释"讼狱"曰："噬嗑之象上离下震。离者明也，万物皆相见，则物无遁形，以示治狱者必明察庶物，一无壅蔽。中爻三四五为坎，坎为法律，为智，为水。"[3]

---

[1] （清）惠栋：《易汉学》（卷四），载《钦定四库全书》。

[2] （唐）李鼎祚：《周易集解》（卷七），王丰先点校，中华书局 2016 年版，第 225 页。

[3] （清）杭辛斋：《学易笔谈初集》，载杭辛斋：《杭氏易学七种》，周易工作室点校，九州出版社 2005 年版，第 342 页。

《周易集解》释"圣人以顺动，则刑罚清而民服"曰："帝出震，圣人也。坎为法律，刑罚也。坤为众，顺而民服也。"①

《厚斋易学》释《蒙》卦"利用刑人以正法也"曰："利用刑人，初六占以正法也。耿氏曰'行法欲正其始，故着于初'。李去非曰'坎为法律，故取正法之义'。"②

《焦氏易林注》释《屯》曰："人无足，法缓除……震为人、为足，伏巽，下断，故曰无足。坎为法律。除，授官也。"③

《周易浅释》释《噬嗑》曰："上体离明有亨之义，互坎为法律，又为刑狱，狱所以治间者，故利用狱。"④

《仲氏易》释《离》卦曰："离为戈兵，故终以征伐，与坎为法律，故终以刑狱，正同。"⑤

《周易辨画》释《丰》卦象辞"丰，君子以折狱致刑"曰："上互兑下倒兑两口相背，狱之象。兑为毁折，故曰折坎为法律。"⑥

除此以外，《周易会通》之《节》卦，《御纂周易述义》之《师·初六》《睽·六三》，《周易孔义集说》之《坎·上六》，《用易详解》之《坎·上六》，《周易玩辞困学记》之《蒙》卦，《易用》之《蒙》卦，《读易述》之《蒙》卦，《周易函书约存》之《蒙·初六》，《周易玩辞》释《蒙·初六》之"以往吝"等皆有提及"坎为法律"。缘何"坎为法律"，尚秉和曰："坎阳陷阴中，不能移动，如法律之固定，如桎梏之在手足，故为法律，为桎梏。"⑦

因此，"从水"并不是取其如止水一样平，而应该从动态的水中探寻水的特性，来寻找与法的相似性。所以，在解读"灋"中"水"的寓意时，不妨从《坎》卦的卦德（基本属性）来分析。

---

① （唐）李鼎祚：《周易集解》（卷四），王丰先点校，中华书局 2016 年版，第 122 页。

② （宋）冯椅：《厚斋易学》（卷三十七），载《钦定四库全书》。

③ （汉）焦延寿：《焦氏易林注》（卷十六），载《钦定四库全书》。

④ （清）潘思榘：《周易浅释》（卷二），载《钦定四库全书》。

⑤ （清）毛奇龄：《仲氏易》（卷十三），载《钦定四库全书》。

⑥ （清）连斗山：《周易辨画》（卷二十九），载《钦定四库全书》。

⑦ 尚秉和：《周易尚氏学》，张善文点校，中华书局 2016 年版，第 333 页。

需要注意的是，"灋"从构成部件来看，含有"廌"，喻义神明裁判，所以"灋"并不等同于今"法"。"灋"更多是指审判，即司法活动。① 因此，探究"灋"所折射的法的特性实际上是指司法的特性。相应地，从《坎》卦分析"灋"中之"水"时，亦是在司法的语境内进行的。

另外，周易八卦有万物类象的特质。坎为水，但坎不仅仅为水，还可以代表方位中的北方，颜色中的黑色，动物中的猪（豕）等。依据《坎》卦的本质特征和卦象，坎可以在不同层面代表不同事物。这就是"卦象"的难得之处，所谓"立象以尽意，设卦以尽情伪"（《系辞上传》）。此可以弥补"书不尽言，言不尽意"（《系辞上传》）的弊端，从而包罗世间万象。以下便从"坎为陷""坎为耳""坎为沟渎"这三个不同的类象尝试推演"灋"中之义。

①坎为陷，喻示司法乃陷中求保。

《说卦传》云："坎，陷也。"一阳陷于二阴之中，凡水所居其地必陷，故其意为"陷"。陷，人或动物（属阳）掉入坑坎中为陷（属阴）。臽，小坑，"陷"的本字。臽的甲骨文，如人掉入陷坑之状。《说文·臼部》："臽，小阱也。从人在臼上。"《系辞下传》云："掘地为臼。"臼犹坑也。本义为掉进坑中，陷入。《彖》曰："习坎，重险也，水流而不盈。"故而，当"灋"出现时，一定是有人陷入坎险之中，并寻求保护。这也印证了司法乃权利保护的最后一道屏障。

于统治阶级而言，"灋"是统治阶级进行阶级统治的工具。当统治阶级的统治秩序遭到破坏时，意味着统治阶级陷入了险境，此时需要用"灋"来惩治破坏统治秩序的人，以维护其阶级统治。于普通老百姓而言，"灋"是当其权利遭到侵害，陷入险境时，寻求救济的有力保护武器。"灋"中有坎水，有陷险，说明"灋"在最初是陷入险境时才发挥作用的。"灋"与"陷险"往往相伴相随，当大自然陷入险境，需要"灋"来拯救；当人与人之间陷入险境，需要"灋"来调整；当统治阶级陷入险境，需要"灋"来巩固。所以，"灋"本身就包含了陷险中予以保护的功能与作用。

---

① 古人尚没有明确地区分立法、执法、司法，故而"灋"仅指司法活动。

②坎为耳，喻示司法要注重听审。

《说卦传》云："坎为耳。"沈竹礽《说卦录要》曰："坎为耳，阳明在内，犹耳之聪在内也，两旁暗而内一阳明，能纳言在内，故为耳。离为目，阳明在外，犹目之明在外也。"张介宾《医易义》曰："以形体言之，坎为耳，阳聪于内也；离为目，阳明在外也。"孔颖达曰："坎北方之卦主听，故为'耳'也。离南方之卦主视，故为'目'也。"①

"澧"中有坎，而坎亦有"耳"之义，喻示着法官在司法听审中要注意用耳来听。为何强调是"听审"，而不是"观审"？首先，眼睛只能看见物体表面的形状，耳朵却能从声音听出物质的结构情况和形体特征。耳朵在感知事物时更不易受到其他信息的干扰，更能用心去感知。"听"简化之前的字源为"聽"，就是强调听的时候要用"心"。其次，审判是为了辨别是非，而"是非"是已经发生的事实，对于已发生的事实认定主要是靠听双方当事人怎么说，而不是看他们怎么做，尤其是在物证技术不发达的古代，对于言辞证据更为依赖，因此，审核时更依赖听，而不是观。再次，从视觉和听觉的特点来看，视觉感受具有空间性，听觉感受具有时间性。视觉感受的是当下，即空间性和瞬间性的结合；听觉感受则具有时间上的流动性，可以感知过去、现在甚至未来。就审判而言，审理的对象主要是过去发生的事实，更强调对过去的感知，具有时间性的特征，所以在审判中，听觉感受比视觉感受更为重要。最后，听到的是事，看到的是人，审理应当因事而断，不能因人而断，不能因为人而有所偏私，所以为了避免徇私，要更强调听审的重要性。

无独有偶，不但中国古代强调听审，西方亦是如此。在文艺复兴时代，司法女神朱蒂提亚的造像出现在欧洲各个城市法院。女神沿用古罗马的造型，披白袍、戴金冠、右手持天平、左手持长剑、并戴着眼罩。其之所以要戴眼罩是为了防止看到当事人而产生私心和偏向，避免自由心证的外界干扰，注重用耳用心去感知案件事实的真相。这与中国古代审判强调用耳类似。"澧"之水为坎，坎为耳，故"澧"中有耳，"澧"多指司法，亦即"审"中有

---

① 李守力：《周易诠释》（卷三），兰州大学出版社 2016 年版，第 961—962 页。

耳。故而，"灋"要注重听审。

③坎为沟渎，喻示司法的普遍性。

《说卦传》云："坎为沟渎。"《周易正义》曰："坎为沟渎，取其水行无所不通也。"[①]《周礼订义》在注疏"掌沟渎浍池之禁凡害于国稼者"时，曰："郑锷曰水相交通，谓之沟。窦水而行之，谓之渎。防水而聚之，谓之浍。蓄水而止之，谓之池。池以止水，沟、浍、渎以行水，皆有禁焉。行者不得擅塞，止者不得擅行，非所当行而行，非所当止而止，大焉则害于国，小焉则害于稼，此所以设官以掌其禁也。"[②]

《周礼注疏》在注疏此句时则曰："沟、渎、浍，田间通水者也。池，谓陂障之水道也。害于国稼，谓水潦及禽兽也。"[③] 由此可见，"沟渎"在以农耕为主的西周时期遍及四处，而且发挥着不可缺少的作用，故而专设官职予以管理。"坎为沟渎"，说明"灋"中的"水"部件喻示着"灋"亦像沟渎一样具有普遍性，遍及农耕社会的四处，遍施于百姓人家，虽为"隐伏"，但却具有非常重要的作用。

虽有言"刑不上大夫，礼不下庶人"，但是我们也知道，贵族阶层也是有死刑的，只不过庶民的死刑有千百种，极其残忍，且执于闹市；而贵族可以留全尸，可以执于家中。王土之下，概莫能逃。这便是司法的普遍适用性。由此亦可知，原始的"灋"强调的是普遍适用性，而非平等性，何谈"平之如水"？

综上，"灋"中的"水"非"平之如水"，而是动之如"坎"。"坎"的属性喻示着"灋"的特征：坎为陷喻示着司法乃险中求保；坎为耳喻示着审判要注重听审；坎为沟渎喻示着司法的普遍适用性。这些属性彰显了司法的理想运行状态，明确了司法运行中所遵循的法则，故而"水"代表了"灋"的规则性。

---

① （魏）王弼、（晋）韩康伯注，（唐）孔颖达疏：《周易正义》，中国致公出版社 2009 年版，第 311 页。
② （宋）王与之：《周礼订义·秋官司寇下》（卷六十五），载《钦定四库全书》。
③ （唐）贾公彦：《周礼注疏》（卷三十六），北京大学出版社 2000 年版，第 1140 页。

（2）"去"部件喻示证据裁判

通说认为，"去"在"灋"中乃祛除兽性之意，理由是"去"的本义为祖先离开居所。"去"最初的字形是什么样的？确实有祖先离开居所之义吗？不妨一一考证。

①"去"非"从大从口"。

查阅"去"的字形演变（见表7），《字源》认为"去"字可能有两个来源。一是象形字。像盛器，下部之"口"像器，上部之"大"像盖儿，是"凵卢"一词的象形初文，本义是有盖儿的盛食器。二是从大从口，结构之意不明，词本义未知。① 从形状来看，可以推测为有盖儿的盛器，但是却与"去"的含义相去甚远。《说文·去部》："去，人相违也。从大，凵声。"本义为离开。至于第二种解释为从大从口，却表明结构不明，词义未知，说明"去"字如若从大从口，很难找到因果逻辑，难以自圆其说。既然无法逻辑自洽，很有可能从大从口的推论为假。虽然在《汉字源流字典》中，编者将其释为"人从地穴口走出离开之意"，② 但是为何要采用上下结构，而不是左右结构令人有些费解。

表7 "去"字形演变

甲骨文	金文	战国文字	篆文	隶书	楷书
合集 7473	集成 2782	郭·老乙·4	说文	度尚碑	楷书

《古文字诂林》："《说文》：'凵，张口也。象形。'朱骏声《说文通训定声》：'一说坎也，堑也，象地穿。凶字从此。'杨树达《积微居小学述林》卷二：'凵象坎陷之形，乃坎之初义。'荫范按：朱、杨之说近之，然仍略差一间。凵乃远古房坑之形。大量考古发掘证实，远古人类居室，多于平地挖数尺浅坑，夯实、置柱，再沿周边垒短墙，然后苫盖。凵即象此浅坑（考古学称房坑）之纵剖面形……唯因凵象房坑之形，故而它的本义即不是一般穿

① 李学勤：《字源》，天津古籍出版社2012年版，第444—445页。
② 谷衍奎：《汉字源流字典》，华夏出版社2003年版，第135页。

地而成之坑堑，而是人类居室之符号，由此引申而为人类居住区域和古代邦国的表义符号。"① 对此，笔者认为，"凵"乃所挖的地基，而非人类居室，人类居住在屋子里为的是房屋能够遮风挡雨避沙，哪怕四周没有墙壁，恐怕也得有顶，而"凵"恰恰没有顶，丧失了房屋最显著的功能特征。如若将"口"释为人类居室，上面一横的略去只是文字简化的缘故，则需考证一下古人是如何用符号表达房屋的。

其一，上栋下宇。

《系辞上传》曰："《易》有圣人之道四焉：以言者尚其辞，以动者尚其变，以制器者尚其象，以卜筮者尚其占。"所谓制器尚象是指根据"象"来制造器物、工具。孔颖达对其解释为："'以制器者尚其象'者，谓造制刑器，法其爻卦之象。若造弧矢，法《睽》之象；若造杵臼，法《小过》之象也。"② 在孔颖达看来，"制器尚象"就是古人依照卦象来制造器物。朱熹曰："十三卦所谓'盖取诸离，盖取诸益'者，言结绳而为网罟，有离之象，非观离而始有此也。"③ 依朱熹看，先祖在设计网罟时并非依卦象才制造的，而是网罟恰巧与离之卦象吻合。可见，学者们对于"制器尚象"之"象"是卦象还是自然现象各执一见。

卦象是"圣人有以见天下之赜，而拟诸其形容，象其物宜，是故谓之象"（《系辞上传》），是圣人通过仰观天、俯观地，"近取诸身，远取诸物"（《系辞下传》），根据自然现象而成卦。虽然学者们对"制器尚象"的"象"有所分歧，但都不影响我们透过卦象来窥视当时器物的形容特征。黄寿祺、张善文亦认为："文中所言'制器'典故，虽未必出自'卦象'，但可借以窥探远古时代人们的田渔舟车、衣食住行等方面的劳作生活情状。"④

《系辞下传》："上古穴居而野处，后世圣人易之以宫室，上栋下宇，以待风雨，盖取诸大壮。"上古的人居住在洞穴而散处在野外，后代的圣人建

① 李圃：《古文字诂林》，上海教育出版社2004年版，第3344页。
② （魏）王弼、（晋）韩康伯注，（唐）孔颖达疏：《周易正义》，中国致公出版社2009年版，第272页。
③ （宋）黎靖德：《朱子语类》，王星贤点校，中华书局1986年版，第1619页。
④ 黄寿祺、张善文：《周易译注》，上海古籍出版社2016年版，第711页。

造房屋改变了过去的居住方式，上有栋梁下有檐宇，用来防备风雨，此乃吸取了《大壮》卦的特征。故而，可依《大壮》卦象来反推先祖的房屋特征。《隋书·炀帝纪上》："夫宫室之制本以便生。上栋下宇，足避风露；高台广厦，岂曰适形。"袁文《瓮牖闲评》卷六："今人呼庭宇、院宇、宇下，乃《易》所谓上栋下宇者，宇下，屋檐是也。"徐渭《题鸠》："上栋下宇，前梁后楣，维鹊为之，尔享其成。"《大壮》卦象是䷡，在《帛书周易》中阴爻并非写成"－－"，而是写成酷似数字卦画中的"∧"（八）。由数字卦画的六、八，演变为《帛书周易》的"∧"（八），再变为通行本《周易》中的"－－"。上面两个阴爻就是上栋，按照数字卦的画法，很像尖尖的房顶，下面四个阳爻就是下宇，代表房屋四边的四个顶梁柱。

此外，大壮的卦象为上震下乾，上震代表房屋建造时要注意避震。地震对建筑物的破坏是最大的。震为木，暗喻房屋建造时采用木结构可以更好地防震。我国许多古代建筑，如山西应县木塔等因为上部有消能的木结构而经受住了多次大地震的考验。这些建筑的坚固性都是源于上栋下宇的建筑结构形式。最新研究也表明，木结构建筑的抗震能力确实比其他形式的建筑都好。从建筑的结构功能上讲，"上栋下宇"的栋是指斗拱①、榫卯②和柱础③，他们都有微量运动的特性以消减地震荷载。宇，屋的四垂，指房屋的顶梁柱，要求房屋坚实的基础。④

综上，"上栋下宇"，除了在外形上趋向于数字卦的画法，即上面尖尖的屋顶，下面坚实的立柱之外，在功能结构上还要求房屋建筑具有抗震性，在建筑材料选择上宜选用木结构材料等。可见，至迟在战国时（《易传》至迟成书于战国，那么书中记载的应是战国以前以及当下已经存在的事实），我

---

① 斗拱是由若干斗斗形的木块和弓形的短枋木相互交接组合而成的构件，用在柱头顶或额枋之上，起着承托梁架和出挑屋檐的作用。当地震发生时，屋顶与柱之间的若干组内外檐斗拱像弹簧层一样起着变形消能的作用，从而大大减少了建筑物的破坏程度。

② 榫卯早在我国7000年前就被使用，是一种不用钉子的构件连接方式，这种具有特殊柔性的木结构体超越了当代建筑排架、框架或者钢架的结构体。其不但可以承受较大的荷载，而且允许产生一定的变形，在地震荷载下通过变形吸收一定的地震能量，减少结构的地震响应。

③ 柱础即柱子下边圆柱形柱脚石，它类似于消减地震荷载的支座。

④ 李守力：《周易诠释》（卷三），兰州大学出版社2016年版，第885—886页。

国古代房屋的建筑特征就突出为上栋下宇，而非一个口，甚至是凵这么简单，而且从上栋下宇的结构来看，顶似乎更为重要，所以在此之前至少应该有一个屋檐的特征以避风雨。

当然有学者可能会反驳，"上栋下宇"只能证明战国之时的建筑结构是这样，在甲骨文、金文时期，圣人可能就只会简单地以"口"代表居室，那么，在甲骨文、金文时期，圣人究竟是用什么符号来表示房屋居室呢？

其二，最早的房屋符号为"宀""厂"。

经过查找字典和参阅相关文献，最早的房屋符号之一为"宀"。甲骨文为𠆢，𠆢，像屋子侧面正视的样子，有屋脊以及两侧的墙壁。篆文作𠆢，只是强调上端屋顶而已。字经隶书，形变作宀，缩短两侧墙壁所致，然上溯篆文、甲骨文之形，还是可以知其像屋子侧面的样子。至于楷书作宀，失形太多，也就不易了解其原形。以上诸形，都据具体的实象造字。在六书中属于象形。《说文·宀部》："宀，交覆深屋也。象形。"段玉裁注："古者屋四注，东西与南北，皆交覆。有堂有室，是为深屋。"本义为古代的一种简易房屋。据半坡遗址复原，先在圆形基址上筑墙，墙上覆以圆锥形屋顶，顶上开窗，下有门，半在地下。[1]《甲骨文合集》295："丁卯卜：作宀于兆？勿作宀于兆？"其意为在丁卯这天占卜：是要在兆建造房屋呢，还是不宜在兆建造房屋呢？可见，当时是用宀来表达房屋，不是用凵。该字最早见于甲骨文，可独立成字，但在古文献中罕见，如今已不单用，只作偏旁。[2] 但凡由"宀"所组成的字大都与房屋有关，如"室""宅""家"等。[3]

除了"宀"代表房屋之外，"厂"也有居室的意思。《说文·厂部》："厂，山石之厓岩，人可居。象形。"本义为山崖。《集韵·养韵》："厂，屋无壁也。"意为没有墙壁或只有一面墙的简易房屋，棚屋。[4]（见图28）

---

① 谷衍奎：《汉字源流字典》，华夏出版社2003年版，第43页。
② 李学勤：《字源》，天津古籍出版社2012年版，第654页。
③ 左民安：《细说汉字——1000个汉字的起源与演变》，中信出版社2015年版，第100页。
④ 谷衍奎：《汉字源流字典》，华夏出版社2003年版，第5页。

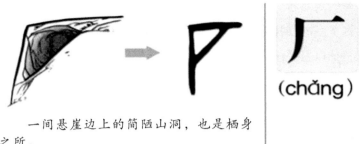

　　一间悬崖边上的简陋山洞，也是栖身之所。

图 28　崖居与"厂"对比图

　　甲骨文 ，象向外突出的山崖形。金文 ，字形外部的"厂"代表声旁，内部的"干"，代表声旁，合在一起就像悬崖边上有一个简陋山洞，可以供人们居住。这个居室一面敞开，所以相比宀所代表的房屋更为简陋。凡是由"厂"字所组成的字，大都与房屋或山崖有关。[①]

　　综上可知，古人最早会用"宀""厂"来表达房屋，"凵"可以理解是为了盖房而打的地基。后来为了使建造的房屋更加结实，又发明了上栋下宇。由古人的房屋符号演变史可知，"去"字的下"口"绝非代表房屋，既然"口"或"凵"不是代表房屋，那么"去"也就无法表达人离开洞穴口或者房屋的意思。故而"去"非"从大从口"。

　　②"去"为"从弓从矢"。

　　既然"去"非"从大从口"，那么"去"代表什么意思呢？仔细观察"去"的字形演变，除了上面像人，下面像口之外，还可理解为上面形似"矢"，下面形似"弓"。

表 8　"弓""矢"字形演变

	甲骨文	金文	战国文字	篆文	隶书	楷书
矢						
	合集 23053	集成 2816	曾 56	说文	孔宙碑	楷书

[①]　左民安：《细说汉字——1000 个汉字的起源与演变》，中信出版社 2015 年版，第 71 页。

续表

	甲骨文	金文	战国文字	篆文	隶书	楷书
弓						
	合集 685 正	集成 4968	包 2. 260	说文	韩勑碑	楷书
去						
	合集 7473	集成 2782	郭·老乙·4	说文	度尚碑	楷书

从表 7 和表 8 观察"矢""弓""去"的字形演变，不难发现，甲骨文"去"的上半部分恰似"矢"的甲骨文字形，即箭头。甲骨文"去"的下半部分恰似甲骨文"弓"的字形。上下结构一合，即为弓矢。弓的方向和箭头方向相反喻义箭已远离弓，借此表达"去"的含义，并与箭在弦上相区分。金文是在甲骨文的基础上进行了简化，但也是"弓""矢"二字的合成。战国时期，由于诸侯争战，你争我夺，也造成了语言异声，文字异形，直到秦始皇统一六国后，才将文字统一为小篆。所以，战国时期的文字字形各异，从"去"上无法搜集足够的样本去比对是否为"弓""矢"的合成。但是若将战国文字"弓"与包含"去"部件的"瀘"（参见表 9 之《郭·六·2》）相比对，可以看出："瀘"的右侧有"弓"的身影。由此可证，在秦以前，从字形上看，"去"或为"弓矢"合一，以箭离弦上代表离开、远去或者去除的意思。

此外，《管子·轻重甲》曰："三月解匓，弓弩无蛀移者。"《说文解字》："匓，盛弓弩矢器也，从匚从矢。""匓"是"装弓箭的器具"，有隔潮的功能。① 弓、矢置之三个月后取出来，都不会变形走样。② 既然"匓"是装弓箭的器具，而"勹"显然代表外面的套具，那么里面的"去"自然就代表了弓矢。故而"匓"字进一步证明了"去"乃弓、矢组合而成。

---

① 汉语大字典编辑委员会编：《汉语大字典》（第一卷），四川辞书出版社 1986 年版，第 258 页。
② 武树臣：《从"箕子明夷"到"听其有矢"——对〈周易〉"明夷"的法文化解读》，载《周易研究》2011 年第 5 期。

表9 "灋"的字源演变

	西周早期	西周中期	西周晚期		
金文					
	大盂鼎	恒簋蓋	大克鼎		
楚系简帛文字					
	信1.07	郭.缁.9	郭.六.2	郭.六.40	包2.18
	上（2）.从（乙）.2	上（2）.昔.3	包2.16	郭.老甲.23	上（1）.才.14
秦系简牍文字					
	睡.杂4	睡.效35	睡.语9		

③弓矢喻示证据。

按照有关文献记载，东夷最早发明了弓箭。《世本·作篇》："蚩尤作五兵。""夷牟作矢、挥作弓。""逢蒙作射。"弓、矢是古代非常重要的武器和生产工具，也会被用来确认战利品的所有权及用作论功行赏的凭证。人们为了明确猎物的所有权，常常会在弓矢上做标记，刻上记号或族徽。这种习惯一直延续下来，如《国语·鲁语下》："铭其括曰：肃慎氏之贡矢。"当发生纷争时，弓矢上面的标记便成了重要物证。

殷朝末年的箕子发明了以弓矢上面的标记来裁判案件的方法。《周易》中的《明夷·六五》爻："箕子之明夷。"就是对箕子判案的记载。《尚书·洪范》记载了周武王拜访箕子时，箕子阐述了治理国家的九项"统治大法"。其中第七项为"明用稽疑"。"稽"，《广雅·释言》："稽，考也。"即考核、调查。查阅金文的"疑"字，（集成3504），清晰可见左侧就是弓矢，右侧是匕字。匕，《玉篇》释曰："匕，矢镞也。"①《汉字源流字典》中"匕"

---

① （清）张士俊：《玉篇》，中国书店泽存堂本1983年版，第511页。

的第6个释义为"箭头"①。《左传·昭公二十六年》："射子，中楯瓦，繇軹汏輈，匕入者三寸。"此句中的"匕"即为箭头之义。金文"疑"字由弓、矢、匕三字所组成，表明当事实真相不明，出现疑问时，可以用弓矢和匕上面的符号来释明。"明用稽疑"就是"明夷"，明，举出、出示；夷，弓、矢相合（𡗜——西周金文"夷"南宫柳鼎），就是通过考核验证弓与矢、匕上面的符号或特征来认定事实，以确定责任。②

《周礼·秋官·大司寇》："以两造禁民讼，入束矢于朝，然后听之。"此句可解读为在民事诉讼案件中，双方当事人必须都到场，并且提交一定的证据之后，才会开庭审理。此句的"束矢"意为证据，而非诉讼费。综览各传世文献和出土铭文可知，西周时期作为等价交换物的、具有货币价值的主要为贝和金（铜），贝以朋为计量单位，金以寽和钧为计量单位，1寽（锊）等于6两，1钧等于30斤。如《矢令簋》铭文记载："姜商（赏）令贝十朋，臣十家，鬲百人。"《周·己酉方彝》："己酉戍命尊宜于召束＊，舞九律舞，商贝十朋。"说明当时的货币主要为贝币，度量单位为朋。再如西周穆王时期《趞鼎》铭："讯大小友邻，取徵五寽。"西周懿王时期《牧簋》铭："乃讯庶右邻……取徵Ｘ寽。"楚簋、毛公鼎、番生簋铭文也都有"取徵五（廿、卅）寽"的记载。"讯讼罚""讯大小友邻""讯庶右邻"均为同一句式，意思是审判案件；"取徵Ｘ寽"与之连用，徵是征收的意思，很显然是征收有关诉讼的费用。目前尚不见"束矢"用于流通领域，充当货币表示的记载。因此，若想表达诉讼费的意思，大概取徵多少寽或多少之朋更为符合周人的语言表达习惯。

综上，因为周人有表达诉讼费的固定语式，且不见"矢"用于流通领域，表达货币的记载，故而"矢"非指代诉讼费。同时，"矢"由于刻于其上的标记而具有了证明所有权的属性。证据是证明案件事实的依据，《周礼·秋官·大司寇》要求在诉讼中"入束矢于朝"，说明弓矢因为其证明的属性而在诉讼中成了认定案件事实的证据。故而，弓矢在诉讼中或可喻示

---

① 谷衍奎：《汉字源流字典》，语文出版社2008年版，第11页。
② 武树臣：《从"箕子明夷"到"听其有矢"——对〈周易〉"明夷"的法文化解读》，载《周易研究》2011年第5期。

证据。

④"去"喻示证据裁判。

古代"灋"的功能主要为治狱决疑，巩固统治，那么作为"灋"的组成部分的"去"部件必然也与治狱、统治相关。"去"为"弓""矢"二字的合成，弓矢有指代证据的象征意义，箕子将弓与矢上的标记进行核对验证，从而认定案件事实。作为"灋"的构成要件的"去"便也自然地承载了证据裁判的意蕴。

西周时期，天命观开始动摇，周人不再完全迷信神灵，故而神明裁判不再具有统治地位，这为证据理性主义的萌芽提供了适用空间。同时，西周统治者吸收殷商亡国之教训，注重敬德保民，审理案件需要使民众更为信服，这为证据理性的萌生创造了有利条件。此外，《礼记·王制》所记载的"疑狱，氾与众共之；众疑，赦之"的赦免原则也与证据裁判思想所倡导的依证据定案、没有证据不能认定案件事实的精神相一致。这似乎也揭示了证据裁判已萌芽。

如果说皋陶用独角兽獬豸治狱，是中国司法审判的鼻祖，那么箕子用有标记的弓矢治狱，创设了证据裁判法，则无疑是证据裁判的鼻祖。西周时期，不仅有神明裁判的遗存，也出现了证据理性主义的萌芽。

二、两种证明方式的演变轨迹

关于神明裁判的演变轨迹，学术界一直苦于史料的缺乏而少有清晰的描绘，特别是对神明裁判消逝的时间一直模糊不清。对于西周时期的证据裁判，也仅限于《尚书》《周礼》的浮光掠影而难以窥其全貌。本书通过"灋"字形演变规律，与其他传世文献相结合，尝试探索神明裁判和证据裁判的大致轨迹。

商周时期的主流阶层都在使用比较统一的文字，如甲骨文、金文等。但是公元前五世纪中国进入战国时期之后，文字就出现了"各自为政"的局面。"水""廌""去"在"灋"中并非一成不变，随着其大小及相对位置的变化，到字形的变异甚至"廌"部件的模糊、消失，似乎描绘了神明裁判的产生、发展以及消逝的变化轨迹。同时，证据裁判自西周开始萌芽，但是随着政治体制的变革，进入封建社会之后，证据裁判也随之发生了变异。

（一）神明裁判的始盛时期

皋陶是史学界公认的"司法鼻祖"，生活在大约公元前2280至公元前2170年，属于原始社会末期和奴隶社会初期。皋陶用獬豸决狱的记载是目前中国法制史上最早的神明裁判例证。亦即原始社会末期出现了神明裁判。但由于文字尚未创设，所以该论断只是基于后世的记载。

甲骨文是中国现存最古老的文字，因镌刻、书写于龟甲与兽骨上而得名，为殷商流传之书迹，距今约3600年的历史。这些甲骨文所记载的内容涉及商代社会生活的诸多方面，但基于有限的字数，所记载的一定是普遍通行或极为重要的事项。"廌"在甲骨文字中已存在，说明神明裁判在商朝时期已普遍通行，为大众所知。

《礼记·表记》篇记载："夏道尊命，事鬼敬神而远之……殷人尊神，率民以事神，先鬼而后礼……周人尊礼尚施，事鬼敬神而远之。"① 传世文献的记载，说明殷人十分崇拜神灵，在这种思想指导下，当民众发生纠纷时，期盼神灵予以审判必然是常态。这也进一步印证了殷商时期已是神明裁判的兴盛时期。

（二）神明裁判与证据裁判并存时期

金文时期，"灋"字始生，其由"水""去""廌"三个部件构成。但是不同时期，三个部件的相对位置却在变化。由前述可知，"水"喻示"灋"的性质与功用，代表了规则性；"去"代表了证据裁判；"廌"代表了神明裁判。"灋"字同时包含"去"和"廌"则寓意着这一时期神明裁判和证据裁判的并存。

西周时期，天命观开始动摇，周人不再虔诚地相信神灵，取而代之的是更注重人的力量，所谓"敬德保民"。在此思想指导下，证据裁判思想开始萌芽并逐渐被广泛运用。如利用弓矢上的符号为物证来判别物的所有权，利用傅别、质剂等书契为书证来判别契约纠纷。与此同时，由于历史文化的惯

---

① 李学勤：《礼记注疏》，北京大学出版社1999年版，第1484页。

性，物证技术不高等原因，对于没有证据可以证明的案件事实，依然会沿用神兽辅助审判的方式。所以，这一时期为神明裁判与证据裁判并存的时期。

"灋"字的构成除了喻示神明裁判和证据裁判并存之外，其各部件相对位置的不断变化则昭示了不同时期所侧重的因素各有不同。西周早期，"去"和"水"共同在左侧，"廌"单独列右侧（参见表9），说明西周早期神明裁判较为普及，规则性和证据裁判相对较弱；西周中期，"水"和"廌"共同在上，而"去"单独在下，说明证据裁判变得较为重要，规则性和神明裁判较弱。西周晚期，"水"倏然放大，单独在左侧，"水"和"廌"相对缩小，堆叠在右侧，说明西周晚期开始注重规则性。

由于相关文献的缺乏，尚没有其他史料予以精确佐证这种变化性的昭示，但是从古人的象形思维来看，重要的特征会予以突出显示则在常理之中。另外，宏观从西周时期的历史发展来看，神明裁判由强到弱，规则意识由弱到强也符合时代的变化发展规律。

（三）神明裁判的消逝

秦始皇统一之前，七国文字分裂成了五大派系，分别是秦系、齐系、燕系、晋系、楚系，这五个派系中，只有东周和秦国尚在沿用西周或之前的大篆，其他四个派系都对文字进行了不同程度上的改变。楚系简帛文，是写在竹简和布帛之上的战国时期古文字，为最早的简帛文，距今2000多年。由表9可知，"灋"的楚系简帛文，字形各异，"水"部件和"去"部件还清晰可见，但是"廌"部件却已变异得不见踪影。循着西周时的"廌"部件之演变踪迹，楚系简帛文中"灋"的"廌"部件变异似乎说明神明裁判在战国时期已逐渐模糊，甚至消逝。

春秋时期，神的地位逐渐下降，人们越来越重视人本身的价值，兴国主要靠民，将亡之时，才会求助神灵。《左传·桓公六年》："国将兴，听于民；将亡，听于神。神，聪明正直而壹者也，依人而行。"有的时候，人们甚至认为民乃神之主，《左传·庄公三十二年》："夫民，神之主也。是以圣王先成民而后致力于神。"这说明当时人的自我意识在逐渐强大，人对社会的掌控能力在逐渐增强，开始怀疑神灵，不再完全受神灵摆布控制。这种思想必然会影响到对神明裁判的信任度和使用度。

战国时代，人们对人神关系的认识进一步颠覆。《墨子·明鬼下》："今执无鬼者曰：'鬼神者，固无有。'"[①] 虽然，此段记载是说墨子反对无神论者，但是从侧面恰恰反映了当时社会已经有一部分人彻底认为无鬼神，所以才会招致墨子的辩驳。而据学者考证，墨子之所以辩驳，也不过"是一种神道设教的手段"[②]。《荀子·天论》："星坠，木鸣，国人皆恐。曰：是何也？曰：无何也，是天地之变，阴阳之化，物之罕至者也。怪之，可也；而畏之，非也。"古时，国人因为无法解释流星的坠落和树木发声的现象而感到恐惧，荀子则认为这些不过是天地变化、阴阳转变的自然结果。对此罕见之象感到奇怪可以理解，但是对此畏惧则没有必要。[③] 荀子这种无畏奇异现象的精神便是破除了对神灵盲目崇拜的明证。

春秋战国时期，人们开始质疑鬼神的力量，甚至开始怀疑鬼神的存在。这无疑会影响到神明裁判的权威性。有史可查的最后一例神明裁判的案件就发生在春秋时期。据《墨子·明鬼下》记载，春秋时期，齐庄公有两位名叫王里国和中里徼的臣子，这两人打了三年官司还是无法定案。因为案情难以判断，齐庄公就让"廌"来听他二人自读诉状。王里国的诉状读完，獬豸没有什么表示；而中里徼的诉状还没有读到一半，獬豸就用角顶翻了他。于是，齐庄公判决王里国胜诉。[④] 这便是我国古籍中关于神明裁判的最后记载。

秦系简牍文字中的"灋"之所以其"廌"部件又清晰可见，并非神明裁判的复兴，而是因为秦始皇统一六国后，有意识地将文字统一为其认为最好看的小篆，不再是根据社会生活造字。故而，与神明裁判已无任何关联。

中国的神明裁判因为缺乏文献的明确记载，故而考证起来十分困难。但是根据"灋"字的字形演变规律，"灋"进入战国时期，"廌"形模糊不清并各异其状，同时结合战国时代对人神关系的颠覆思想，以及关于神明裁判最后的记载是在春秋时期，似乎可以推论神明裁判的消亡时间为春秋战国时

---

① 《墨子》，李小龙译注，中华书局 2007 年版，第 114 页。
② 童书业：《先秦七子思想研究》，齐鲁书社 1982 年版，第 47 页。
③ 王俊：《春秋战国时期的鬼神思想》，载《重庆科技学院学报（社会科学版）》2006 年第 6 期。
④ 《墨子》，李小龙译注，中华书局 2007 年版，第 120 页。

期。英国在 1215 年正式废除神判法的应用。意大利在 13 世纪从古罗马法中学得刑讯的方法，而不再使用神明裁判。① 显然，相较世界其他国家，中国的神明裁判消失得很早。

（四）证据裁判的变异

西周时期，天命观开始动摇，周人不再完全迷信神灵，故而神明裁判不再具有统治地位，同时，西周统治者吸收殷商亡国之教训，注重敬德保民，明德慎罚，审结案件注重使民众信服，这为证据裁判的萌芽和适用创造了有利条件和有利空间。

周平王东迁以后，东周开始，周室开始衰微，中原各国也因社会经济条件不同，大国间争夺霸主的局面出现了，这便是春秋战国时期。春秋时期，各种改革，变法连接不断；战国时期，诸侯争霸，战争不断。改革与争霸战争并存，是春秋战国时期的显著社会状况。据蒋铁初考证，事实上的刑讯在战国时已经存在。② 《史记·张仪列传》载："张仪已学，游说诸侯。尝从楚相饮，已而楚相亡璧。门下意张仪，曰：'仪贫无行，必盗相君之璧。'共执张仪，掠笞数百，不服，释之。"成书于战国时期的《尉缭子》亦记载当时刑讯实施的状况："笞人之背，灼人之胁，束人之指，而讯囚之情，虽国士，有不胜其酷而自诬矣。"③ 对于"战国时期事实上存在刑讯"这一观点，笔者予以认同。

但是是否存在法律依据，笔者存疑。学者们认为《礼记·月令》载："仲春之月……命有司省囹圄，去桎梏，毋肆掠，止狱讼。"可以反推在其他时节，肆掠是合法的，从而说明刑讯合法。④ 但笔者认为，毋肆掠的"掠"并没有明确其实施是在审判未结之前，所以也有可能是指审判结束之后的执行刑罚；而刑讯仅存在于案件未审结之前。笔者在前文已对此有所论述。且

① 瞿同祖：《中国法律与中国社会》，中华书局 1981 年版，第 272 页。
② 蒋铁初：《中国传统证据制度的价值基础研究》，法律出版社 2014 年版，第 96 页。
③ 袁闾琨主编：《尉缭子·将理第九》，载《中国兵书十大名典》，辽宁人民出版社 2000 年版，第 330 页。
④ 蒋铁初：《中国传统证据制度的价值基础研究》，法律出版社 2014 年版，第 97 页。郭成伟主编：《中国证据制度的传统与近代化》，中国检察出版社 2013 年版，第 74 页。

即便"掠"本身就有拷问拷打之义，也并无记载说"掠"就是案件审结前实施的，也有可能是结案后实施的，此时其性质就不再是刑讯，而变成了刑罚，如鞭刑亦可称为"掠"。所以，即便"掠"为拷打之义也不能说明刑讯合法。可见，战国时期及以前未见刑讯有法律依据。刑讯不合法，再加上西周时期明德慎罚的指导思想，至少可以确定的是，西周时期以证据为裁判依据，不轻信口供，不唯信口供，且未见刑讯。

春秋战国之后，通过政治变革和战争，奴隶制度逐渐消亡，新兴的封建制度逐渐确立。政治制度的变革必然也波及了法律制度。甚至，法律在创建一个官僚帝国的过程中是非常重要的。主张朝这个方向变革的政治家和思想家在后世就被称为法家，而秦全心全意地采纳这些思想和方法的行动无疑是它能够从诸侯国向帝国发展的主要原因。此时，法律的目的已不再是周初王权统治时为了取信于民的工具，而成为向帝国发展、集中权力的重要工具。与此相应，作为诉讼核心的证据已不再是单纯为了寻求事实真相的目的，而更重要的是扫除阶级统治的异己，从而壮大、集中自己的权力。一个新兴的阶级急于要扩大自己的权力，巩固自己的统治地位，于是乎，刑讯逼供应运而生。

在秦代，首次确认了刑讯的合法性。法律上规定了司法官应当如何进行刑讯，以及刑讯时是否可以拷打受审人。第一，在一定条件下允许刑讯。"诘之极而数言也，更言不服，其律当笞掠者，乃笞掠。"就是说，对于在审讯中受审人在受诘问至词穷，多次欺骗，还改变口供而拒不服罪的，才可以刑讯。第二，视适用刑讯为下策，但认为是必要的。《睡虎地秦墓竹简·封诊式·讯狱》记载"治狱"，规定："治狱，能以书从迹其言，毋笞掠而得人情为上；笞掠为下；有恐为败。"① 能以确凿书证印证犯人口供，证明案情，是高明的审判方法。笞掠犯人是下策，有可能产生误判。但是这一规定在秦代并未真正实行。第三，对于刑讯必须以"爰书"做详细记录。《睡虎地秦墓竹简·封诊式·讯狱》记载："笞掠必书曰：爰书。无解辞，笞讯某。"②

汉承秦制，汉代律令对刑讯的规定较秦更为详细。南北朝时范泉引述的

---

① 《睡虎地秦墓竹简·封诊式·讯狱》，文物出版社 1978 年版，简 2—4。
② 郭成伟主编：《中国证据制度的传统与近代化》，中国检察出版社 2013 年版，第 15 页。

《汉书》记载："死罪及除名，罪证明白，拷掠已至而抵隐不服者，处当列上。"杜预注释说："处当，证验明白之状，列其抵隐之意。"由此可以看出，汉代对于犯重罪的被告人进行拷打，汉律是有明文规定的，但应当把已得到的证明情况和抵隐情况在上报的材料中全部写清楚。[1] 唐代规定了"据众定罪"，虽只适用于特殊人群，但也减少了刑讯的滥用。同时，唐律规定拷讯违律者要负刑事责任。宋代对刑讯的限制比唐代更有所加强，只有在"事状疑似，尤不首实"的情况下，才能拷讯。元、明、清时期基本沿袭了唐宋时期的刑讯制度。

自秦代确立刑讯制度以来，案件事实的确立不再单纯地以客观证据为依据，在证据不足的情形下，都会辅之以刑讯手段取得证供，有的时候甚至会针对证人进行刑讯，[2] 而且这些刑讯手段都是依法进行的。这种刑讯制度的确立破坏了证据的客观性。孟德斯鸠曾说："拷问可能适合专制国家，因为凡是能够引起恐怖的任何东西都是专制政体的最好的动力。"[3] 自秦代确立刑讯制度之后，西周时期的证据裁判思想发生了变异。证据裁判这一先进的证明方式随着封建专制和中央集权的渗透而走向倒退。

当代的证据裁判思想起源于欧洲大陆国家，最早在司法证明方式中体现该原则的是 11 世纪的日耳曼民族。由于历史的原因，我国文化发展曾出现断裂，阻碍了先进证据裁判思想的萌发，缺失了对传统经典文化的解读和传承，导致我们一直误以为证据裁判思想只能从西方学习。现如今，通过对《易经》的重新审视，我们惊喜地发现，原来先进的证据裁判思想，我国早已有之。

第二节　《易经》中体现的证明标准

证明标准是对案件事实的证明所应达到的程度，也是事实认定者作出裁

---

① 巫宇生主编：《证据学》，群众出版社 1983 年版，第 37—38 页。
② 郭成伟主编：《中国证据制度的传统与近代化》，中国检察出版社 2013 年版，第 17 页。
③ 孟德斯鸠：《论法的精神》（上册），人民出版社 2010 年版，第 93 页。

决时应被说服的程度。[1] 学界通识认为，民事诉讼证明标准和刑事诉讼证明标准的区分是从近代诉讼史开始的。据笔者的考证，远在我国的西周时期，事实上已经存在证明标准的意识和民、刑证明标准的区分。

由前述关于《噬嗑》卦的分析，《噬嗑·九四》："噬干肺，得金矢，利艰贞吉。"可解读为当案件事实扑朔迷离、较为复杂时（干肺），如果掌握了一定的证据（金矢），就能得到公正的审判；但由于这些证据与案件事实只具有一定的因果关系，未能达到确实充分的程度（与六五"黄金"相对而言），所以过程较为艰难（利艰）。但因为有了证据，所以结果还是好的（贞吉）。《噬嗑·六五》："噬干肉，得黄金，贞厉，无咎。"喻指案件事实更为复杂，案件恶性严重，案件影响力颇大，类似于死刑等具有重大影响的案件。由于"干肉"居于五爻尊位，故而此类案件为最高权力机构亲审的案件。对于此类案件，如果能够搜集到确实充分的证据，虽然案件性质严重，但也可无咎害。此处的"黄金"意同"钧金"，亦指证据，但与"金矢"不同的是，"黄金"指代"确实充分"的证据，即证明力更强的证据。《汉书·食货志》云："金有三等：黄金为上，白金为中，赤金为下。"可见，先贤已经将不同审级案件的证据指代进行了区分，并且越往高位（六五至尊），案件越复杂，相对应的证据指代也越稀有珍贵（黄金对金矢）。证据指代物的不同说明随着案件的审级不同，对证明有了不同的要求，案件的审级越高，证明要求越高。

《周礼·秋官·大司寇》："以两造禁民讼，入束矢于朝，然后听之。以两剂禁民狱，入钧金，三日乃致于朝，然后听之。"此时可解读为在民事诉讼案件中，双方当事人必须都到场，并且提交一定的证据之后，才会开庭审理。在刑事诉讼案件中，双方当事人必须都提请诉状，并且得提交大量充分的证据，三日后方可开庭审理。由此观之，民讼入的是"束矢"，"民狱"入的是"钧金"，"束矢"与"钧金"的不同，"两造"和"两剂"的不同，以及刑事诉讼要求"三日乃致"都表明西周时期不仅案件已有民刑之分，而且证据标准亦有不同。就诉讼程序的启动来看，民事诉讼需要双方当事人到庭，

而刑事诉讼不仅要求双方当事人到庭，还要求双方都提交诉状，这说明刑事诉讼的提起程序要严于民事诉讼的提起程序。与此相应，在证明过程中民刑亦有不同：民事诉讼要提交"束矢"，而刑事诉讼则需提交"钧金"，基于"束矢钧金"的证据特性以及"钧金"的价值远远贵重于"束矢"的价值，故可进一步大胆推测，刑事诉讼案件的证据标准要高于民事诉讼案件的证据标准。

《尚书·吕刑》中的"狱成而孚，输而孚"是说狱案无论是供词诚确，结案可信还是供词或有不实，即错案，都要使百姓信服方可。对结案的要求，便是证明要求，是法律所要求的最终运用证据证明案件事实所要达到的程度。

《周礼·秋官·大司寇》："以两剂禁民狱。"郑玄注"狱"曰："谓相告以罪名者。"狱并非后世的监狱，而是指刑事诉讼。中国奴隶制社会的诉讼称为狱讼，刑事案件称为"狱"。故而"狱成而孚，输而孚"指的是刑事诉讼的证明标准。

由此，西周时期刑事诉讼的证明标准便是使百姓信服。如何达到使百姓信服的程度？那便是"察辞于差，非从惟从，哀敬折狱，明启刑书胥占，咸庶中正"，要谨慎核查矛盾之处，确保整个逻辑链条合理自洽，不要轻信口供，不要唯信口供，要胸怀善良公正之心，与众人商议定夺。

非佞折狱，惟良折狱，罔非在中。察辞于差，非从惟从，哀敬折狱，明启刑书胥占，咸庶中正。其刑其罚，其审克之。狱成而孚。输而孚。①

"佞"：指巧言之人。"良"：善。"差"：供词中参差矛盾的地方。"非从惟从"：江声《尚书集注音疏》说："囚证之辞或有参差，听狱者于其参差察以求其情。既得其情，非从其辞，惟从其辞。"② "启"：开。"胥"：相互。"占"：揣度。"咸"：皆。"中正"：正确。"狱成"：判定诉讼。"孚"：信。"输"：王引之《经义述闻》说："'成'与'输'相对为文，'输'之言'渝'也，谓变更也。……狱辞或有不实，又察其曲直而变更之，后世所谓

---

① 《尚书》，穆平译注，中华书局 2009 年版，第 312 页。
② （清）江声：《尚书集注音疏》，上海书店 2014 年版。

平反也。狱辞足而人信之，其有变更而人亦信之，所谓民自以为不冤也。"①整段大意为断狱不要凭巧言善辩，而要靠善良公正，才能合于中道，准确无误。供词常有矛盾之处，要善于从中察其虚实，才能获得真实案情，所以原则上不是听从口供，而是核查实情。要怀着哀怜之心来主持刑狱，当场打开刑书，与众人一起斟酌，取得狱官们的一致见解，这样才可能获得准确的判决。所判五刑、五罚，都必须详加审核再加定夺，判足狱讼才能令人信服。狱词如有不实，更要查实内情加以变更，也一定要令人信服。②

为使案件的审结让人信服，《尚书·吕刑》提出了对法官的几点要求，总结如下：

第一，要求法官不要轻信口供，不能仅以口供定罪，而是核查实情（察辞于差，非从惟从）。这点记载明确地否定了一些学者认为西周时期即已开始的刑讯逼供，而"据供定案的证据制度"也是进入封建社会才有的。③在西周统治者的慎罚主导思想下，要求法官不轻信口供是非常先进的证据法文化，无形之中杜绝了刑讯逼供的滋生。

第二，要求法官秉持善良公正，胸怀哀怜之心来断狱。对法官道德上、心灵上的要求也是让人信服的重要指标。人们往往会因为信任这个人而信任他所做的事。良善公正的法官是树立司法权威的最好招牌。

第三，要求法官与众人一起斟酌，审慎定罪。类似于当今的合议庭和审判委员会，防止因为一个人的认知偏差而导致案件的不公。

第四，强调判决结果一定要让人信服，如有不实之处，一定要详加审查并予以变更，直到让人信服为止。

此段记载多次表达了审慎核查之意，对于供词矛盾之处要审慎核查；与众人一起断狱时要审慎核查；对于已判决的案件也要审慎核查，发现不实之处还要及时更改。审慎核查的最终目的是什么？必然是让人心服口服。这表明西周时期对于刑事诉讼案件需要证明到什么程度已经有了非常明确的要求。换言之，西周时期，刑事诉讼的证明标准为：形成确实、逻辑自洽的证据链

①（清）王引之：《经义述闻》（卷三），江苏古籍出版社1985年版。
②《尚书》，穆平译注，中华书局2009年版，第313页。
③ 徐静村：《证据制度辨析》，载《法律科学》1993年第5期。

条，并能令人信服。

综上，西周时期的证明标准大致有三个特征：第一，案件的审级越高，证明标准越高。第二，刑事诉讼中的证据标准高于民事诉讼中的证据标准。[①] 第三，刑事诉讼的证明标准是令人信服。

本章小结

《易经》中所体现的证明方式主要为神明裁判和证据裁判。《易经》中的《大壮》《履》以及"灋"字中的"廌"都体现了西周时期通过神兽来裁定案件事实的现象。《易经》中含有"证据"之义的"夷""金矢""黄金""孚"等，《易经》中所体现的口供、物证、书证、盟誓等，《易经》中折射的审查判断证据的方式方法以及"灋"字"去"和"水"部件喻示的依证据认定事实，都契合了证据裁判思想的精神内核。

在明确西周时期存在这两种证明方式之后，本章还凭借"灋"字的字形演变以及《尚书》《周礼》等传世文献勾勒出神明裁判和证据裁判的发展变化轨迹。

神明裁判的起始时期为原始社会末期。兴盛时期为商朝。与证据裁判并存时期为周朝，并且在西周早期由于文化传统的惯性，神明裁判尚为主要裁判方式；进入西周中期，证据裁判的方式日益凸显；到了西周晚期，神明裁判已明显萎缩，趋向消弭状态。最后的神明裁判消失时期约为春秋战国时期。

证据裁判的萌芽为西周时期。在西周时期明德慎罚的思想指导之下，法官会依据证据予以裁判，没有证据则罪疑从赦，不会出现刑讯的现象。战国时期随着变革和战争，开始出现事实上的刑讯。到了秦代，封建专制确立，刑讯首次在法律上被明确确立。如果没有收集到证据，法官会采取刑讯的手段取得口供。这破坏了证据的客观性。至此，趋近于当代先进的证据裁判方

---

① 从内容上看，证明标准包含了证据标准，所以证据标准的特征可以归结为证明标准的特征。参见熊晓彪：《刑事证据标准与证明标准之异同》，载《法学研究》2019 年第 4 期。

式已发生变异及退化。

除了证明方式之外，《易经》及其他传世文献中还隐含了诉讼中的证明标准。由《噬嗑》卦中"金矢""黄金"的区别应用，说明案件的审级越高，证明标准越高。由《周礼》说明西周时期民事诉讼和刑事诉讼的证明标准不同，并且刑事诉讼的证明标准要高于民事诉讼。由《尚书》说明刑事诉讼的证明标准是令人信服。

本章对神明裁判的发展轨迹、特别是其消逝的时间做了相对精确的推论，可以看出中国与世界其他国家相比，更早地进入了理性的时期。我国西周时期既已存在的证据裁判思想的萌芽，也让我们更加清晰地意识到证据裁判并非只有西方国家才有，我国不仅有，而且很早以前就有。证明标准在西周时期就已出现审级分立、民刑分立，这让我们看到早期证明模式的发达与先进。

所有这些新发现说明我们之前所了解的历史只是一角，而非历史全貌。从《易经》卦爻辞所反映的司法证明方式和证明标准，让我们较为清晰地领略到我们伟大民族数千年前证据法文化的先进水准。史实证明，我们并不缺乏先进的证据法理念，我们缺乏的只是对中国传统经典文化的解读及传承。

第五章

《易经》之证据法文化萌生的
根源追问

本章旨在追问并解答证据法文化缘何于西周时期萌生。将证据法文化作为社会的一个有机组成部分，并将其效用置于社会结构的因果关系中进行分析。例如，证据裁判与春夏秋冬有何关联？天时和神判以及证据裁判的对应关系缘何如此？证据形式与当时的物质生产条件有何关联？证据裁判方式与当时的政治体制有何关联？证据裁判文化与当时的司法制度有何关联？为何到后来的朝代中这一先进文化没有承继下来？《易经》中"天人合一"如何体现？这一系列的问题都需要置于西周的社会大背景中以社会学的方法去追寻答案。

第一节　私有经济的需求激发

恩格斯说："无论是政治的立法或市民的立法，都只是表明和记载经济关系的要求而已。"[1] 私有经济的快速发展强烈需要明确所有权的归属，无论是农业、畜牧业还是工商业的发展，

---

[1] 《马克思恩格斯选集》第4卷，人民出版社1972年版，第121—122页。

都催生、激发着相应证据的功效发挥。

一、农业的发达催生土地凭证

周人是以农业见长的族群。从其祖先"后稷"的名号就可见一斑。稷，百谷之长，因此帝王奉稷为谷神，甚至称国家为"社稷"。"后稷播百谷"（《海内经》）、"稷降以百谷"（《大荒西经》）等都说明后稷所代表的这个族群擅长农业种植。[①]

西周实行分封制。普天之下，莫非王土。除王畿以外，全国所有土地会划分为大小不一的地盘，分封给各路诸侯。诸侯再将部分地盘分封给卿大夫作采邑，卿大夫再将部分采邑分给士作禄田。

将土地分封之后如何管理呢？实行井田制。井田制是商、周两代实行的一种土地使用和管理制度。在西周初年，井田制发展成熟。《孟子·滕文公上》载："方里而井，井九百亩；其中为公田，八家皆私百亩，同养公田。公事毕，然后敢治私事。"国家将900亩见方的耕地划分为9块，每块100亩，每个壮劳力即所谓"一夫"，分得耕地100亩，称私田，收入归自家所有。8个壮劳力分800亩耕地，剩下的100亩耕地由8个壮劳力共同耕种，收入归土地所有者所有，称为公田。

《易经》中有一卦就是《井》卦。《井》："改邑不改井，无丧无得，往来井井。"大意为村邑可以迁移，水井不可以迁移。井水汲之不竭，注之不盈。居民来往都以井水为用。《周礼·地官·小司寇》云："乃经土地而井牧其田野，九夫为井。四井为邑。"村邑的规划以井为界，故曰"改邑不改井"。

通过分封制和井田制，上至达官贵人，下到平民百姓，都拥有了私田。同时，由于铁器的发明，农业发达起来。《大雅·公刘》载："取厉取锻，止基乃理。"《公刘》一诗所叙是周初之事。厉：石器。锻：毛传训石。郑笺谓"石所以为锻质"，则是铁矿之意。这正表现为取石器和铁器来大兴土木，开

---

① 黄爱梅：《西周史》，上海人民出版社2015年版，第2—3页。

辟疆土。①《诗经》上关于农业的诗有《豳风》《豳雅》《豳颂》，从畜牧社会的经济组织一变而为农业的黄金时代。

西周时期，不仅生产工具有了显著进步，生产技术也有了进一步提高。当时广泛实行"三圃制"的轮作方法，初耕之田称"新"，休耕之田叫"菑"，再耕之田为"畬"；水利事业已比较发达，形成了垦田与灌溉设施相结合的遂沟洫浍制度。作物品种大量增加，除谷类、豆类外，还有了桑、麻、葛等经济作物。②

农业的发达使私田和农产品越来越多，随之而来的是争夺田邑，交换土地的纠纷也越来越多。此时，便迫切需要一种方式来解决这种产权不明的纠纷。那便是交易的时候要依据土地凭证，同时这也是纠纷诉讼发生时裁决的依据。先人还会把这种事件刻在器物上以作公示。如《格伯簋》载，格伯用4匹马换了倗生的30亩土地。《鬲攸从鼎》载，鬲攸从将私田卖给攸卫牧，攸卫牧不给钱抵赖，双方对簿公堂。这些出土铭文说明，西周时期已在司法实践中使用土地凭证来裁断纠纷讼事，同时这些凭证还会公开，以产生公示效力；而土地凭证作为证据使用的直接原因就是现实的需要。《序卦传》有言："饮食必有讼。"古言常道，不患寡，而患不均。因为私田的增多导致了财富不均，因为财富不均，必然纠纷增多，讼事频起。将土地凭证作为证据使用可以很好地起到定分止争的作用，维护社会的稳定。

二、畜牧业的娱乐化催生所有权凭证

《易经》中描述渔猎的爻辞最多。

《屯·六三》："即鹿无虞，惟入于林中。"

《剥·六五》："贯鱼，以宫人宠。"

《大畜·九三》："良马逐。"

《颐·六四》："虎视眈眈，其欲逐逐。"

《恒·九四》："田无禽。"

---

① 郭沫若：《中国古代社会研究》，商务印书馆 2011 年版，第 19 页。
② 牛占珩：《周易与古代经济》，巴蜀书社 2004 年版，第 52 页。

《明夷·九三》："明夷于南狩，得其大首。"

《解·九二》："田获三狐，得黄矢。"

《解·上六》："公用射隼于高墉之上，获之。"

《井·九二》："井谷射鲋。"

《渐·六四》："鸿渐于木，或得其桷。"

《渐·上九》："鸿渐于陆，其羽可用为仪。"

《旅·六五》："射雉，一矢亡。"

《巽·六四》："田获三品。"

《小过·六五》："公弋，取彼在穴。"

从这些爻辞记载中可以看出，每言王公出马，所猎多系禽鱼狐鹿，绝少猛兽，可知渔猎已成游乐化。

西周时期，弓矢所承载的社会功能已非为了满足生产生活等基本需求，由《易经》诸多爻辞可以看出射礼已成为一种娱乐活动，按照马斯洛需求理论来划分，弓矢所满足的社会需求已从最基本的生理需求进阶到安全需求、社交需求乃至尊重需求和自我实现需求。将弓矢用于娱乐活动是为了满足社交需求。既然是为了满足社交需求，那么一群人一起射猎时就需要严格区分战利品的所有权以区分射术水平高下。而在弓矢上标记自己特有的记号就可以满足这一需求。以弓矢上的记号特征来区分所有权就是应用了物证这一证据形式的特性。而束矢也是最早的证据表现形式，以至于后来将束矢直接作为"证据"的指代，并且提起诉讼一定有秉"束矢"方可控告。于是，就有了《周礼·秋官·大司寇》所言的"以两造禁民讼，入束矢于朝，然后听之"。

三、工商业的活跃催生交易凭证

周初，随生产力的发展和剩余产品的增多，商品交换日趋活跃。但是，在重农政策影响下，商业受到严重遏制。周统治者限制商业发展的重要手段就是实行商业官办政策。他们把商业部门牢牢置于官府的控制和监督之下，买卖双方均为奴隶主贵族，官府成了市场上最大的卖主和买主。进行贩卖活动的商贾，大都是些隶属于官府，无人身自由，也不是商品主人的商业奴隶。

在官办商业影响下，商品经济只能在官方许可范围内作某种程度的有限发展，私人商业得不到施展机会。

西周中后期，私田逐渐增多，私田主人在取得土地所有权的同时，获得了对部分剩余产品进行交易的支配权，出售余粮、余布、余帛等剩余产品的愿望越来越强烈。尤其是从西周中后期开始，周王室逐步放松了对山林川泽的禁令，无论平民、贵族，只要依法向国家缴纳一定数量的税款，就可在一定限度内开发、利用山泽自然资源之利，这又大大刺激了私田主人和其他一些平民、贵族经商谋利的兴趣。

《易经》中反映自由商人远途经商的记载很多，如《旅·六二》曰："旅即次，怀其资，得童仆。"意为商人们住在客栈里，怀装钱币，买到了奴隶。《旅·九三》曰："旅焚其次，丧其童仆。"客栈遭到火灾，买到的奴隶逃跑了。《旅·九四》曰："旅于处，得其资斧。"意为住在客栈的商旅赚得了一批钱币。

《复·象》曰："雷在地中，复。先王以至日闭关，商旅不行，后不省方。"意为雷在地中，这是复卦的象。先王应当顺天道，在冬至日封闭关卡，使商人旅客不得通行，诸侯也不视察各地。

《系辞下传》曰："日中为市，致天下之民，聚天下之货，交易而退，各得其所。"此为描绘集市贸易。"刳木为舟，剡木为楫，舟楫之利以济不通，致远以利天下。"此为描绘水路贸易。"服牛乘马，引重致远，以利天下。"此为描绘陆路贸易。[①]

商品经济的发展，自由商人的出现，促使周统治者不得不修正自己的经济政策。为了不使奴隶主贵族的经济利益受到损害，他们在法律领域内制定出旨在保护贵族利益的关于市场管理、商品价格和度量衡、税收等各项制度、法规。其中一项就是设置了司市总管市场的治、教、政、刑事务及市场管理法令的实施。司市之下设质人，掌理奴婢、马牛、车辇、珍奇异物等贵重物品的贸易，负责交易券书的制作、发放，并惩罚违反券书管理规定的犯禁

---

① 牛占珩：《周易与古代经济》，巴蜀书社2004年版，第16页。

者。① 当有人违反券书规定并引起纠纷讼事之时，这些交易券书便自然而然地成为法官裁断的依据，这便是书证的诞生和司法实践中的应用。

与商业发展相联系，借贷活动也相应发展起来。借贷主要有两种形式，一种为贵族借贷，另一种为平民借贷。《周礼·地官·泉府》："凡赊者，祭祀无过旬日，丧纪无过三月。凡民之贷者，与其有司辨而授之，以国服为之息。"贵族借贷，主要用于祭祀、丧纪。赊贷时间，用于祭祀的，不超过十天，用于丧纪的，不超过三月。能够如期偿还者，只还赊值，不计利息。平民借贷就不同了。他们向政府借贷货物或金钱，必须附加两个条件：第一，负责赊贷的机关要会同借贷人所在地方长官，对借贷人进行审查，确认他们有能力偿还时，才能赊贷钱财。第二，按照为国服事的各种税率，收取利息。给平民赊贷钱物的机关是泉府，赊贷的财物或钱币，均来自市场收购的滞销品和廛人上交的商税。泉府把这些钱财赊贷给平民，既处理了滞销物品，又通过利息增加了政府收入。② 西周以法律来保证赊贷的执行，其表现形式就是借贷契约的形成；而一旦有人违背借贷契约，涉及诉讼时，借贷契约便成为法官据以裁断的依据。因而，借贷契约也成为西周时期书证的表现形式之一。

第二节 开明政治的实施保障

西周时期，对官吏德行的考核以及对其枉法裁判的监督与惩罚使得司法官在审断案件时不敢任意妄为，而要注重事实与证据，审慎地详查辨伪。这种开明政治为证据裁判思想的落实提供了保障。

一、官吏的考核

据《尚书·立政》记载，夏代用"三宅"之法考核官吏。商汤又在夏

---

① 胡留元、冯卓慧：《夏商西周法制史》，商务印书馆 2006 年版，第 506 页。
② 胡留元、冯卓慧：《夏商西周法制史》，商务印书馆 2006 年版，第 513 页。

代"三宅"之法基础上提出"克用三宅三俊"主张，从政务、理民、司法三方面考察官吏。西周建立以后，集夏商行政立法之大成，把"三有宅心""三有俊心"作为考核官吏政绩的准则："亦越文王武王克知三有宅心，灼见三有俊心，以敬事上帝，立民长伯。"这句话的意思是，文王和武王，他们不仅从政务、理民、司法三方面考察官吏，还要考察他们的心地，把他们的心地要考察得清清楚楚，只有让这些人做臣民的长官，才能恭恭敬敬地奉行上帝的意旨。按照这一原则考察官吏，比较侧重于内心思想品质的修养，重视官吏的修身素质，以满足统治阶级的需要。归纳起来看，"三宅""三俊"是才的考察，"宅心""俊心"为德的权衡。西周考选官吏重德重才，考核官吏也以德才为准，根据德才优劣定其陟黜。关于考核官吏的细节，《钦定周官义疏》卷二《天官大宰》有一段颇为详尽的描述："岁终，则令百官府各正其治，受其会，听其致事，而诏王废置。三岁，则大计群吏之治而诛赏之。"郑康成注："废，犹退也，退其不能者，举贤而置之。"

一年一小计，三年一大计，考核"群吏之治"，很可能有后世学者的附会，但是，金文中对勤政有功的官吏进行升官受享的例子倒是比比可见。《孟子·告子下》："诸侯朝于天子曰述职。""一不朝则贬其爵，再不朝则削其地，三不朝则六师移之。"这里所说的朝觐天子述职，就是接受天子对其一年来政绩的考核，"不朝"便是拒绝考察，轻则贬爵，重则削地，以至"六师移之"。可见西周时对地方诸侯政绩的考察是极为重视的。有确切记载的以"上计"考核官吏的制度是从战国开始的，而战国时期的"上计"制度，实质上就是西周"三有宅心""三有俊心"原则的具体运用和诸侯述职制度的发展。①

这种对官吏政绩的考察，特别是对其德行的考核，有利于选拔具有中正之心的法官，最大限度地保障其能够哀矜折狱。也是法官能够自由心证的前提之一。

---

① 胡留元、冯卓慧：《夏商西周法制史》，商务印书馆 2006 年版，第 536—537 页。

《讼》："有孚，窒，惕，中吉。终凶。利见大人，不利涉大川。"

很显然，《讼》卦中的"大人"就是指法官。那么，对于法官有何要求呢？《象》曰："讼，上刚下险，险而健讼。讼有孚窒，惕中吉，刚来而得中也。终凶；讼不可成也。利见大人，尚中正也。不利涉大川，入于渊也。""尚中正也"说明大人得有中正之心。《讼·九五》："讼元吉。"《讼·九五·象》曰："讼元吉，以中正也。"从卦象上看，五爻为阳爻，居中位，得中。凡是阳爻居中位，象征"刚中"之德；阴爻居中位，象征"柔中"之德。此为阳爻居中位，故为"刚中"之德。如果阳爻处五位（阳位），则是既"中"且"正"，称为"中正"。所以，"以中正也"。"中正"在《易》爻中是最具美善的象征，所以"讼元吉"。这充分说明具有中正之心的法官主审案件，才能使案件获得公平吉祥的结果。

二、官吏的监督

西周还未形成完整的监督制度，而来自国家机关内部的御史监察制已见端倪。以御史作为监察机构，监督法令的实施对犯法官吏进行弹劾，是中国古代政治制度、法律制度的一大特色。御史之名最早见于卜辞。[1] 金文和《周礼》也有称御史的职官。[2] 不过卜辞中的御史不掌监察，为史官。西周的御史，见于金文的，为低级军事长官，见于《周礼》的，为制作诏令赞书、统计官职实任与空缺的史官。西周负责纠察百官的职官，金文中称作"眚史"。杨树达说："眚者，罪也，其史司罪过之事，故曰眚史。"[3]"司罪过"，指纠察各级官吏、军事首领和贵族们的罪过。周王亲自审理案件时，眚史往往充当周王的耳目，负责押送罪犯于司法执行机关，监督司法官吏对周王所作判决的执行。西周的眚史当为后世御史的雏形。秦代御史大夫掌握文书档案又兼理监察，这和西周的眚史极为相似。眚，监察。史，史官。眚史之名，其本身就包含着史官兼掌纠察的双重意义。

---

① 《殷虚书契》前编卷四。
② 《竞簋》和《周礼·春官·宗伯》。
③ 《观堂集林·释史》。

一般情况下，官吏犯法，要按其性质，严重者给予刑事处罚。《尚书·吕刑》规定了司法官的法律责任，即"五过之疵，惟官、惟反、惟内、惟货、惟来，其罪惟均"。① 西周司法官在自由心证时，若有依仗官势（惟官）、私报恩怨（惟反）、受家庭影响（惟内）、接受当事人贿赂（惟货），或接受朋友与旧有关系的托请（惟来）的五过行为，从而导致案件审判有误的，一律按照受害人所受的刑罚，反过来处罚司法官。这可能是世界上最早的、最为严厉的法官责任制度。可见，西周的司法制度已相当成熟，既赋予法官充分的自由裁量权以保证其自由心证，又确定其法官责任，以对独立审判权予以监督。这项制度影响深远。据《史记·循吏列传》载，在春秋晋文公统治时期，李离担任晋国执掌司法审判权的理官。其执法一向比较公正，但一次"过听杀人"，即听审之后，没有认真核查证据，而导致过失杀人的冤案。李离欲"自拘当死"，晋文公认为其情可原，但李离坚持"其罚为均"的惯例，说"理有法，失刑则刑，失死则死，公以臣能听微决疑，故使为理，今过听杀人，罪当死"。②

其实无论是对官吏的考核任用，还是对官吏监察监督，其最终目的都是为了赢得人心，以巩固自己的统治地位。在周初，当政者面临内忧外患、局势不稳的局面。外患是殷商残余势力不遗余力地试图死灰复燃；内患是"三监之乱"。三监之乱的主要发动者是管叔、蔡叔。《史记·管蔡世家》记载着管叔、蔡叔"挟武庚以作乱"。管叔为周公之兄，若兄终弟及，则武王之后当由管叔当政称王，然而他和蔡叔却被派到商王畿地区而非居于丰镐。周公当政之后，管蔡先散布流言，称"公将不利于孺子"，③ 然后勾结武庚叛乱。三监之乱对周王朝震动很大。④ 在这种政治格局之下，周公迫切需要赢得民心，以巩固周王朝的统治，稳定天下大局；而赢得民心在司法领域的体现就是不得任意裁判，而要依证据裁判，以使民众信服。所以，证据裁判思想从某种意义上来讲也是政治需求的激发。

---

① 《尚书·吕刑》，顾迁译注，中州古籍出版社 2017 年版，第 285 页。
② 郭成伟主编：《中国证据制度的传统与近代化》，中国检察出版社 2013 年版，第 43 页。
③ 《尚书·金縢》，载阮元校刻：《十三经注疏·尚书正义》（卷十三），中华书局 1980 年版，第 197 页。
④ 晁福林：《夏商西周史丛考》，商务印书馆 2018 年版，第 719 页。

基于笼络人心的政治考量，相应的政治制度便围绕保民思想进行设置。这种注重官吏德行的任命、考核制度以及严格的监察、监督制度等，为证据裁判思想的萌发和落地提供了实施保障。倘若法官有所偏私，证据则会被掩藏，无有生存之地。倘若法官不被监督和责罚，法官便会任意妄为，刑讯则可能滋生，真实的证据便不会被发现及采用，证据裁判便无从适用。

第三节　司法程序的制度保障

夏殷时代的神明裁判，无严格的诉讼程序，一切唯上天和法官的意愿是从。进入西周时期，神明裁判已衰退，更加注重发挥人的主观能动性。在司法程序上从讯问到最后的读鞫判决均有严格的规定。这些规定在客观上为证据裁判思想在实践中的应用提供了制度保障。

一、两造具备、察听其辞

（一）两造具备为证据的收集提供了先决条件

《周礼·秋官·大司寇》："两造听民讼。"郑注："造，至也。使讼者两至。"贾疏："论禁民狱讼，不使虚诬之事。"[1] 因为诉讼以解决纠纷为目的，而纠纷是在相对的双方当事人之间进行的，所以诉讼要有原告和被告同时出庭才可成立。《尚书·吕刑》中亦有"两造具备"的记载。

"两"谓两人，谓囚与证也。凡竞狱必有两人为敌，各言有辞理。或时两皆须证，则囚之与证非徒两人而已。两人谓囚与证，不为两敌至者，将断其罪，必须得证，两敌同时在官，不须待至。且两人竞理，或并皆为囚，各自须证，故以"两"为囚与证也。"两至具备"谓囚证具足，各得其辞，乃据辞定罪。[2]

---

[1] （唐）贾公彦：《周礼注疏》（卷三十四），载阮元校刻：《十三经注疏》，上海古籍出版社 1997 年版，第 870 页。

[2] （唐）孔颖达等：《尚书正义·吕刑》，载阮元校刻：《十三经注疏》，上海古籍出版社 1997 年版，第 250 页。

这说明断狱时必须囚与证皆到，当庭对质，若是二人论理对簿公堂或皆为囚犯，都须各自提供证据，断狱官员要详细考察之后，斟酌定罪。

在《周礼》中法官审理案件时，当事人要坐地对质。《周礼·秋官·小司寇》贾公彦疏："古者取囚要辞，皆对坐。"即后世所谓"狱讼不席"①。《晏子春秋·内篇杂上》："晏子对曰：'婴闻讼夫坐地，今婴将与君讼，敢毋坐地乎？'"因为在当时人们的日常生活中要地上加席，坐在席上。诉讼时则不能就席，只能坐在地上受审。《左传》记载可为佐证，如《左传·昭公二十三年》："晋人使与邾大夫坐。"孔颖达《尚书正义》："凡断狱者，皆令竞者坐而受其辞，故使并坐讼曲直。"②《左传·僖公二十八年》也记载："卫侯与元咺讼，宁武子为辅，鍼庄子为坐。"杨伯峻注："杜注谓坐讼曲直，即此坐字，不过一作动词，一作名词而已。"③《左传·襄公十年》："王叔之宰与伯舆之大夫瑕禽坐狱于王庭，士匄听之。"杨伯峻注："坐狱，两造对讼。亦单言坐。"④

"两造具备"是西周审判程序的重要环节。席地而坐，相对而论，是争讼活动的开始。最后由法官坐堂问案，审讯中司法官允许原告、被告尤其是原告陈述事由。从其他有关诉讼的铭文资料也可以看出，审讯时首先由原告陈辞，如果被告无力辩解，案子即告结束。但司法官在审讯时要"中听狱之两辞"，不得轻信"单辞"，要"察辞于差"（《尚书·康诰》），分析双方供词的矛盾，作出公正的判决，即"所以治，由典狱之无不以中正听狱之两辞，两辞弃虚从实，刑狱清则民治"⑤。"两造具备"为当事人陈述这一证据形式的适用提供了先决条件。

（二）察听其辞为证据的采纳提供了法律依据

《周礼·秋官》中"乡士""遂士""县士""方士"的执掌都有记载，

---

① 张纯一：《晏子春秋校注·内篇谏下》，载《诸子集成》，上海书店出版社 1986 年版，第 128 页。
② （唐）孔颖达等：《春秋左传正义》（卷五十），载阮元校刻：《十三经注疏》，上海古籍出版社 1997 年版，第 2101 页。
③ 杨伯峻：《春秋左传注》，中华书局 1990 年版，第 472 页。
④ 杨伯峻：《春秋左传注》，中华书局 1990 年版，第 983 页。
⑤ （唐）孔颖达等：《尚书正义·吕刑》，载阮元校刻：《十三经注疏》，上海古籍出版社 1997 年版，第 251 页。

诉讼时各审判官员都要"听其狱讼，察其辞"，这是因为原告与被告的陈述都是重要的证据，尤其是被告人的口供是最重要的证据，没有被告人的供认，一般是不能定罪的。

《尚书·吕刑》云："两造具备，师听五辞。"《尚书正义》云："各得其辞，乃据辞定罪。与众狱官共听其辞，观其犯状，斟酌入罪……既得因证将入五刑之辞，更复简练核实，知其信有罪状，与刑书正同，则依刑书断之。"① 也就是说，审判官员要先听取双方的陈述，核实之后再予以判决，并且对双方的口供采取谨慎的态度，即"明清于单辞"。孔传："听讼当清审单辞，单辞特难听，故言之。"还特意强调"民之乱，罔不中听狱之两辞"，孔传："民之所以治，由典狱之无不以中正听狱之两辞，两辞弃虚从实，刑狱清则民治。"对此，《尚书正义》云：

"单辞"谓一人独言，未有与对之人。讼者多直己以曲彼，构辞以人，单辞特难听，故言之也。"狱之两辞"，谓两人竟理，一虚一实，实者枉屈，虚者得理，则此民之所以不得治也；民之所以得治者，由典狱之官，其无不以有中正之心听狱之两辞，弃虚从实，实者得理，虚者受刑，虚者不敢更讼，则刑狱清而民治矣。②

《尚书·康诰》："要囚，服念五六日，至于旬时，丕蔽要囚。"孔传："要囚，谓察其要辞以断狱。既得其辞，服膺思念五六日，至于十日，至于三月，乃大断之。言必反覆思念，重刑之至也。"意即在审查犯人的供词时，一定要深思熟虑，认真地把犯人的供词审理清楚，并用足够长的时间来予以保证，千万不可草率从事。一般的案件，要审查五六天才能定夺；复杂的案件，审查的时间可延长至十天；特别复杂重大的疑难案件，可以延长至三月。总之，一定要谨慎对待。

周公又重言曰："既用刑法，要察囚情，得其要辞，以断其狱。当须服

---

① （唐）孔颖达等：《尚书正义·吕刑》，载阮元校刻：《十三经注疏》，上海古籍出版社 1997 年版，第 250 页。
② （唐）孔颖达等：《尚书正义·吕刑》，载阮元校刻：《十三经注疏》，上海古籍出版社 1907 年版，第 251 页。

膺思念之，五日六日，次至于十日，远至于三月，一时乃大断囚之要辞。言必反覆重之如此，乃得无滥故耳。”①

这些都说明西周时规定了审问后需经审慎考察“辞”这一证据才可作出判决的制度。这为言辞证据的采纳直接提供了法律依据。丘濬认为：“此即《易》所谓缓狱也。”② 缓狱是为了要审慎考察“辞”的真伪，这也充分说明了西周时期对言辞证据的重视。

二、以地傅、地比正之

《周礼·秋官·朝士》：“凡属责者，以其地傅而听其辞。”郑玄注：“属责，转责使归之，而本主死亡，归受之数相抵冒者也。以其地之人相比近，能为证者来乃受其辞为治之。”贾公彦进一步解释：

谓有人取他责，乃别转与人使子本依契而还财主。财主死亡者，转责者或死或亡也，受责之人见转责者死亡，则诈言所受时少，是归受之数相抵冒也。云则“以其地之人相比近，能为证者来，乃受其辞为治之”者，谓以其地相比近，委其事实，故引以为证也。言“能为证者”，则有不能为证之法。地虽相近，有不知者，则不能为证，乃不受其辞而不治之也。③

虽然债主身亡，不能证实债务的真实情况，但是凡接受已故债主的嘱托而收债的或者债务发生转移归属的，可以请与其居处相近的人来证明这一托付或转移。法院审理的时候因为有邻居的证人证言而听审裁断，说明当时该类诉讼已经将邻居的证言作为法院审理裁断的依据。正如曾钊所说：

属责者，谓远贾异方而死者，属伴侣之人收取其责，负者或赖不偿，因讼于官，则官必召其地相比近之民，问是果与亡者为侣伴否，然后听而责负者偿之。④

---

① （唐）孔颖达等：《尚书正义·康诰》，载阮元校刻：《十三经注疏》，上海古籍出版社 1997 年版，第 204 页。

② （明）丘濬：《大学衍义补》（卷一〇六），载《钦定四库全书》。

③ （唐）贾公彦：《周礼注疏》（卷三十五），载阮元校刻：《十三经注疏》，上海古籍出版社 1997 年版，第 878 页。

④ （清）孙诒让：《周礼正义》（卷六十八），中华书局 1987 年版，第 2830 页。

可见，询问证人是司法官吏为查清案件而进行的搜集证据活动。

《周礼·地官·小司徒》："凡民讼，以地比正之。"郑司农云："以田畔所与比，正断其讼。"贾疏："民讼，六乡之民有争讼之事，是非难辨，故以地之比邻知其是非者，共正断其讼。"①

正，《字源》解为：本义是征伐，征伐的目的是有所平定、有所纠正，因而引申出平定、匡正义。由平定引申出决定、考定、勘定等义。由匡正引申出使端正义，进一步引申为治理义，进行治理的人亦称为"正"，进一步引申为准则、法则义。②《汉语大字典》中则将其释为"正法、治罪"等意。《周礼·夏官·大司马》："贼杀其亲，则正之。"郑玄注："正之者，执而治其罪。"③ 一如现在"就地正法"的"正"之意。综合以上，此处的"正"为审判、判定之意。

地比，就是地之比邻，即邻居。古人活动范围有限，所以最了解你日常生活的必定是你的邻居。一旦发生纠纷，邻居也自然成了目睹事实的证人。丘濬按："民生有欲不能无争，有争不能无讼，人各执己见，官或徇己私，非有所质证稽考，未易以平断之也。是以《周官》于民之讼则正之以比邻，于地之讼则正之以本图焉。盖民之讼争是非者也，地之讼争疆界者也，是非必有佐证之人，疆界必有图本之旧，以此正之，则讼平而民心服矣。"④

可见，在周朝明德慎罚思想支配之下，司法追求使民众信服的法律效果，断案时已不再任意妄为、迷信神判，"以其地傅，听其辞"和"以地比正之"的法律规范为"证人证言"的司法应用提供了制度保障。

三、掌任器货贿

《周礼·秋官·司厉》："司厉，掌盗贼之任器、货贿，辨其物皆有数量，贾而木楬之，入于司兵。"郑玄曰："任器、货贿，谓盗贼所用伤人兵器及所

---

① （唐）贾公彦：《周礼注疏》（卷十一），载阮元校刻：《十三经注疏》，上海古籍出版社 1997 年版，第 713 页。

② 李学勤：《字源》，天津古籍出版社 2013 年版，第 111 页。

③ 汉语大字典编辑委员会编：《汉语大字典》（第二卷），四川辞书出版社 1986 年版，第 859 页。

④ （明）丘濬：《大学衍义补》（卷一〇六），载《钦定四库全书》。

盗财物也。入于司兵，若今时伤杀人所用兵器，盗贼赃，加责没入县官。"① 贾公彦释曰："入于司兵者，其任器多是金刃；所盗财货，虽非金刃，以其贼物，亦入司兵，给治兵刃之用，故并入司兵也。"② 此强调在审理盗窃、杀人等重大刑案时，由司厉负责收集保管作案工具和赃物。这已类似于现在的刑事证据保管制度，也从侧面说明西周时期对证据的重视。该制度同样为证据在司法中的保管、使用提供了法律依据和保障。

四、正之以傅别、约剂、券书、图

《周礼·秋官·士师》："凡以财狱讼者，正之以傅别、约剂。"郑玄注："傅别，中别手书也。约剂，各所持券也。故书'别'为'辩'。"③ 又云："傅或为付。辩，读为风别之别，若今时市买，为券书以别之，各得其一，讼则案券以正之。"④

《周礼·秋官·朝士》也记载："凡有责者，有判书以治，则听。"郑玄注："判，半分而合者。故书'判'为'辨'。"又云："谓若今时辞讼，有券书者为治之。辨读为别，谓别券也。"⑤ 贾疏："即质剂、傅别，分支合同，两家各得其一者也。"⑥

"傅别""约剂""判书"等券书都是双方当事人协商一致而达成的文书，就是将双方的承诺、协议记录在信物上，以此作为当事人之间设立权利义务关系的信用保证，用以防止一方违约。

《周礼·地官·小司徒》云："地讼，以图正之。"郑玄注："地讼，争疆界者；图，谓邦国本图。"⑦ 贾疏："凡量地以制邑，初封量之时，即有地图在于官府，于后民有讼者，则以本图正之。"⑧ 意思是说，争户口、赋税、征

---

① （唐）贾公彦：《周礼注疏》（卷三十六），北京大学出版社2000年版，第1120页。
② （唐）贾公彦：《周礼注疏》（卷三十六），北京大学出版社2000年版，第1120页。
③ （唐）贾公彦：《周礼注疏》（卷三十五），北京大学出版社2000年版，第1084页。
④ （唐）贾公彦：《周礼注疏》（卷三十五），北京大学出版社2000年版，第1085页。
⑤ （唐）贾公彦：《周礼注疏》（卷三十五），北京大学出版社2000年版，第1102页。
⑥ （唐）贾公彦：《周礼注疏》（卷三十五），北京大学出版社2000年版，第1102页。
⑦ （唐）贾公彦：《周礼注疏》（卷十一），北京大学出版社2000年版，第337页。
⑧ （唐）贾公彦：《周礼注疏》（卷十一），北京大学出版社2000年版，第337页。

役等民讼之事，则以官府所存之户籍为据。地讼指争田地疆界，以所存图册为据。在后来的整个封建社会诉讼中，书证一直是广泛使用的证据之一，所谓"争田之讼，税籍可以为证；分财之讼，丁籍可以为证"①。

傅别、约剂、判书等满足了人们日常生活的现实需要，对双方的权利义务做了明确的约定，一旦有人违背约定，傅别、约剂、判书变成了很好的证明。"正之以傅别、约剂""有判书以治"这些规定则为双方在诉讼纠纷时应用其作为证据提供了法律保障。图明确划分了土地的疆界，对地讼纠纷能起到很好的证明作用。"以图正之"也为该证据效力的发挥提供了法律依据。

第四节　"天人合一"的价值导引

"天人合一"是易学中的一个重要概念，也是中国传统文化的一个主体思想，其在千百年来导引着人类的经济、政治乃至医学活动，法治活动也不例外。正所谓推天道以知人道。

一、"天人合一"释读

（一）天

表10　"天"的字形演变

甲骨文		金文			战国文字			篆文	隶书	楷书
合集 19050	合集 22454	集成 2836	集成 9729	集成 4976	帛甲 5·18	包2· 215	郭·语 1·68	说文	北海相 景君铭	楷书

参见表10，"天"的甲骨文从大，"大"即人，而以"囗""＝"表示人

---

① （宋）郑克：《折狱龟鉴译注》，刘俊文译注点校，上海古籍出版社1988年版，第374页。

头顶之上的地方，是虚构的指示符号。金文与甲骨文构形同意。战国文字于"大"上则皆作二横笔，其中作"$\overline{\overline{\pi}}$"者，则与隶书、楷书同形。篆文则将大上二横画作一笔，然构字之意并无不同。隶书中或有作"$\overline{\overline{\pi}}$"者，历来字书皆以为是"天"的古文，金文"天"字另有作"$\mathring{\hbar}$"者，将其圆笔拉长为横画，或许即"$\overline{\overline{\pi}}$"字之所本。在六书中属于合体之事。

天，古人指日月星辰运行、四时寒暑交替、万物受其覆育的自然之体。《说文》："天，颠也。至高无上，从一、大。"王国维《观堂集林》云："古文天字本象人形……本谓人颠顶，故象人形……所以独坟其首者，正特著其所象之处也。"《庄子·大宗师》："知天之所为者，知人之所为者，至矣。"成玄英疏："天者，自然之谓……天之所为者，谓三景晦明，四时生杀，风云舒卷，雷雨寒温也。"王充《论衡·自然》："天地合气，万物自生，犹夫妇合气，子自生矣。""天者，普施气万物之中。"刘禹锡《天论》："天之所能者，生万物也。"戴震《原象》："日之发敛，以赤道为中。月之出入，以黄道为中。此天所以有寒暑进退，成生物之功也。"

（二）人

表 11　"人"的字形演变

甲骨文	金文	战国文字	篆文	隶书	楷书
ʔ	ʔ	人	八	八	人
合集 6175	集成 944	曾 144	说文	孔龢碑	楷书

参见表 11，"人"的甲骨文、金文都像人侧面直立之形，有头、手、肩、身和脚，突出了人直立行走的特点。据具体的实象造字，在六书中属于象形。战国文字作"人"，形变不大；篆文将手延长，渐离原形；隶书作"八"，形变更大，楷书沿之，也就不易了解其初形了。《甲骨文字典》："象人侧立之形，人侧立则仅见其躯干及一臂。《说文》：'人，天地之性最贵者也。此籀文，象臂胫之形。'《说文》说形近是。甲骨文象人形之字尚有仐、呆、朮皆为大字，象人正立之形；ƴ（卩）象人跪坐之形，ƴ（尸）则以下肢弯曲而有别，初民造字非一人，各据不同角度以取其象，致一字而出多形。字形虽异，

而其初义均同，后渐分化，意义各有所专。"①

《说文》："人，天地之性最贵者也。此籀文，象臂胫之形。"刘禹锡《天论》上："人之所能者，治万物也。"《礼记·礼运》："故人者，天地之德，阴阳之交，鬼神之会，五行之秀气也。故人者，天地之心也，五行之端也，食味，别声，被色，而生者也。"《列子·黄帝》："有七尺之骸、手足之异，戴发含齿，倚而食者，谓之人。"洪亮吉《治平篇》："人未有不乐为治平之民者也。"俞正燮《癸巳类稿·诵佛经论上》："人之所能者，治万物也。"

（三）天人合一

简单来讲，天人合一就是天和人的关系。一般来说，"天"就指我们的宇宙，包括了整个天地。但是，中国的"天"里面有一个更重要的含义，就是指自然规律。"天"和"人"的关系就是要人的行为合乎万事万物的本性，符合自然规律。即所谓"天人合一"。

楼宇烈认为，"天人合一"思想在中国古代更重要的一点是"天人合德"，即人向天地万物学习。按照自然界的规律、秩序，修养自己的身心，修正自己的行为。所以，这里"天人合一"就是讲人和"天"是一体的。"天"自然而然，最包容、最能够让万物在天地之间自由自在地生长。它尊重万物的本性，人也应该如此，应该活得自然而然。②

地球的海洋面积占总面积的70%，人体内的水的比重也是70%，这是不是天人合一的自然表征呢？既然人的先天构造与"天"趋同，那么人的后天行为是不是也应该循"天"而作呢？

二、"天人合一"纵贯《易经》

"天人合一"是易经中时时处处浸润的基本精神。无论是平天下，还是治国齐家，无一不以"天人合一"的思想为指导。

---

① 徐中舒：《甲骨文字典》（卷八），四川辞书出版社1989年版，第875页。经笔者查证，大（合集940）为"夫"字，而非字典中所说的"大"字。
② 楼宇烈：《儒家"天人合一"思想》，载《特区实践与理论》2017年第5期。

《乾·象》曰："天行健，君子以自强不息。"

《需·象》曰："云上于天，需；君子以饮食宴乐。"

《比·象》曰："地上有水，比；先王以建万国，亲诸侯。"

《小畜·象》曰："风行天上，小畜；君子以懿文德。"

《履·象》曰："上天下泽，履；君子以辨上下，安民志。"

《复·象》曰："雷在地中，复。先王以至日闭关，商旅不行、后不省方。"文中有"至日"，每到"至日"即"闭关"而"商旅不行"。按照"卦气"说，《复》卦在"冬至"，西汉时，每逢"冬至"，官吏休息不办公，据说其习相沿已经很久了。《汉书·薛宣传》："及日至休吏……日至，吏以令休，所繇来久。"既称"所繇来久"，可知秦汉之前已有此习俗。

由以上随机选取的卦来看，都有一个显著特征，那就是《大象传》的前半段为天象，后半段为人的行为。很显然，一个卦代表一种天象，在此天象对应之下，指示人应该如何行为。将"天"与"人"合并在每一个卦中分别予以诠释，体现了64条大道，生动演绎了推天事以知人道的生发过程。

《乾·彖》曰："大哉乾元，万物资始，乃统天。云行雨施，品物流形。大明始终，六位时成，时乘六龙以御天。乾道变化，各正性命，保合大和，乃利贞。首出庶物，万国咸宁。"

《坤·彖》曰："至哉坤元，万物资生，乃顺承天。坤厚载物，德合无疆。含弘光大，品物咸亨。牝马地类，行地无疆，柔顺利贞。君子攸行，先迷失道，后顺得常。西南得朋，乃与类行；东北丧朋，乃终有庆。安贞之吉，应地无疆。"

《屯·彖》曰："屯，刚柔始交而难生，动乎险中，大亨贞。雷雨之动满盈，天造草昧，宜建侯而不宁。"

《大有·彖》曰："大有，柔得尊位，大中而上下应之，曰大有。其德刚健而文明，应乎天而时行，是以元亨。"

《观·彖》曰："大观在上，顺而巽，中正以观天下。观盥而不荐，有孚颙若，下观而化也。观天之神道，而四时不忒。圣人以神道设教，而天下服矣。"若要天下服，必遵天人合一之道。

《豫·彖》曰："豫，刚应而志行，顺以动，豫。豫，顺以动，故天地如之，而况建侯行师乎？天地以顺动，故日月不过，而四时不忒。圣人以顺动，则刑罚清而民服。豫之时义大矣哉！"

《咸·彖》曰："咸，感也。柔上而刚下，二气感应以相与，止而说，男下女，是以亨，利贞，取女吉也。天地感而万物化生，圣人感人心而天下和平，观其所感，而天地万物之情可见矣。"

《恒·彖》曰："恒，久也。刚上而柔上，雷风相与，巽而动，刚柔皆应，恒。恒，亨，无咎，利贞，久于其道也。天地之道，恒久而不已也。利有攸往，终则有始也。日月得天而能久照，四时变化而能九成，圣人久于其道而天下化成。观其所恒，而天地万物之情可见矣。"

《家人·彖》曰："家人，女正位乎内，男正位乎外，男女正，天地之大义也。家人有严君焉。父母之谓也。父父，子子，兄兄，弟弟，夫夫，妇妇，而家道正，正家而天下定矣。"

《解·彖》曰："解，险以动，动而免乎险，解。解，利西南，往得众也。其来复吉，乃得中也。有攸往，夙吉，往有功也。天地解，而雷雨作；雷雨作，而百果草木皆甲坼：解之时大矣哉。""解之时大矣哉"这是对"动而免乎险"的人事之解和"雷雨作，而百果草木皆甲坼"的天地之解的总结。

《损·彖》曰："损，损下益上，其道上行。损而有孚，元吉，无咎，可贞，利有攸往。曷之用？二簋可用享。二簋应有时，损刚益柔有时：损益盈虚，与时偕行。"

《革·彖》曰："革，水火相息，二女同居，其志不相得，曰革。己日乃孚；革而信也。文明以说，大亨以正，革而当，其悔乃亡。天地革而四时成，汤武革命，顺乎天而应乎人，革之时义大矣哉！"

《艮·彖》曰："艮，止也。时止则止，时行则行，动静不失其时，其道光明。艮其止，止其所也。上下敌应，不相与也。是以不获其身，行其庭不见其人，无咎也。"

从《彖传》来看，多处明确体现的"与时偕行"（4次：《乾·文言》《损·彖》《益·彖》《遯·彖》），"顺乎天而应乎人"（3次：《兑·彖》《革·彖》《萃·彖》为"顺天命"），"应乎天"（3次：《大有·彖》《大畜·彖》

《中孚·象》），"时止则止，时行则行"，将天人合一的理念发挥得淋漓尽致。

为了进一步明确《易经》全文最核心的思想，笔者做了高频词统计，除去连词、数词等没有实际表达旨意的词汇，得出结论（见图29）。

君子	124次 / 名词
无咎	89次 / 未知
天下	64次 / 处所词
天地	47次 / 名词
不利	39次 / 形容词
圣人	38次 / 名词
不可	

图 29　《易经》词云图

通过词云图，可以清晰地发现，《易经》中最核心的两个词为"君子"和"天下"。结合《易经》的内容，可以推断出《易经》的主旨就是指引君子如何顺应天下，与天合一。正所谓"夫大人者，与天地合其德，与日月合其明，与四时合其序，与鬼神合其吉凶。先天而天弗违，后天而奉天时。天且弗违，而况于人乎？况于鬼神乎？"（《乾·文言》）

那么，在《易经》中，君子和"天"的具体量化是多少呢？《易经》又是如何指导君子与"天"合一呢？《易经》一直被当作卜筮之书，是因为《易经》对君子的行为进行了明确的吉凶悔吝的指示，那么在这些吉凶悔吝的指示中又是哪种指示占比最大呢？这种比例的安排又揭示出什么隐藏的深刻哲理呢？为了查清这些问题，笔者专门对《易经》全文进行了高频词统计，见表12。

表 12 《易经》之高频词统计

统称	别称	备注	分计	合计
君子	君子		124	196
	大人		28	
	圣人		38	
	大君		6	
小人	小人		31	33
	恶人		2	
天	天下	"天"非局限于天空，包括山泽、草木、风雷、水火、日月等一切自然现象	64	166
	天上		3	
	天文		3	
	天地		47	
	山下		6	
	山上		5	
	山泽		3	
	草木		3	
	地上		5	
	风雨		2	
	风雷		2	
	水火		3	
	日月		9	
	四时		8	
	天道		3	
吉	大亨		7	399
	有庆		12	
	有喜		6	
	小利		5	
	利有		17	
	利涉		16	
	利见		14	
	利贞		14	

统称	别称		备注	分计	合计
吉	无不利			23	399
	吉	贞吉	泛指吉	26	
		征吉		7	
		之吉		12	
		元吉	不同程度的吉	13	
		大吉		9	
		中吉		3	
		吉无咎		9	
		初吉	不同状态下的吉	2	
		终吉		8	
		居吉		2	
		夙吉		2	
		厉吉		4	
		吉无不利		8	
		其他		188	
凶	不利		去除"吉无不利"和"无不利","不利"为8	8	203
	不可			36	
	不当			22	
	不祥			2	
	贞厉			8	
	凶	征凶		11	
		贞凶		8	
		终凶		2	
		困于		9	
		其他		88	

（注：吉 分计 285；凶 分计 118）

续表

统称	别称	备注	分计	合计
无咎	厉无咎		5	108
	无咎		89	
	无大咎		2	
	无攸利		12	
无悔	悔亡		22	29
	无悔		7	
吝	悔	代表后悔之义	28 (57—29)	28 + 34 = 62
	吝	包括"贞吝"	34	
变	变	包括"变化"	49	49

表 12 对《易经》中的高频词汇进一步进行了量化。清晰可见，意指"君子"的词汇有 196 个，其别称还有大人、圣人、大君等。意指"天"的词汇为 166 个，此"天"不仅仅是指天空，其指代不可变的自然环境，包括山、地、泽、木、水、火、日、月、风、雷以及四时等。统称的"君子"与统称的"天"，两者在数量上大体相当。由此可推知，在提及"君子"的时候，大概率会同时提到"天"。说明君子的行为与"天"有着非常紧密的关联。结合《易经》的内容，这种高概率的关联度寓意着人的行为大多要遵循"天"的运行规律。

与"君子"相比，"小人"的出现次数仅有 33 次，小人的升级化名称还有一个是"恶人"，仅出现 2 次。"小人"出现的概率大大低于"君子"，说明《易经》更多的是对君子的赞扬肯定，而不是对小人的批驳贬斥。说明《易经》更多的是对人积极正面的引导。

《易经》通过吉凶悔吝来指引人民如何行为。其终极目标不在于对人们行为的评判，而在于通过预知结果来实现对人们行为的引导。从上表中吉凶的悬殊比例可见端倪。吉词出现的次数为 399 次，凶词出现的次数为 203 次，吉出现的比例几乎是凶的两倍。这说明《易经》在引导人们趋利避害的过程中更侧重于如何积极有效的作为，即如何趋利。如何趋利呢？答曰：天人合一。

除了吉凶指示之外，无咎是排名第三的行为结果指示。《说文·人部》："咎，灾也。"无咎，就是没有灾害。是指某一行为没有什么大碍。厉：危险，① 厉无咎意为虽危险，但无大碍。无攸利：攸，《汉字源流字典》释攸时，其中一义为"所"，如性命攸关，四方攸同。或者可将其看作助词，用在动词前构成名词性短语。② 无攸利意为无所利益，即没有什么利益。无咎和无攸利虽然略有差别，但是相对明显的吉凶而言，大体相当，无所得失。

《易经》中的"悔"有时候以"后悔"之义出现，有时候以"无悔"之义出现。两者表达的是截然相反之义。吝，本义指遗憾、悔吝；亦有灾祸义。③ 所以，将"吝"与"悔"合并统计。统计"悔"在《易经》中出现的频次是57，以"无悔"或"悔亡"出现的频次是29，所以代表"后悔"之义的"悔"就是28次。与"吝"相加为62次，大约是"无悔"的两倍。可见，《易经》更为倡导的是让人们常思常虑，对自己的行为多多检讨。

"变"在《易经》中一共出现49次。也是非常高频的一个字。体现了《易经》的变易之道。"易之为书也不可远，为道也屡迁，变动不居，周流六虚，上下无常，刚柔相易，不可为典要，唯变所适。"（《系辞下传》）"变"彰显了《易经》之"易"的精神，至少与"简易""不易"相比，"变易"是其最为倡导的主流精神。同时也时时刻刻提醒着人们，因为万事万物的主旋律是变，所以要常思常悔（检讨之义）这样才能趋向吉，才能与"天行健"保持节奏一致，才能达到"天人合一"的境界。

综上，《易经》的核心精神就是"天人合一"，通过吉凶悔吝指示人们向天道感应，并随时随地而变化自己的行为，以适应变动不居的天意。

---

① 谷衍奎：《汉字源流字典》，语文出版社2008年版，第143页。
② 谷衍奎：《汉字源流字典》，语文出版社2008年版，第450页。
③ 李学勤：《字源》，天津古籍出版社2013年版，第94页。

三、"天人合一"感应下的狱讼文化

《易经》中卦爻辞明确提及狱讼的卦主要有《解》《旅》《丰》《贲》《噬嗑》《中孚》。这些卦对应的往往是秋冬季节的节气。体现了我国古代秋冬行刑的特色传统。那么，为何"狱讼"对应的是秋冬，而不是春秋？这是我国古人创设的依天道行事，循节气而为的统治智慧。

（一）《解》

图30 《解》卦图

《解·象》（卦图见图30）曰："雷雨作，君子以赦过宥罪。"

据刘大钧研究，今本卦序与卦气具有紧密的联系，并将卦与节气列表予以对应。① 《解》卦对应的节气是春分，农历二月，属于仲春之月。《礼记·月令》载："仲春之月，日在奎，昏弧中，旦建星中。其日甲乙，其帝大皞，其神句芒……命有司省囹圄，去桎梏，毋肆掠，止狱讼。"仲春二月。太阳在奎星宿的位置上，黄昏时弧星在南天中的位置；清晨时建星在南天中的位置。此时的日名是甲乙。这月，生物刚刚开始萌芽。对于人，亦特别要保养幼小者，抚恤遗族子弟。选择第一个甲日，命人民举造福祭。使司法之官减少拘捕的囚徒，除去其脚镣手铐，也不可拷打，并停止诉讼。

"省囹圄，去桎梏，毋肆掠，止狱讼"与"赦过宥罪"一样，都是倡导宽宥止讼，因为"当春乃发生"，万物始生，狱讼也要遵循这一大自然的规律，对人、对过错、对犯罪行为要给予改过自新与重生的机会。这充分体现了天人合一的治世规律。

---

① 刘大钧：《今帛本卦序与先天方图及"卦气"说的再探索》，载刘大钧主编：《象数易学研究》（第二辑），齐鲁书社1997年版，第81—88页。

倘若不遵循天时，会有什么后果？"仲春行秋令，则其国大水，寒气总至，寇戎来征。行冬令，则阳气不胜，麦乃不熟，民多相掠。行夏令，则国乃大旱，暖气早来，虫螟为害。"仲春而行秋令，则国内将有大水灾，寒气突然来了，而且有敌人侵犯边境。仲春而行冬令，则阳气抵不住阴气，麦子不会结穗，引起饥荒，乃至人民互相掠夺。行夏令，则火气太大，国内快要干旱，热浪早来，植物发生病虫害。

（二）《旅》

图 31 《旅》卦图

《旅·象》（卦图见图 31）曰："山上有火，旅；君子以明慎用刑而不留狱。"

《旅》卦对应的节气为谷雨三候和立夏初候，属于农历三月末和农历四月初，跨越季春之月和孟夏之月。《礼记·月令》："季春之月，日在胃，昏七星中，旦牵牛中。其日甲乙。其帝大皞，其神句芒……"季春之月，并无法治刑狱的休咎指示。因此，怀疑《旅》卦并不对应谷雨三候。

再看立夏初候。《礼记·月令》："孟夏之月，日在毕，昏翼中，旦婺女中。其日丙丁。其帝炎帝，其神祝融……断薄刑，决小罪，出轻系。"四月为孟夏，太阳在金牛座附近，黄昏翼宿的星出现于南天正中，清晨婺女星出现在南方正中。夏季属于丙丁火。立夏定在这个月里。这个月里，在司法方面，对于定罪、量刑轻微或者短期拘留的犯人，裁断后皆应予以释放。

《旅·象》曰："山上有火，旅；君子以明慎用刑而不留狱。""明慎用刑"与《礼记·月令》所要求的"断薄刑、决小罪"相似，"不留狱"与《礼记·月令》所要求的"出轻系"相似。因此，《旅》卦对应的应是立夏初候。

倘若违背天时何如？《礼记·月令》载："孟夏行秋令，则苦雨数来，五谷不滋，四鄙入保。行冬令，则草木蚤枯，后乃大水，败其城郭。行春令，则蝗虫为灾，暴风来格，秀草不实。"孟夏之月若施行秋季的政令，就会使淫雨频来，五谷不能生长，边境的民众都躲进城堡。施行冬季的政令，就会使草木提前枯萎，然后有大水发生，冲毁城郭。施行春季的政令，就会使蝗虫成灾，风暴袭来，草木不结果实。

（三）《丰》

图 32　《丰》卦图

《丰·象》（卦图见图 32）曰："雷电皆至，丰；君子以折狱致刑。"

刘大钧认为，丰卦对应的节气为小暑，农历六月，属于季夏之月。《礼记·月令》载："季夏之月，日在柳，昏火中，旦奎中。其日丙丁。其帝炎帝，其神祝融……不可以兴土功，不可以合诸侯，不可以起兵动众，毋举大事，以摇养气。"季夏六月，太阳的位置在柳宿；傍晚火星，黎明奎星，现于南方天中。日属丙丁行。这一个月，不可铲地挖沟，也不可会合诸侯或兴兵动众。因为这些大规模的行动，会摇荡养生的气息。也就是说小暑这个月，重要的是"养"，而刑狱对应的往往是"肃杀"。倘若此月折狱，则与天时相背。《丰·象》曰："雷电皆至，丰；君子以折狱致刑。"由天道以推人事，丰卦对应的节气应该是其后一个月的立秋，农历七月，属于孟秋之月。

《礼记·月令》载："孟秋之月……命有司修法制，缮囹圄，具桎梏，禁止奸，慎罪邪，务搏执。命理瞻伤，察创，视折，审断。决狱讼，必端平。戮有罪，严断刑。天地始肃，不可以赢。"孟秋之月，其日庚辛，依五行属金。立秋定在这个月里。秋为金行，寓有肃杀之气。这个月，要命令司法官吏研修法制，修缮牢狱，置备镣铐，禁止奸邪，慎察罪恶，及时拘捕犯人；命令治狱官吏检查受刑后有创伤、折断的囚犯；判决刑讼，必须正直公平；杀戮有罪，要严格定刑。这个时节，天地气象开始整肃，不可以宽缓懈怠。

倘若违背天时，如"孟秋行冬令，则阴气大胜，介虫败谷，戎兵乃来。若行春令，则其国乃旱，阳气复还，五谷无实。行夏令，则国多火灾，寒热不节，民多疟疾"。大意为若孟秋行冬令，则阴气太重，甲虫害稼，无收成，有盗贼之警。若行春令，则天干不雨，而阳气乘之又来，使五谷不能结实。行夏令，那么境内时有火灾，寒热亦失去调节，人民多患疟疾。

（四）《贲》

图33 《贲》卦图

《贲·象》（卦图见图33）曰："山下有火，贲；君子以明庶政，无敢折狱。"

《贲》卦对应的节气是秋分，农历八月，属于仲秋之月。《礼记·月令》载："仲秋之月，日在角，昏牵牛中，旦觜觿中。其日庚辛，其帝少皞，其神蓐收……乃命司服，具饬衣裳，文绣有恒，制有小大，度有长短。衣服有量，必循其故，冠带有常。乃命有司，申严百刑，斩杀必当，毋或枉桡。枉桡不当，反受其殃。""具饬衣裳，文绣有恒"恰恰体现了"贲"之本义——装饰、纹饰。"申严百刑，斩杀必当，毋或枉桡。枉桡不当，反受其殃"意为：命司狱之官，重申戒令，使属下之人谨慎用刑，或斩或杀，必求至当，不可使有丝毫枉曲；倘有枉曲不当之处，司法者就要反受其罪。这种司法要求与《贲·象》所言的"君子以明庶政，无敢折狱"相契合。"重申戒令"使司法官"以明庶政"，要求司法官不可有丝毫枉曲，若否则便会面临"反受其罪"的法律后果，这更使得司法官"无敢折狱"。

倘若不顺应天时安排人事，如仲秋行春令，则一秋无雨，草木又复开花，国内常有火警的恐惧。行夏令，那么国内干旱，昆虫不蛰藏入土，五谷又复发芽，败坏谷实。行冬令，则常起风灾，时又打雷闪电，草木早死。不仅自然环境受损，而且人心惶惶，影响社会安定。

（五）《噬嗑》

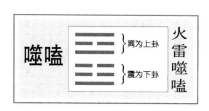

图34 《噬嗑》卦图

《噬嗑·象》（卦图见图34）曰："雷电，噬嗑；先王以明罚敕法。"

《噬嗑》卦对应的节气是立冬，农历十月，属于孟冬之月。《礼记·月令》载："孟冬之月，日在尾，昏危中，旦七星中。其日壬癸。其帝颛顼，其神玄冥……是月也，命大史，衅龟策占兆，审卦吉凶，是察阿党，则罪无有掩蔽。"《噬嗑·象》曰："雷电，噬嗑；先王以明罚敕法。""是察阿党，则罪无有掩蔽"与"明罚敕法"正好呼应。

那么，为何孟冬之月就要求"罪无掩蔽""明罚敕法"？《礼记·月令》同样给了答案，"天气上腾，地气下降，天地不通，闭塞而成冬"。因为天地不通，万物闭塞，容易隐藏遮蔽，所以更需要明罚敕法。这说明人治要顺应天时。

倘若违背天时会有什么后果？《礼记·月令》："孟冬行春令，则冻闭不密，地气上泄，民多流亡。行夏令，则国多暴风，方冬不寒，蛰虫复出。行秋令，则雪霜不时，小兵时起，土地侵削。"孟冬如行春令，则冻闭不得完密，而地气随之发泄，人民也多流散。行夏令，则国内时时起风暴，到冬天仍不寒冷，蛰虫又复出土。行秋令，则雪霜都下得不及时，并有刀兵之警，国土时被侵削。

（六）《中孚》

图35 《中孚》卦图

《中孚·象》（卦图见图 35）曰："泽上有风，中孚；君子以议狱缓死。"

《中孚》卦对应的节气是冬至，农历十一月，属于仲冬之月。《礼记·月令》载："仲冬之月，日在斗，昏东壁中，旦轸中。其日壬癸。其帝颛顼，其神玄冥……是月也，农有不收藏积聚者、马牛畜兽有放佚者，取之不诘。山林薮泽，有能取蔬食、田猎禽兽者，野虞教道之；其有相侵夺者，罪之不赦。……是月也，可以罢官之无事、去器之无用者。涂阙廷门闾，筑囹圄，此所以助天地之闭藏也。"

仲冬之月，太阳在仙女座及飞鸟座附近；黄昏壁宿星，清晓轸宿星，出现在南方天中。其日壬癸，依五行属水。颛顼帝主宰，其神为玄冥。这个月，农众有不加收藏积聚的谷物，有马牛牲畜放在外面时，就任人取获，不加追究。山林薮泽中有可以收获的蔬菜果实，可以田猎的禽兽，主管山林的官吏就要指引民众收获猎取，有互相侵犯争夺的，就要论罪不赦。这个月里，可以罢免无事的官吏，去除无用的器具。要关闭宫阙和门闾，修筑牢狱，用以顺助天地封闭收藏的气势。

"君子以议狱缓死"，亦是助天地之闭藏。

"仲冬行夏令，则其国乃旱，氛雾冥冥，雷乃发声。行秋令，则天时雨汁，瓜瓠不成，国有大兵。行春令，则蝗虫为败，水泉咸竭，民多疥疠。"大意为若仲冬行夏令，那么国内将有大旱，雾气沉沉，时或打雷。行秋令，是雨雪交加，瓜瓠不得结实，国内有大战役发生。行春令，则蝗虫毁坏庄稼，水泉枯涸，人民多患皮肤病。

综上，《解》卦对应的节气是春分，《礼记·月令》的"省囹圄，止狱讼"与《解·象》的"赦过宥罪"相一致。《旅》卦对应的节气是立夏，《礼记·月令》的"断薄刑，决小罪，出轻系"与《旅·象》的"明慎用刑而不留狱"相一致。《丰》卦对应的节气为立秋，《礼记·月令》的"戮有罪，严断刑"与《丰·象》的"折狱致刑"相一致。贲卦对应的节气是秋分，《礼记·月令》的"申严百刑""毋或枉桡"与贲卦象的"以明庶政""无敢折狱"相一致。《噬嗑》卦对应的节气是立冬，《礼记·月令》的"罪无掩蔽"与《噬嗑·象》的"明罚敕法"相一致。《中孚》卦对应的节气是冬至，《礼记·月令》的"助天地之闭藏"与《中孚·象》的"议狱缓死"

相一致。可见，《礼记·月令》记载天子不同节气所行之事，与对应卦象的《大象传》内容相符。《解》对应春，《旅》对应夏，《丰》《贲》对应秋，《噬嗑》《中孚》对应冬，这几个与法律有关的卦象也遵循了春生、夏长、秋收、冬藏的特性，反映了古人做事顺应天时，天人合一的基本规律。

《文言传》曰："夫'大人'者，与天地合其德，与日月合其明，与四时合其序，与鬼神合其吉凶。先天而天弗违，后天而奉天时。天且弗违，而况于人乎，况于鬼神乎！"文中"大人"与天地合德，与日月合明，与四时合序，与鬼神合其吉凶的"奉天时"思想亦与《礼记·月令》所记载的天子于不同节气行不同之事的精神相一致。

周敦颐在《通书·刑第三十六》中言："天以春生万物，止之以秋。物之生也，既成矣，不止则过焉。故得秋以成。圣人之法天，以政养万民，肃之以刑。民之盛也，欲动情胜，利害相攻，不止则贼灭无伦焉。故得刑以治。情伪微暧，其变千状。苟非中正、明达、果断者，不能治也。《讼》卦曰：'利见大人'，以'刚得中'也。《噬嗑》曰：'利用狱'，以'动而明'也。中正，本也；明断，用也。然非明则断无以施，非断则明无所用，二者又自有先后也。讼之中，兼乎正；噬嗑之明，兼乎达。讼之刚，噬嗑之动，即果断之谓也。呜呼！天下之广，主刑者，民之司命也。任用可不慎乎！"①

由上可知，春天时节，不可刑杀，狱讼尽量减少，因为古人认为春夏为万物生长季节。直至孟秋之月"用始刑戮"，可以"戮有罪，严断刑"，因为秋冬是肃杀蛰藏的季节，而刑亦是剥夺宇宙间生命的杀戮行为，人的行为应顺于四时，与天道相适，所以刑杀必于秋冬，断不能于万物育长的季节施行杀戮，而与自然规律相违背。汉代董仲舒从"天人感应"思想出发，认为"春气爱，秋气严，夏气乐，冬气哀……天之志也"。（《王道通三》）② 汉律十二月立春不以报囚，③ 便是此理。章帝时以十一月冬至，冬已尽，阳气始萌，已不宜行刑，更定十一月亦不得报囚。④ 汉制立春日辄下宽

① （宋）周敦颐撰、徐洪兴导读：《周子通书·刑第三十六》，上海古籍出版社2000年版，第42页。
② 陈汉生：《〈周易〉中的刑法思想和刑法制度述略》，载《上海大学学报社科版》1991年第2期。
③ 《后汉书·章帝纪》。
④ 同上，诏曰："律十二月立春不以报囚，月令冬至之后有顺阳助生之文，而无鞠狱断刑之政。朕愆访儒雅，稽之典籍，以为王者生杀宜顺时气，其定律无以十一月十二月报囚。"

大书。① 章帝曾屡诏有司以秋冬理狱，春日不得案验。② 元和二年的旱灾长水校尉贾宗等便以为是断狱不尽三冬，阴气微弱，阳气发泄所致。③ 古人对于刑忌是异常重视的，常因些微的出入而引起重大的辩论。④ 后代的法律皆沿而不改。唐、宋律及《狱官令》从立春至秋分，除犯恶逆以上及部曲，奴婢杀主外，余罪皆不得奏决死刑，违者徒一年。⑤ 明律处杖刑八十。⑥ 清例秋审朝审处决人犯亦在立秋以后。⑦

　　刑杀的禁忌除阴阳四时外，又有关于宗教节日的禁忌。唐、宋以正月、五月、九月为断屠月，每月十斋日⑧为禁杀日，所犯虽不待时，亦不行刑，违者杖六十。⑨ 斋月斋日断屠全是受宗教的影响。明代十斋日仍为禁刑日期，⑩ 违者笞四十。⑪

---

① 其书曰："制诏三公，方春东作，敬始慎微，动作从之。罪非殊死，且勿案验，皆须秋冬退贪残，进柔良，下当用者如故事。"见《后汉书·礼仪志》。

② 元和元年诏曰："宜及秋冬理狱，明为其禁。"二年诏三公曰："方春生养，万物萌甲，宜助萌阳，以育万物。其令有司罪非殊死且勿案验，及吏人案书相告不得听受，冀以息事宁人，敬奉天气，立秋如故。"见《后汉书·章帝纪》。

③ 《后汉书》（七六），《陈宠传》。

④ 肃宗时断狱皆以冬至之前，自后论者互多驳异。邓太后诏公卿以下会议，鲁恭等皆有议论。见《后汉书》（五五），《鲁恭传》。

⑤ 《唐律疏义》（三〇），《断狱》（下），"立春后不决死刑"。《宋刑统》（三〇），《断狱律》，"决死罪"。

⑥ 《明律例》（一二），《刑律》（四），"断狱"，"死囚覆奏待报"。洪武元年令："覆决重囚须从秋后，无得非时，以伤生意。"见《明会典》（一七七），《刑部》（一九），"决囚"。

⑦ 立决人犯自不在此限。按清律例春夏二季只正月六月停刑，立决重犯俟二月初及七月立秋以后便可正法。又五月内交六月节及立秋在六月内者，亦停刑。见《清律例》（四），《名例律》（上），"五刑"条例。此外，冬至以前十日夏至以前五日停止行刑。见《清律例》（三七），《刑律》，《断狱》（下），"有司决囚等第"，嘉庆十五年修改例。

⑧ 每月一日、八日、十四日、十五日、十八日、二十三日、二十四日、二十八日、二十九日及三十日为十斋日。见《唐律》"立春后不决死刑"条《疏义》《宋刑统》，"决死罪"条《疏义》。按"十斋日"宋作"十直日"。皆禁屠杀。武德初颁其诏："自今以后，每年正月、五月、九月，每月十斋日并不得行刑，所在公私宜断屠钓。"其后屡申其禁。天宝七载敕文："自今以后，天下每月十斋日不得辄有宰杀。"至德二年又敕："三长斋月并十斋日，并宜断屠钓，永为常式。"见《唐会要》（四一），"断屠钓"。

⑨ 《唐律疏义》，"立春后不决死刑"。《宋刑统》，"决死囚"。

⑩ 《明会典》（一七七），《刑部》（一九），"决囚"。

⑪ 《明律例》。

此外，遇祭祀日期亦停刑。唐、宋，大祭祀及致斋日皆不得奏决死刑。[1]
元制有事于郊庙，虽散斋日亦不判署刑杀文字，不决罚罪人，[2] 清例凡祭享
斋戒及四月初八日皆不理刑名。冬夏二至、岁暮、上辛、上戊、上丁及春秋
二分均系祭祀日期，故亦停刑。[3]

四、"天人合一"感召下的证据法文化萌发

（一）"天罚""神判"思想在周初的动摇

商纣王亡国的历史教训，使得周初统治者明白"天罚""神判"并非神
圣、永恒、无懈可击。要想建立牢固的周统政权，必须对此"天罚""神判"
的执政思想予以改造。周人对夏商"天罚""神判"思想的改造，主要表现
在以下三个方面。

第一，帝祖分离。帝是殷人的称谓。殷人讲帝祖结合，不大讲天。天，
在商代是大的同义词。卜辞中有"天邑商"记载，这个"天邑商"就是周人
自称的"大邑周"，卜辞天字作大字解。帝、上帝、皇帝或皇上。帝在周初
铭文中还能见到，大约自西周中期以后，帝、上帝之称谓便消失了，代之而
起的是"天"。"天"的出现标志着帝祖结合的结束。周人在废弃了殷人帝祖
合一说之后，对帝、祖即上帝崇拜和祖先崇拜的位次做了新的安排。排在第
一位的是帝，祖先神位居第二。

《诗大雅·文王》："文王陟降，在帝左右。"《宗周钟》："其严在上。"
《猶钟》："先王其严，在帝左右。"

严，《释名·释言语》："俨也，俨然人惮之也。"严即祖先的灵魂，它处
在帝之"左右"，其地位便自然而然地降格在第二了。就是说位居上帝之下，
但在众神之上。周人如此安排帝、祖位次的目的，在于加强姬姓对异族的统
治。既然周人祖先在帝之下，而居异姓祖先之上，那么，异族理所当然地要
接受周人的统治；否则，就是越祖越位行为，要以越祖罪予以惩罚。至于把

---

[1] 《唐律疏义》，"立春后不决死囚"条《疏义》。《宋刑统》"决死罪"条《疏义》。
[2] 《元史》（一〇三），《刑法》（二），"祭令"。
[3] 瞿同祖：《中国法律与中国社会》，商务印书馆 2010 年版，第 300—302 页。

帝和祖分开，并称帝为天，也是周人为其统治所设的圈套。天与帝比，相形之下显得不那么不可捉摸令人生畏，具有相对的可知性，容易被人接受，同时还能一定程度上消除人们对殷帝的厌恶心理。①

第二，德祖相配。周统治者除了将帝、祖分离之外，还将祖先神和德紧密结合。金文中的"德"，几乎直接或间接地和祖先神都有关系，凡有"德"的铭文大致可分为这样几种类型：一是颂扬祖德的，如《师望鼎》《大克鼎》《叔向文簋》《虢叔旅钟》《井人妄钟》等的铭文。二是效法祖德的，如《见疾钟》《单伯钟》《番生簋》等的铭文。三是讲先祖文王、武王有德而得天下的，如《大盂鼎》《毛公鼎》等的铭文。此外，还有周王要求或表彰臣下勤于德政和大奴隶主贵族要求小奴隶主贵族修德治民的，如《班簋》《善鼎》等的铭文。只要略加分析就能看出，无论哪种类型的铭文，都贯穿着一个精神，就是祖与德配，祖得天命。后代如能继承祖德，天命便可永存，政权方能永固。正如《大盂鼎》《史墙盘》所载，文王之所以"戾和于政"，是由于他有"懿德"，武王能够"匍有四方，畯正厥民"，是因为他"嗣文作邦"，"型宪于文王正德"。经过周人的改造，从上帝神中分离出来的祖先神，已和"天罚"完成脱离关系而变成一尊专门给人赐福、护佑后代功成名就的祖先神。祖先神之所以能够在现实生活中发挥积极作用，在于它把"有德"和"无德"与国家的兴亡、政权的得失联系在一起了。王国维在《殷周制度论》一文中说："周自大王以后，世载其德……皆克用文王教至于庶民，亦聪听祖考之彝训。是殷周之兴亡，乃有德与无德之兴亡。"② 这一见解是有道理的。

第三，弗念天威。这是周人继帝祖分离、祖德相配之后对"天罚"思想的再改造。周初，尤其在兴兵讨伐或镇压殷遗民时，周统治者也高喊过"天罚"口号。如武王伐纣时，在其誓辞中罗列殷纣王听信妇人之言、不祭祖宗上帝和任用四方逃亡奴隶而不任用同宗兄弟三条罪状之后，大声疾呼："今予发，惟恭行天之罚。"③殷亡之后，周公向殷遗民发布诰令时也说，如果你

---

① 胡留元、冯卓慧：《夏商西周法制史》，商务印书馆2006年版，第306—307页。
② 王国维：《殷周制度论》，载《王国维学术经典集》，江西人民出版社1997年版，第128页。
③ 《尚书·牧誓》。

们不敬顺周王朝的统治，"予亦致天之罚于尔躬"①。此外，西周金文中也有"畏天畏（威）"② 和"天疾畏降丧"③ 的记载，以示天威可畏，祸乱、刑杀自天而降。

但是，自从周王朝吸取"殷鉴"教训，对天有了新的认识之后，"天罚"思想在周人心目中动摇了。这一新的法律观是由疑天开始的：

天畏（威）（非）忱（诚），民情大可见。④

肆汝小子封，惟命不于常，汝念哉！⑤

若天棐忱，我亦不敢知曰其终出于不祥。⑥

天不可信，我道惟宁王德延，天不庸释于文王受命。⑦

天命靡常。⑧

尽管周人相信武王克商是天命，但其前有商之代夏，今有周之代商，都相继变革了天命，即汤、武革命。尤其是商纣因"殄废先王明德，侮蔑神祇不祀，昏暴商邑百姓"⑨，即失德暴政而亡国，西周以小邦周而取代了大邦殷，这样的深痛教训与历史事实，不得不使周统治者重新思考天命。"天不可信，我道惟宁王德延，天不庸释于文王受命"⑩ 周公认为"天不可信"，不要盲目地依恃天命，但也不要违背天命，并时时以"天命靡常"自诫。⑪ 从最初的疑天到西周晚期甚至开始怨天、咒天。说什么上天刻毒呀（昊天不惠），⑫ 上

① 《尚书·多士》。

② 《大盂鼎》。

③ 《师訇簋》，中国社会科学院考古研究所：《殷周金文集成》（修订增补本），中华书局 2007 年版，编号 04342。

④ 《尚书·康诰》。

⑤ 《尚书·康诰》。

⑥ 《尚书·君奭》。

⑦ 《尚书·君奭》。

⑧ 《大雅·文王》，载郭沫若：《中国古代社会研究》，商务印书馆 2011 年版，第 134 页。

⑨ （汉）司马迁撰，（宋）裴骃集解，（唐）司马贞索隐，张守节正义：《史记·周本纪》，中华书局 1982 年版，第 126 页。

⑩ 《尚书·君奭》。

⑪ 《诗·大雅·文王》。

⑫ 《诗·小雅·节南山》。

天作恶呀（不吊昊天），① 上天残忍呀（天疾威，弗虑弗图），② 等等。天命观的动摇，使统治阶级的统治方式再也不能寄寓在"天罚""天威"身上了。

由于意识到天命靡常，祛除了对上天的盲目崇拜，故而不再迷信神明裁判，转而重视人，"我亦不敢宁于上帝命，弗永远念天威。越我民罔尤违，惟人"③。《礼记·表记》言："周人尊礼尚施，事鬼敬神而远之，近人而忠焉"；又言"周人强民，未渎神"。④ 这些都道出了周人观念里人本因素的增强，正所谓"顺乎天而应乎人"。不轻信天命是神明裁判动摇的前提，重视人力是神明裁判动摇的基础。轻天、重民相结合，便铲除了神明裁判赖以生存的土壤。在此影响下，随意、野蛮的神明裁判逐渐退出了历史舞台。

继山西洪洞坊堆村、陕西长安沣西和北京昌平白浮考古发现之后，1977年陕西岐山凤雏村 16000 多片周代卜甲的出土，说明周人和殷人一样也占卜，但是，周人占卜与神明裁判没有关系。截至目前，从周原卜甲中尚没有发现任何与"神判"有关的记载。除祭祀、征伐、方国名、人名、官名、渔猎、月象和用数组成的八卦符号外，找不到一条卜问定罪、行刑的卜辞。周原卜辞是文王至昭、穆时期的遗物，卜辞中没有"神判"痕迹，可以反证"神判"思想在周初人们头脑中的淡薄。⑤

如果说周初"天罚""神判"思想还隐约可见的话，那么，自穆王之后，"天罚""神判"思想则再难见其踪影。⑥"天罚""神判"思想的动摇，必将预示着与"天罚""神判"相对立的一种新的裁判思想将要来临。"天罚""神判"的退出为西周新思想的萌发提供了广阔的舞台和生存空间，而对人的重视使得包含人之理性和经验认识的证据裁判思想开始得到推广。

---

① 《诗·小雅·节南山》。
② 《诗·小雅·雨无正》。
③ 《尚书·君奭》。
④ 《礼记·表记》，阮元校刻：《十三经注疏·礼记正义》（卷五十四），中华书局 1980 年版，第 1642 页。
⑤ 胡留元、冯卓慧：《夏商西周法制史》，商务印书馆 2006 年版，第 310 页。
⑥ 自《吕刑》"天罚不极"之后，史籍再未见过天罚记载。

（二）证据法文化的萌发

刑罚，作为一种虐杀手段，在原始社会就已经存在。不过那种虐杀手段并不是法律，也不经过国家强制力保证其执行。它只是以全体氏族成员的共同意志履行其职能，惩罚氏族或部落内部侵害公共利益的行为，刑戮氏族与氏族、部落与部落之间进行同态复仇格斗中的异族成员或俘虏。自从进入阶级社会以后，刑罚才和阶级压迫联系在一起，成为反映少数剥削阶级意志惩罚犯罪的手段。

马克思说："刑罚不外是社会对付违犯它的生存条件（不管这是什么样的条件）的行为的一种自卫手段。"① 进入西周时期，周统治者吸取殷暴政的教训，对违犯它的生存条件的行为采取一种宽容慎重的态度，表现在刑罚上便是"明德慎罚"。

西周金文中有大量的德字，容庚在他的《金文编》中就收录了 15 个不同形体的德字。西周铜器铭文中也有许多有关德政的字眼，如恭德、敬德、秉德、正德、雍德、孔德、安德、懿德、明德、元德等，施行德政，已是盛行于西周的政治口号。"明德慎罚"这个词组最早见于《尚书·康诰》："王若曰：孟侯，朕其弟，小子封。惟乃丕显考文王，克明德慎罚，不敢侮鳏寡，庸庸，祗祗，威威，显民。"《多方》也有"明德慎罚"的提法："乃惟成汤克以尔多方简，代夏作民主。慎厥丽，乃劝。厥民刑，用劝。以至于帝乙，罔不明德慎罚，亦克用劝。"

《康诰》是周王朝册封文王之子康叔于卫国时的诰辞。周公在这篇诰辞中，反复告诫康叔要明德慎罚，爱护殷民。《多方》是周公摄政三年平定奄地叛乱，回到宗周，对各诸侯国君以及殷商旧臣等所作的一篇诰辞。周公在这篇诰辞中，强调从成汤到纣的父亲帝乙没有不以"明德慎罚"去治理国家的，借此要殷遗民相信，"明德慎罚"不仅是周统治者立法、司法以至治国安民的指导思想和司法原则，也是殷代有作为的君主的大政方针、执法准则，从而促使殷遗民认清天命，忠实服从周王朝的统治。

"明德慎罚"的法律思想是周公等人在系统总结夏商一千多年来统治经

---

① 《马克思恩格斯全集》（第八卷），人民出版社 1961 年版，第 579 页。

验特别是夏桀、殷纣亡国的历史教训基础上提出的。帝祖分离、祖德相配是周人法律思想的一大进步。夏桀、殷纣为什么会被"上帝""改厥元子"而"坠厥命"呢？根本原因在于他们的无德。"洪舒于民"，"劓割夏邑"①，这是夏桀的无德。"于先王勤家诞淫厥泆，罔顾于天显民祇"，这是殷纣的无德。因此，"上帝不保"，"不畀不明厥德"②，便亡国了。周公等人的这种"以德配天"思想，在金文中也到处可见，如，《毛公鼎》："丕显文、武，皇天引猒厥德，配我有周，受大命。"③《宗周钟》："我惟司（嗣）配皇天王。"

以德作为维系天、人（周王）的纽带，对天对君都产生了约束力：天无权授命于无德者，无德之君也无权受命于天；即使有德者获得了"天命"，其继承人一旦中断德行，"天命"即随之消失，国家便要衰亡。为了不使"天命"丢失或中途转移，统治者必须时时注意"聿修厥德，永言配命，自求多福"④。"以德配天"的这种积极意义，才促使周初几代君主比较开明，出现了被人称颂的"成康之治"。

周公等人的"明德"思想，不仅表现在他的"惟德是辅""以德配天"上，还表现在他们以此为出发点，提出了"保民"主张。西周统治者十分清楚，夏殷亡国的根本原因，不在"天"，而在"民"；激怒人民，什么"天命"都无济于事。"不可不监于有夏，亦不可不监于有殷"⑤，更应"无于水监，当于民监"⑥。其明白"民主"是治国的一面镜子，是政权能否巩固的基础。《左传·襄公三十一年》引《泰誓》有言："民之所欲，天必从之。"君主一旦失掉"民主"，人民就要顺应天意革掉他的天命。这就是《尚书·多士》和《多方》中所说的"革命"思想，即殷革夏命，周革殷命。要使人民不起来革自己的天命，最重要的是"先知稼穑之艰难，乃逸则知小人之依"，

---

① 《尚书·多方》。
② 《尚书·多士》。
③ 中国社会科学院考古研究所：《殷周金文集成》（修订增补本），中华书局 2007 年版，编号 02841。
④ 《诗·大雅·文王》。
⑤ 《尚书·召诰》。
⑥ 《尚书·酒诰》

"能保惠于庶民"①。所以"保民"思想不仅反映出周人法律思想的飞跃，它也是周统治者"明德"思想的核心。王国维对此也有较为切中要害的评价："祈天永命者乃在德与民二字。"②

桀、纣"重刑辟"导致亡国的教训，使周统治者意识到，严刑峻法不足以平息奴隶和平民的反抗，一味地乱罚无罪、滥杀无辜会导致人民积怨成怒，推翻统治。"保民"思想使得统治者在实行统治管理时，注重使人民心服口服，方得民心。在"天人合一"的价值观导引之下，统治者欲使人民信服，必然在司法裁断中不能完全依靠"天罚""神判"，更不能允许司法官任意妄为。那时，西周时期已经出现书证、物证、证人证言等证据形式。使人民信服的途径自然就是依据这些证据予以裁断。于是，证据裁判思想应运而生。

总之，天命观的动摇加速了神明裁判的退出，而保民慎罚的思想又催生了证据裁判。"明德慎罚"的治国思想的目标在于"保民"，而实现"保民"的方式在司法裁判上就体现在不再仰赖于神明裁判，转而发展证据裁判。同时，证据裁判的萌生与运用又会促进社会的复苏与稳定。成王之时慎守先王周公遗制，恪勤秉德，"民和睦，颂声兴"。"康王即位，徧告诸侯，宣告以文武之业以申之，作《康诰》。故成康之际，天下安宁，刑错四十余年不用。"③ 正是采用证据来裁判案件事实，使民众心服口服，所以纵使"饮食必有讼"，却也"天下安宁"。

那么，为何在西周时期萌发的证据法文化，到了秦朝却没有延续下来呢？春秋战国之后，通过政治变革和战争，奴隶制度逐渐消亡，新兴的封建制度逐渐确立。政治制度的变革必然也波及法律制度。甚至，法律在创建一个官僚帝国的过程中是非常重要的。主张朝这个方向变革的政治家和思想家在后世就被称为法家，而秦全心全意地采纳这些思想和方法的行动无疑是它能够从诸侯国向帝国发展的主要原因。此时，法律的目的已不再是周初统治时为了取信于民的工具，而成为向帝国发展、集中权力的重要工具。与此相应，

---

① 《尚书·无逸》。
② 王国维：《殷周制度论》，载《王国维学术经典集》，江西人民出版社1997年版，第129页。
③ （汉）司马迁撰，（宋）裴骃集解，（唐）司马贞索隐，张守节正义：《史记·乐书》，中华书局1982年版，第133—135页。

作为诉讼核心的证据已不再是单纯为了寻求事实真相的目的，而更重要的是扫除阶级统治的异己，从而壮大、集中自己的权力。一个新兴的阶级急于要扩大自己的权力，巩固自己的统治地位，于是乎，刑讯逼供应运而生。在秦代，首次确认了刑讯的合法性。从法律上明确规定了司法官应当如何进行刑讯，以及刑讯时是否可以拷打受审人。至此，现代意义上的"证据裁判思想"在秦代发生变异。由于刑讯的泛滥，后世彻底否定了曾经萌发的先进的"证据裁判"的存在。

本章小结

本章进一步深入剖析西周时期得以萌生"证据法文化"的根源，从经济、政治、司法、意识这四个方面进行了关联解析：分别是私有经济的需求激发，开明政治的实施保障，司法程序的制度保障以及"天人合一"的价值导引。

第一，在经济上，私有经济的极大发展促进了证据的产生和应用。具体表现为：农业的发达催生土地凭证，这属于书证；畜牧业的娱乐化催生所有权凭证，这属于物证；工商业的活跃催生交易凭证，这也属于书证。私有经济的极大发展是证据裁判思想萌发的根本原因。

第二，在政治上，一些开明制度的规定为证据裁判思想的践行提供了实施保障。主要表现为：对官吏的考核以重德行中正为标准；对官吏进行监督并规定了其司法责任。政治制度的开明是证据裁判思想萌发的重要因素。

第三，在司法上，对于一些司法程序的设定为证据裁判的实施提供了直接的制度保障。具体体现为："两造具备、察听其辞"为当事人陈述提供了法律依据；"掌任器货贿"为物证提供了法律依据；"正之以傅别、约剂、券书、图"为书证提供了法律依据。司法程序的设置是证据裁判思想萌发的直接原因。

第四，在意识上，层层递进，先以训诂学的方法释读"天人合一"的真谛；然后梳理《易经》中的"天人合一"，并采用高频词统计的方法论证

《易经》中"天人合一"精神的贯彻；在此基础上，进一步剥离解析"狱讼文化"对"天人合一"的感应，并对为何要"秋冬行刑"尝试解答。最后进一步缩小至"天人合一"对证据裁判思想萌发的影响。本节指出，"证据裁判思想"之所以能够在西周时期萌发，主要是西周时期"天命观"的改变使得神判、天罚思想动摇，为证据裁判新思想的萌发提供了广阔的空间和生存舞台。同时，在"天人合一"大背景的价值导引下，西周时期统治者不再依赖"天"及其"神判"，转而开始关照民心，进而派生出"慎罚保民"的治国思想；而实现这一思想的方式便是与"神判"相对立的"证据裁判"。"天人合一"的意识是证据裁判思想萌发的先决条件。

结 语

证据法是现代法律用语，西周时期尚没有出现"证据"一词，也不可能形成今天这种理论上的分类，更不会制定专门的证据制度，但这并不意味着周统治者在司法实践中没有运用证据去认定迷离的案件事实，调整复杂的法律关系。只要是周统治者在有意识地应用各种各类的证据去审断案件，使用证据来调整各种法律关系，就可以界定为证据裁判思想的萌发。

通过对西周经典《易经》的深入释读，同时辅之以《尚书》《周礼》等传世文献以及《五祀卫鼎》《偰匜》《卫盉》《曶鼎》《琱生簋》《鬲攸从鼎》《散氏盘》等出土文献的印证，本书得出以下结论：

第一，《易经》中有隐含"证据"之义的语词。如《明夷》《噬嗑》《讼》《革》《夬》《丰》《小畜》《习坎》《井》《中孚》中揭示出"夷""金矢""黄金""孚"皆内蕴"证据"之义。其中"金矢""黄金"与《周礼》中"束矢钧金"相同，"束矢钧金"不是诉讼费，而是指代证据。这与学界内的通识观点相异。

第二，《易经》中记载的证据形式有口供、证人证言、物证、书证、盟誓等。其中盟誓在当代诉讼中已经消失殆尽，属于特定时期特有的证据形式。同时说明，在西周时期，我国的证据形式已较为丰富。

第三，《易经》中体现的证明方式主要有神明裁判和证据裁判。但最为主要和常用的是证据裁判。只有在证据不足的时候才会借用神明裁判。

其一，勾勒出神明裁判的发展变化轨迹。神明裁判的起始时期为原始社会末期。神明裁判的兴盛时期为商朝。神明裁判与证据裁判并存时期为周朝。并且在西周早期由于文化传统的惯性，神明裁判尚为主要裁判方式。进入西周中期，证据裁判的方式日益凸显。到了西周晚期，神明裁判已明显萎缩，趋向消弭状态。最后的神明裁判消失时期约为春秋战国时期。

其二，勾勒出先秦时期证据裁判的发展变化轨迹。证据裁判的萌芽为西周时期。在西周时期明德慎罚的思想指导之下，法官会依据证据予以裁判，没有证据则罪疑从赦，不会出现刑讯的现象。战国时期随着变革和战争，开始出现事实上的刑讯。到了秦代，封建专制确立，刑讯首次在法律上被明确确立。如果没有收集到证据，法官会采取刑讯的手段取得口供。这破坏了证据的客观性。至此，趋近于当代先进的证据裁判方式已发生变异及退化。

第四，《易经》及其他传世文献中隐含了诉讼的证明标准。由《噬嗑》卦中"金矢""黄金"的区别应用，说明案件的审级越高，证明标准越高。由《尚书》说明刑事诉讼的证明标准是令人信服。由《周礼》说明西周时期民事诉讼和刑事诉讼证明标准的不同，并且刑事诉讼的证明标准要高于民事诉讼。

第五，"灋"字之"水"部件实为坎卦之形，寓意法的规则性；"去"部件乃弓矢相离，寓意证据裁判。这一结论与学界内的通识大相径庭。

以上五个结论归结为一点就是西周时期已经初现证据法文化。无论是证据意识，还是证据行为，都昭示着证据法文化的诞生。

《易经》卦爻辞中所反映的证据法文化，让我们较为清晰地领略到我们伟大民族数千年前证据法文化的先进水准。史实证明，我们并不缺乏先进的证据法理念，只是在对中国传统经典文化的解读及传承方面尚需进步。在中华民族文化高质量发展的当下，我们是时候回归中华传统法文化，挖掘传统法思想，形成中国本土的特色法治理论，助力中华优秀传统文化的发展。

参考文献

一、易学类

（一）著作类

1. 王弼. 周易正义［M］. 韩康伯，注；孔颖达，疏. 北京：中国致公出版社，2009.

2. 王弼. 周易注疏［M］. 韩康伯，注；孔颖达，疏；陆德明，音义. 北京：中央编译出版社，2013.

3. 李鼎祚. 周易集解［M］. 王丰先，点校. 北京：中华书局，2016.

4. 李鼎祚. 易学精华［M］. 济南：齐鲁书社，1990.

5. 朱熹. 周易本义［M］. 廖名春，点校. 北京：中华书局，2009.

6. 程颐. 周易程氏传［M］. 王孝鱼，点校. 北京：中华书局，2016.

7. 王夫之. 周易稗疏［M］. 上海：上海古籍出版社，1990.

8. 尚秉和. 周易尚氏学［M］. 张善文，点校. 北京：中华书局，2016.

9. 李光地. 康熙御纂周易折中［M］. 刘大钧，整理. 成都：巴蜀书社，2013.

10. 杭辛斋. 杭氏易学七种［M］. 北京：九州出版

社，2005.

11. 朱骏声. 六十四卦经解［M］. 胡双宝，点校. 北京：国家图书馆出版社，2008.

12. 黄寿祺，张善文. 周易译注［M］. 上海：上海古籍出版社，2016.

13. 高亨. 周易古经今注［M］. 北京：中华书局，1984.

14. 宋祚胤. 周易译注与考辨［M］. 长沙：湖南人民出版社，1987.

15. 刘大均. 周易概论［M］. 成都：巴蜀书社，2016.

16. 傅佩荣. 傅佩荣解读易经［M］. 北京：线装书局，2006.

17. 徐芹庭. 来氏易经象数集注［M］. 北京：中国书店出版社，2010.

18. 南怀瑾. 易经杂说［M］. 上海：复旦大学出版社，2018.

19. 李守力. 周易诠释［M］. 兰州：兰州大学出版社，2016.

20. 李守力. 周易密钥［M］. 兰州：兰州大学出版社，2016.

21. 牛占珩. 周易与古代经济［M］. 成都：巴蜀书社，2004.

22. 胡朴安. 周易古史观［M］. 上海：上海古籍出版社，1986.

23. 朱彦民. 史学视野下的易学［M］. 广州：华南理工大学出版社，2017.

24. 丁四新. 楚竹书与汉帛书《周易》校注［M］. 上海：上海古籍出版社，2011.

25. 濮茅左. 楚竹书《周易》研究［M］. 上海：上海古籍出版社，2006.

26. 刘大钧. 今帛本卦序与先天方图及"卦气"说的再探索［C］. //刘大钧. 象数易学研究（第二辑）. 济南：齐鲁书社，1997.

（二）论文期刊类

1. 程建功. 历代周易研究概况述评［J］. 社科纵横，2005（2）.

2. 林忠军. 近十年大陆易学研究述评［J］. 文史哲，1995（5）.

3. 张的妮、廖志勤. 国内《易经》英译研究综述（1985—2014）［J］. 周易研究，2015（2）.

4. 黄震. 20 世纪的《周易》法律文化研究——以中国法学文献为中心

的实证考察［J］. 周易研究，2006（1）.

5. 杨宏声. 二十世纪西方《易经》研究的进展［J］. 学术月刊，1994（11）.

6. 肖满省. 古周易订诂研究［J］. 周易研究，2013（3）.

7. 邓东. 试析易经与圣经的文化分野［J］. 山东科技大学学报（社会科学版），2007（2）.

二、法律类

（一）著作类

1. 从希斌. 易经中的法律现象［M］. 天津：天津古籍出版社，1995.

2. 陈光中. 中国古代司法制度［M］. 北京：北京大学出版社，2017.

3. 蒋铁初. 中国传统证据制度的价值基础研究［M］. 北京：法律出版社，2014.

4. 徐朝阳. 中国古代诉讼法·中国诉讼法溯源［M］. 吴宏耀，童有美，点校. 北京：中国政法大学出版社，2012.

5. 郭成伟. 中国证据制度的传统与近代化［M］. 北京：中国检察出版社，2013.

6. 巫宇生主编. 证据学［M］. 北京：群众出版社，1983.

7. 孟德斯鸠. 论法的精神：上册［M］. 北京：人民出版社，2010.

（二）论文期刊类

1. 武树臣. 从"箕子明夷"到"听其有矢"——对《周易》"明夷"的法文化解读［J］. 周易研究，2011（5）.

2. 武树臣.《易经》与我国古代法制：上［J］. 中国法学，1987（4）.

3. 郑显文，王喆. 中国古代书证的演进及司法实践［J］. 证据科学，2009（5）.

4. 从希斌. 从《易经》看西周时期的司法制度［J］. 法学家，1995（3）.

5. 陈汉生.《周易》中的刑法思想和刑法制度述略［J］. 上海大学学报社科版，1991（2）.

6. 郑显文. 中日古代神明裁判制度比较研究 ［J］. 比较法研究，2017（3）.

7. 陈光中，郑曦. 论刑事诉讼中的证据裁判原则——兼谈《刑事诉讼法》修改中的若干问题 ［J］. 法学，2011（9）.

8. 陈光中. 证据裁判原则若干问题之探讨 ［J］. 中共浙江省委党校学报，2014（6）.

9. 王育成. "入束矢"解 ［J］. 法学研究，1984（6）.

10. 耿志勇，陈莉.《周易》犯罪学思想探析 ［M］. 周易研究，2003（3）.

11. 钱继磊. 试论易经与先秦法家思想的渊源关系 ［J］. 华中科技大学学报：社会科学版，2012（6）.

三、历史类

（一）著作类

1. 司马迁. 史记 ［M］. 裴骃，集解；司马贞，索隐；张守节，正义. 北京：中华书局，1982.

2. 阮元校刻. 十三经注疏 ［M］. 北京：中华书局，1980.

3. 孙诒让. 周礼正义 ［M］. 中华书局，1987.

4. 郭沫若. 中国古代社会研究 ［M］. 北京：商务印书馆，2011.

5. 瞿同祖. 中国法律与中国社会 ［M］. 北京：商务印书馆，2010.

6. 胡留元，冯卓慧. 夏商西周法制史 ［M］. 北京：商务印书馆2006.

7. 晁福林. 夏商西周史丛考 ［M］. 北京：商务印书馆，2018.

8. 丁山. 商周史料考证 ［M］. 沈西峰，点校. 北京：国家图书馆出版社，2008.

9. 黄爱梅. 西周史 ［M］. 上海：上海人民出版社，2015.

10. 杨宽. 西周史 ［M］. 上海：上海人民出版社，1999.

11. 许倬云. 西周史：增补二版 ［M］. 北京：生活·读书·新知三联书店，2012.

12. 尚书 ［M］. 顾迁，译注. 郑州：中州古籍出版社，2017.

13. 尚书［M］. 穆平，译注. 北京：中华书局，2009.

14. 温慧辉.《周礼·秋官》与周代法制研究［M］. 北京：法律出版社，2008.

15. 何光岳. 东夷源流史［M］. 南昌：江西教育出版社，1990.

16. 李学勤. 礼记注疏［M］. 北京：北京大学出版社，1999.

17. 童书业. 先秦七子思想研究［M］. 济南：齐鲁书社，1982.

18. 杨伯峻. 春秋左传注［M］. 北京：中华书局，1990.

19. 牛占珩. 周易与古代经济［M］. 成都：巴蜀书社，2004.

（二）论文期刊类

1. 王前. 中国古代科技思维方式刍议［J］. 自然辩证法研究，1993（3）.

2. 王俊. 春秋战国时期的鬼神思想［J］. 重庆科技学院学报：社会科学版，2006（6）.

3. 袁俊杰. 两周射礼研究［D］. 郑州：河南大学，2010.

四、考古类

（一）著作类

1. 张晋藩. 法律史研究［M］. 桂林：广西师范大学出版社，1992.

2. 陈梦家. 西周铜器断代［M］. 北京：中华书局，2004.

3. 胡留元，冯卓慧. 长安文物与古代法制［M］. 北京：法律出版社，1989.

4. 杨一凡，马小红. 中国法制史考证·夏商周法制考：甲编第一卷［M］. 北京：中国社会科学出版社，2003.

5. 中国社会科学院考古研究所. 殷周金文集成（修订增补本）［M］. 北京：中华书局，2007.

6. 王沛. 西周金文法律资料辑考（上）［C］//徐世虹. 中国古代法律文献研究：第七辑. 北京：社会科学文献出版社，2013.

7. 胡留元，冯卓慧. 卜辞金文法制资料论考［C］//杨一凡，马小红. 中国法制史考证·夏商周法制考：甲编第一卷. 北京：中国社会科学出版社，2003.

8. 冯卓慧. 《琱生簋》所反映的西周民法规范和民事诉讼程序［C］// 张晋藩. 法律史研究. 广西师范大学出版社，1992.

9. 郭沫若. 两周金文辞大系图录考释［C］//郭沫若全集·考古编：第八卷. 北京：科学出版社，2002.

10. 刘海年. 倗匜研究［C］//杨一凡，马小红. 中国法制史考证·夏商周法制考：甲编第一卷. 北京：中国社会科学出版社，2003.

11. 李学勤. 岐山董家村训匜考释［C］//新出青铜器研究. 北京：文物出版社，1990.

12. 山西省文物工作委员会. 侯马盟书及其发掘与整理［J］. 侯马盟书. 北京：文物出版社，1976.

（二）论文期刊类

1. 王沛. 亲簋考释［J］. 中国历史文物，2006（3）.

2. 陈小松. 释扬簋［J］. 中央日报·文物周刊（上海），1947（40）.

3. 唐兰. 陕西省岐山县董家村新出西周重要铜器铭辞的译文和注释［J］. 文物，1976（5）.

4. 冯卓慧. 从传世的和新出土的陕西金文及先秦文献看西周的民事诉讼制度［J］. 法律科学，2009（4）.

5. 河南省文物研究所. 河南温县东周盟誓遗址一号坎发掘简报［J］. 文物，1983（3）.

6. 金东雪. 琱生三器铭文集释［D］. 长春：吉林大学，2009.

五、文字类

（一）著作类

1. 左民安. 细说汉字——1000 个汉字的起源与演变［M］. 北京：中信出版社，2015.

2. 蒋书红. 西周汉语动词研究［M］. 广州：暨南大学出版社，2013.

（二）工具书类

1. 许慎. 说文解字［M］. 北京：中华书局，2012.

2. 司马光. 类篇［M］. 北京：中华书局，1984.

3. 陈彭年. 宋本广韵［M］. 南京：江苏教育出版社，2008.

4. 丁度. 集韵［M］. 上海：上海古籍出版社，1985.

5. 段玉裁. 说文解字注［M］. 北京：中华书局，2013.

6. 张士俊. 玉篇［M］. 北京：中国书店泽存堂本，1983.

7. 徐中舒. 甲骨文字典：卷八［M］. 成都：四川辞书出版社，1989.

8. 高明. 古文字类编［M］. 上海：上海古籍出版社，2008.

9. 丁福保. 说文解字诂林［M］. 北京：中华书局，1988.

10. 中华书局编辑部. 康熙字典［M］. 北京：中华书局，2010.

11. 李学勤. 字源［M］. 天津：天津古籍出版社，2013.

12. 谷衍奎. 汉字源流字典［M］. 北京：语文出版社，2008.

13. 王力. 古汉语字典［M］. 北京：中华书局，2000.

14. 汉语大字典编辑委员会. 汉语大字典：全八卷［M］. 成都：四川辞书出版社，1986.

15. 李圃. 古文字诂林［M］. 上海：上海教育出版社，2004.

16. 董莲池. 新金文编［M］. 北京：作家出版社，2011.

17. 邹瑜. 法学大辞典［M］. 北京：中国政法大学出版社，1991.

18. 罗竹风. 汉语大词典［M］. 上海：上海辞书出版社，2008.

六、其他

1. 劳埃德. 古代世界的现代思考——透视希腊、中国的科学与文化［M］. 钮卫星，译. 上海：世纪出版集团、上海科技教育出版社，2015.

2. 摩尔根. 古代社会［M］. 北京：商务印书馆，1971.

3. 马克思恩格斯选集：第4卷［M］. 北京：人民出版社，1972.

4. 荣格. 东洋冥想的心理学——从易经到禅［M］. 杨儒宾，译. 北京：社会科学文献出版社，2000.

后记——说卦自传

"后记"这一部分内容亦包含"致谢"。但因为其中一部分内容是我在平时写作过程中的随记,所以称之为"后记"更为贴切。愚以为,与其郑重其事地写一篇"致谢",不如写这样一篇循序渐进的"后记"来得真实,也有助于读者了解一篇博士论文的真实写作过程和作者的心理路程。特别是我这样一篇颇有"挑衅"意味的论文。

"易之为书,不远也。"本书能够付梓实属艰难,其艰难困境可谓占全了《易经》之四大难卦《屯》《蹇》《困》《坎》。但是,幸得"师"引,"同人"助,"家人""随",以"夬"之决心,"乾"之动力,"咸"之灵感,"恒"之不懈,由初"蒙","晋"至"小畜","渐"至"大有"。其间虽有"小过",甚至受"蛊"而酿"大过",但"剥""离""无妄","遁"隐"涣"散,"革"故"鼎"新之后,经过反"复""损""益",终至"既济"。

2018. 5. 20——《屯》

《屯》,万事开头难。初定此题为博士论文选题时,我是欣喜的,《周易》的高深莫测,让我对写作前途一无所知。大概是我性格坦荡惯了,后来与人交流这一选题,才发现此题不被看好。故而,求教于各方大家,均表示此题甚险,除了吾师,无论是法学界、史学界还是易学界多认为此题指向《坎》卦,可谓困难重重。疑虑主要表现为三方面：

第一，易经中是否有证据法？有人言，在一个玄学的领域诠释一个科学的知识体系，即便不是无稽之谈，也属牵强附会。亦有亲朋好友担心我因此走火入魔，难以自拔。听闻此言，吾辈更感责任深重，无论是学富五车的博士还是知识浅显的乡间村民，都将《易经》划归为玄学领域。世人对《易经》的误会如此之深，使我更下定决心要尽一己之力将其发扬光大，至少让身边的人知道这是一门科学。何为科学？针对科学的界定，可谓"仁者见仁，智者见智"。此为后记，无意再做学术探讨，简单而通俗地理解，愚以为凡是能够被反复验证的、具有规律性的理论均可被称为"科学"。特别是经过数千年的历史洗礼而流传下来的理论，不是真理，不是科学，那是什么？甚至，我国数学的发源就是《易经》中的数，连莱布尼茨都惊叹我国古人早已深谙二进制之道。象数义理，数是易学很重要的一个分支。

第二，此研究能否成书？部分研易的学者不否认《易经》中有证据法文化，但对此研究的篇幅能否成书心存疑虑。这也是我最担心的问题。毕竟，我虽不怕研究之路遍布荆棘，但是如果客观情况就是短途，就算我再不畏艰苦，再充分发挥主观能动性，也无法改变客观存在的事实。赘余部分牵强附会便在所难免。

第三，我能否驾驭得了这个研究课题？孔子曰："加我数年，五十以学《易》，可以无大过矣。"（《论语·述而》）而我一无史学基础，二无哲学背景，三无易学家传，以世俗眼光来看，相对学易而言，年龄、资历尚浅。虽然易学大家王弼卒于20多岁，但是谁敢言自己天赋异禀？我不能，而且自认为愚钝。但吾师鼓励我："谁不是从一无所知开始学习研究的？"吾师的坚定，加上我随着对《易经》研究的日渐深入而逐渐迷恋，也开始坚定信念。所以，即便到了开题之日，其他老师的深切担忧也无法动摇我的决心。作为兴趣爱好，长期研究《易经》是可以，但是作为博士论文是有时间限制的。在紧迫的时间里，选择这样一个深奥无比的选题进行突破，无异于在悬崖上跳舞，稍有不慎便会摔得粉身碎骨。这便是其他老师担忧我的缘故，觉得我没必要拿自己的博士学位作赌注。但是，有时候就是这么机缘巧合，吾与吾师一样执着，既然认定了，就会拿出"夬"之决心去攻克它，以"乾"之行、"震"之势去追"随"《易经》。吾愿对汝不离不弃，汝可佑吾余生，生死相依？！

《屯·象》："云雷，屯。君子以经纶。"

2018.5.25——《困》

在写作过程中，我经常会看到一些诸如"作者走火入魔"的评论，更有甚者认为这是封建迷信，使我坐"困"愁城。我很想申辩一番，告诉他们《易》之伟大，不要囿于"卜筮"的固有印象，但我又隐约觉得不该去争辩。记得有这样一种说法，如果会因为别人的质疑而生气、辩驳，说明你还不相信自己是对的；什么时候面对别人的质疑否定，你感到悲悯的时候，就说明你足够强大且自信了。目前为止，我还无法超脱到完全无视他人如何评价我研易之事，我只是隐约觉得按照易之思维，应该少安毋躁，同时也更感到自己肩上的重担，我一定要更加努力地做好，为《易》正名，并发扬光大，让大众知道，《易》的科学性。

《困·上六》："困于葛藟，未当也。动悔有悔，吉行也。"

2018.6.13——《蒙》

《易经》难懂还是易读？

在孔子时代，《易经》已经是当时的古文了。经过秦火之劫，到了西汉时，经学家解读《易经》已是众说纷纭，南宋的经学大师朱熹也说"《易》者，难读之书也"，所以很多人会觉得《易经》很难，没有一定的阅历和知识积累很难读懂。这也是我初选此题时最大的担忧。

其实《易经》不难懂。历代学人之所以读不懂《易经》，是因为不知《易经》之根本。人类的一切智慧成果都是大脑创造的。大脑有左脑和右脑之分。左脑主管语言、数学、逻辑、理性，右脑主管印象、直觉、储存、感性。就像一个人童年时右脑发达，成年后左脑发达一样，人类社会的发展也是在人们童年时代以右脑文化为主，在成年时代以左脑文化为主。

那么，《易经》的根本是什么？《易经》的根本是象数；象数的根本是类象；象数是根本，理占是花果；象为根，数为本，理为花，占为果；象是右脑的德能，数理是左脑的德能，占又是右脑的德能。《易经》智慧从右脑开始，转到左脑筹划，最后又回归右脑。

右脑是先天脑、生命脑。老子所言"复归于婴儿"，孔子所言"《易》无思也，无为也，寂然不动，感而遂通天下之故"都是指的右脑智慧。

于是解读《易经》就容易了。我们只要把孩童时期的思维找回来就行。右脑思维是先天具有的，所以右脑也叫动物脑，现代生物学发现有些鸟类迁徙竟用天空的星座导航，所以，不要以现代人的思维去揣度古人的智慧，古人观星象的本事和直觉思维、形象思维皆比现在的我们有过之而无不及。

老子《道德经》说："为学日益，为道日损。损之又损，以至于无为，无为而无不为。"为学，即是左脑的学习；为道，即是《易经》的学习。对于左脑太发达、理性思维太活跃的知识分子，必然是学《易经》的落后生。

《易经》的解读不受知识的限制，象数是义理的根本，义理是象数的花果。如何让《易经》这棵智慧大树恢复其强大的生命力呢？是发挥其义理还是弘扬其象数呢？当然只有浇灌树根才能使大树恢复其生命力。①

《蒙·六五》："童蒙之吉，顺以巽也。"

2018.6.24——《蹇》

写作时遇到的困难：

因为涉及考古铭文，常常因为一个字无法打出来，要解决这问题就得耗费 30 分钟以上。有的时候遇到"国学大师""殆知阁"等网站崩溃，我就跌入"蹇"境，山穷水尽，不知所措。在此特别感谢国学大师网、殆知阁、字海网以及古联成长计划微信群的热心群友。

《蹇·九五》："大蹇，朋来，以中节也。"

---

① 李守力：《周易诠释》（卷一），兰州大学出版社 2016 年版，第 8—11 页。

2019. 4. 28——《同人》

我不敢奢望此书如我的腰椎间盘一般"突出"，但希冀能引起法学界对易学的关注与投入。

《同人·初九》："出门同人，又谁咎也？"

2019. 5. 20——《晋》

《说卦自传》题目的突现。

《易经》虐我千百遍，我待《易经》如初恋。

曾经，吾不喜读书，不懂文言，不屑历史，不长写作。

如今，吾深爱易经，略懂文言，观照历史，知足写作。

《晋·六五》："悔亡，失得勿恤。往吉，无不利。"

2019. 6. 10——《师》

我特别想写写自己对"术数"的看法，但是不清楚边界，只好作罢。忽而想起，昨日恩师说，我的论文很孤独，没有人能与我对话。当时初闻很欣慰，现在回思则甚是感动，泪如泉涌。读万卷书不如行万里路，行万里路不如高人指路，高人指路不如知遇之恩！深入易学，窥测到易学之魅力，一直深深感激恩师的指引，虽然尚未见世俗之获益。但我笃信，假以时日，受益无可限量。现如今，我不仅能得到恩师的指引，更能幸遇恩师的理解。不仅有学识上的向导，更有心灵上的关照，无论将之比作黑暗中的明灯，还是苦涩中的甘甜，都无法充沛地表达我的情感。《易传》有言："言不尽意。"师，传道、授业、解惑也，这是为师之道的基准；而知遇、理解、陪伴、扶持是师之上师，可遇而不可求。

《师》："师，贞，丈人吉。"

2019. 6. 12——《大有》

我坚持一周 7 次打卡诵读一卦，自 2017 年始至今，多少个日月，多少次的诵读，多少文献的翻阅，一周 2 频次，一次两小时与导师的烧脑秉《易》

约谈。加之法学、易学、哲学、史学、文献学、训诂学、心理学、建筑学、医学、天文学、量子力学的交融并蓄，也极大拓展了我的视野、思维、格局，也让我深深地为《易》之魅力所折服！

至此，我不仅写完一本著作，更完成了对自己的挑战。《易》之文化底蕴沉淀了我的厚度，《易》之人生哲理打开了我的格局，《易》之灵动思维增强了我的睿智，《易》之大道格局升华了我的三观。

《大有·上九》："大有上吉，自天佑也！"

2019. 8. 17——《乾》

截至目前，我觉得真正的收获不是知识的积累，也不是写作方法的习得，而是三观的升华。现在，对人、对人性、对宇宙、对这个世界存在的一切尘埃都有了新的认识。自我觉知，现在的我应该对未来的风险皆能抵御，也对未来有了大致的规划；通达很多，善良很多。对于之前很焦虑的"什么时候毕业""能不能毕业"有了新的认知，不再整日惴惴。只是偶尔会觉得，如果还没毕业，很多工作没法全面开展，也有些愧对恩师。

《乾·文言·九四》："或跃在渊，无咎。何谓也？子曰：上下无常，非为邪也。进退无恒，非离群也。君子进德修业，欲及时也，故无咎。"

2019. 9. 5——《益》

在我前进的道路上，得遇许多贵人相助。有一位恩师掏心掏肺地栽培我，我已经感激涕零，但老天还给我派来好多位专家相助。真是"天施地生，其益无方"（《益·象》）。

感谢郑禄老师及其夫人陈老师。郑禄老师是我的导师为了让我更专业地研究古代证据，帮我推介的第二导师。郑禄老师已经80多岁高龄了，但思路非常清晰，讲起古代证据文化如数家珍，国学经典也信手拈来。本书的诸多灵感就是从郑老师独特的分析视角而来。其实，于我而言，单纯知识的传递已然足够。但是，两位老师的人格魅力，在这个浮躁的社会却显得格外清新，犹如雾霾天后的晴空，让人身心舒畅。郑老师希望我不受当代学者的局限，能够深入传统文化，站得更高，走得更远。其夫人陈老师则考虑到我作为一个青年学者的困境，教我先要在现实生活中立足，要学会适当妥协，要先向前辈们学习。两位老师甚至会因此而争论起来，并为我一直未出版论文担忧。他们一面责怪着现有学术体制的弊端，一面又替我想各种办法，俨然把我当成了自己的孩子。两位老师不收我一分钱学费，每次见面都按我方便的时间约见……种种细节，让我看到了前辈学者的风范，让我看到了师者的风貌，让我深刻领悟了如何做一位大写的"人"。

感谢武树臣老师。2017 年论文开题之前，我就鼓起勇气联系了武树臣老师，武老师是易学、法学交叉研究中数一数二的前辈学者。令我没想到的是，与我没有任何交集的武老师一分钟之后就回复了我的邮件，既肯定了我的题目，又提醒了我在研究中该注意的地方。带着武老师的认可，我义无反顾地坚持了这个选题，并在两年之后再次恳请武老师为我的博士论文作出点评。武老师非常谦虚地详细点评了我的论文，有肯定，有建议，还特别贴心地鼓励我，教我应如何面对质疑。我不仅佩服武老师渊博的知识，更着实被他这种亲切的大家风范所折服。

感谢李守力老师。在研究和写作过程中，我屡次向李守力老师请教，他总能让我茅塞顿开。易学著作汗牛充栋，单收入《钦定四库全书》的著作数量就数不胜数。我作为一名跨学科的研究者，不仅需要快速入门，更需要大量翔实的史料予以论证。李老师的《周易诠释》《周易密钥》系列丛书中对于卦爻辞的解读有大量的出土文献予以佐证。这使得我在本书写作过程中可以有章可循，能够快速地翻阅和查找第一手资料。这些专著甚至可以当作跨学科研究的工具书使用。同时，在研究过程中，我遇到翻遍《钦定四库全书》依然不懂的个别卦爻辞，向李老师请教时，李老师也总能让我醍醐灌顶。有时候，李老师还会主动分享一些我闻所未闻的见知，为我打开新世界。然而我们之前不过是萍水相逢，是《易经》让我结识了如此有趣的人、如此有趣的知识、如此有趣的世界。

感谢刘震老师。刘震老师是中国政法大学少有的专门研究周易的学者之一，是刘老师推荐我加入易学群，参加国学论坛，使我能够快速地融入易学圈的集体，为《易经》学习的快速入门打下了良好基础。

感谢周子良老师。周子良老师是山西大学法学院研究中国法制史的学者。

《易经》的研究脱离不了对西周史的研究，从这个角度周老师给了我很多指点，让我获益颇多。同时，周老师也从法史的角度对本书提了一些修改建议。

感谢张中秋老师。张中秋老师是中国政法大学研究法史的学者。他翻阅本书之后提出的问题都对本书研究有所助益，并在本书资助的推荐上给予极大帮助。

感谢施鹏鹏老师。施鹏鹏老师是中国政法大学研究证据法的学者。在我博士论文的开题通过上，他的暗中相助，才使得这部专著得以面世；同时以编辑的视角指点我如何撰写摘要，以读者的心理告诉我如何写引言，均使我获益良多。

感谢赵肖筠老师。赵肖筠老师是我原工作单位的领导和硕导，如果没有她的支持，我也无法全脱产、全身心地投入学术研究中，同时在我读博受挫之时总能宽慰我、温暖我、鼓励我，是我的良师益友。

感谢马启花老师。马启花老师是我的原同事，更像我的战友。在我全脱产攻读博士这几年，工作单位大大小小的事，无论是烦琐的课题经费报销，还是无尽的填表流程，甚至生活中的琐事、杂事全是马老师一手帮我搞定，有时候她还带着家人来帮我解决问题。我是一个很"专一"的人，"专一"到一旦投入做某件事，其他事就无法兼顾，马老师的热心相助使我能够无后顾之忧地全情投入易学研究之中。

《益》："风雷，益；君子以见善则迁，有过则改。"

2019. 12. 24——《贲》

"降重"对于本书而言，不能说是难题，但却麻烦得很，烦琐又无聊。因为冰冷的程序将《易经》原文、《钦定四库全书》中的注解以及现有文献涉及的金文全部纳入抄袭文字中。从最初的查重29%，到15%，到12%，再到10.7%，机械且费时。在此，要感谢山西大学法学院院长周子良老师的预见，使我在一个月的绞尽脑汁之下，终于使本书形式要件合格。

《贲·上九》："白贲，无咎。"

2019.12.25——《家人》

开题最终通过那日，因为过程极为艰难，我心中颇为沮丧，同窗好友皆劝我放弃，当我将开题之挫诉于我家先生时，他坚定地说："如果你真的喜欢，就算拿不上博士学位又如何？"他说得风轻云淡，于我而言，却如一针强心，颇感宽慰。

《家人·象》："家人，女正位乎内，男正位乎外。"虽然，我很不喜夫子此象之注解，但是，作为一名已婚已育的女博士，还能"全脱"学习 3 年，如果没有家人的支持，无异于痴人说梦。在此，必须隆重感谢我的先生侯春光、我的小姑子侯彩英以及我的母亲郝春林，是他们助力我脱离烟火之气，回归象牙之塔。

我的儿子侯博文，从我入学时的 3 岁成长到我临毕业时的 6 岁。一日，儿子特别认真地和我说："妈妈，我想成为像你一样的人！"我特别欣喜，以为他是看中了我的博士光环，想好好学习，但秉持博士的质疑精神，我追问道："那妈妈是什么样的人啊？"

"普通人！"

大道至简，"童蒙，吉"。

截至目前，我的著作还没有出版。人总是会不自觉地放大自己正在经历的挫折，陷入当下的困境中难以自拔。《易经》中的核心哲理——唯一不变的真理就是变，时刻提醒着我们，要不拘泥于当下。即便仍在"明夷"之境，但所获已"丰"。自此，虽人生之"旅"难免"履""否"，但"噬嗑"人生之后，心中已"泰"然，欢"豫"地"观""临"一切悲欢"离"合，"解"除外在的一切"升""困"之相，"节"制"需"欲，"萃"聚"谦"和，"颐"养身心，方是正道！

"惧以终始，其要无咎，此之谓易之道也。"

2024.12.9——《革》

写在出版前夕

2025 年的值年卦是《革》。全球大环境发生变革，旧秩序逐渐瓦解，新秩序逐渐建立。新的价值观如泄洪之势不断挑战着传统的威权主义和保守主义；人工智能、新质生产力如雨后春笋般不断冲击着传统的行业、认知甚至是社会运作模式。这是一个百年未有之大变局的时代，我们都将是历史的见证者。

个人在国家社会的大变革中，也在经历着蜕变。在我研究易学的 7 年中，从最初易学义理研究的摸索，到术数研究的迷恋，再到哲学研究的浸润，虽仍未见世俗研究之成果，但个人的成长变化总是让我庆幸当初的选择。现向诸位读者做简单汇报，以助大家更进一步体悟我国传统文化的魅力！

常言道："三年小成，五年中成，七年大成。"所谓大成，其实也并不是有多么显著的成就，而是因为事物发展规律使然。"七"在中国传统文化中，是一个非常重要的数字，逢七必变。一个事物一旦发展到"七"的关口，就会由量变产生质变。我从 2017 年开始接触易学，前三年为了博士论文研究易经义理；博士论文成型后，开始迷恋术数研究；再之后，随着涉猎的丰富，逐渐明白何为"善易者不卜"，由此，转向心性的哲学研究和身体的中医研究。自研易以来，我在物质、身体、心性、思维等诸多方面均有提升。

在物质方面，研易之后，我清晰地探知到一些历史规律，以史鉴今，坚信我国的国运来了。坚信国运，这四个字背后就蕴含了诸多机遇。

在身体方面，医易同源，由此我对中医学开始研习。中医讲究治未病。在防范和萌芽状态，用中医小妙招就解决了人体日常大部分的小病痛。在大家轮番中招之际，曾经虚弱的我，却屡屡抵御住了风险。现今，每日必练八段锦，"腰突"也早已归于常态。

在心性方面，明确了我是谁、我从哪里来、我要到哪里去之后，我的心胸豁然开朗。原先的利他，是不得不；现在的利他，是何乐而不为。在通晓世间的规则之后，对"除了生死，其他都是擦伤"领悟得更加深刻彻底。

在思维方面，认知的维度不再是人云亦云，不再是简单的二维、三维。认知，不仅涉及自身，还涉及家庭教育，甚至涉及国家和民族。

说这么多，无他，只是真心想告诉各位亲爱的读者，《易经》是我们的瑰宝。这也是我当初冒着风险研究《易经》的初衷。"纸上得来终觉浅，绝知此事要躬行。"

特别巧合的是，《易经》"世历三古，人更三圣"；而本书从成型到正式出版也是"时历三年，人更三师"。特别感谢刘雪、薛迎春、齐梓伊三位编辑对这部专著的贡献，特别感谢知识产权出版社勇为天下先的担当以及发扬传统文化的情怀和远见卓识！

天地革而四时成。革之时大矣哉！革，去故也；鼎，取新也。预祝大家在乙巳年的变革洪流中，找到自己的赛道！愿我们伟大的祖国能乘风破浪，勇立潮头！愿中华民族繁荣昌盛、文化璀璨、世代相传，永远屹立于世界民族之林！